# Von Gandhi bis Câmara



In diesem Buch (das auf eine Sendereihe des Süddeutschen Rundfunks zurückgeht) wird über Erfolge und Mißerfolge interessanter Pazifisten im 20. Jahrhundert berichtet. Die Autoren sind keine Hagiographen. Sie wollen keinen Personenkult treiben. Aber sie verschließen sich auch nicht dem bemerkenswerten Sachverhalt, daß es *strukturelle* Probleme gibt, deren Lösung auf die Mitwirkung charismatischer Figuren angewiesen zu sein scheint. Das läßt sich besonders an der Gewaltlosigkeit veranschaulichen: sie ist kein technisches Programm, sondern zutiefst eine Erziehungsaufgabe.

Bei den Porträts „Von Gandhi bis Câmara" geht es um ein ultimatives Thema unseres Lebens (unseres Zusammenlebens und unseres Überlebens). Bis heute gilt der Gedanke der Gewaltfreiheit als unpolitisch. Vielleicht hat jedoch eine Zeit begonnen, in der es die *Gewalt* ist, deren Anwendung und Legitimierung als *unpolitisch* entlarvt werden muß. Eine von Gewalt freie Welt ist zwar noch nicht vorstellbar. Aber eine Welt, die mit Gewalt nicht anders als seither umzugehen weiß, ist ebenfalls unvorstellbar geworden.

Wer Gewalt, auch Gegengewalt, für etwas Barbarisches hält, macht sich nach Jean-Paul Sartre zum Komplizen einer ganz bestimmten Gewalt, nämlich der etablierten. Dieser Vorwurf ist auch gegen King und andere Pazifisten erhoben worden. Man kann ihn – angesichts der Situationen in Lateinamerika, in Südafrika usw. – keinesfalls vorschnell zurückweisen. Andererseits: wer keine anderen Mittel als die der Gewalt erfindet, bleibt in den Zwängen jenes Gesetzes, nach dem auf Druck automatisch Gegendruck erfolgt. Er springt nicht heraus aus jener mörderischen Alternative, die lediglich „Unterdrücker und Unterdrückte" (Bert Brecht) kennt.

Für die Menschen, deren Leben, deren Arbeit hier skizziert wird, ist Pazifismus kein Passivismus. Er ist auch nicht nur Ausdruck einer moralischen Sehnsucht. Gemeint ist überhaupt kein bürgerlicher, sondern ein revolutionärer, kein die bestehenden Verhältnisse konsolidierender, sondern ein beunruhigender und neue Tatsachen schaffender Pazifismus. Gewaltlosigkeit wird nicht negativ (man spricht lieber von Gewalt*freiheit* als von bloßer Gewalt*losigkeit*), sondern als radikale Kritik und als militante Methode beschrieben. *Abbau* von Gewalt muß gleichbedeutend werden mit *Um- und Aufbau von Politik*.

Nicht von ungefähr stellen die Menschen, von deren Aktionen wir erzählen, für ihre Umgebung eine außerordentliche Herausforderung dar. Keiner von ihnen lebt in Übereinstimmung mit den herrschenden Ordnungen. Fast ausnahmslos ist der Kerker für sie ein gewohnter Aufenthaltsort, ein Zwangsrefugium, eine *Zelle*, deren Ziel die Verhinderung, deren Effekt aber nicht selten die Präzisierung und Förderung umstürzender, befreiender Ideen ist.

Der Herausgeber

# Von Gandhi bis Câmara

## Beispiele gewaltfreier Politik

Herausgegeben von Hans Jürgen Schultz



Kreuz-Verlag
Stuttgart · Berlin

Diesem Buch liegt eine Sendereihe
des Süddeutschen Rundfunks zugrunde.
1. Auflage (1.–5. Tausend)

Gestaltung: Hans Hug
Gesamtherstellung: Druckerei Ernst Kieser KG, Augsburg

ISBN 3 7831 0344 4

## Inhalt

# Traktat vom Frieden, von der Gewalt und der Revolution

Walter Jens

☐ Dokument Nummer 1:
*German Guzman, Die soziale Lage in Kolumbien*

a) Eigentum über Grund und Boden: 3,6 Prozent der Eigentümer besitzen 64,2 Prozent der landwirtschaftlichen Nutzfläche, während 56 Prozent der Eigentümer, also die große Mehrheit, nicht einmal über 4,2 Prozent der Bearbeitungsfläche verfügen. Das bedeutet also: Zu viel Land für zu wenige und zu wenig Land für zu viele.

b) Nationaleinkommen: Während 633722 Personen über 8134443400 Pesos verfügen, müssen sich 12958828 Einwohner mit nicht einmal 59 Prozent des Nationaleinkommens zufriedengeben, mit anderen Worten: Eine winzige schmarotzende Minderheit verfügt über fast die Hälfte des Nationaleinkommens.

c) Wohnverhältnisse: 68 Prozent der bäuerlichen Wohnstätten haben die nackte Erde als Fußboden. 92,6 Prozent sind ohne fließendes Wasser, 88,7 Prozent besitzen keinerlei sanitäre Einrichtungen, 97,4 Prozent haben kein Bad, und 95,8 Prozent dieser Bauernhäuser fehlt elektrisches Licht.

d) Gesundheitswesen: Für jeweils 10000 Einwohner stehen noch nicht einmal drei Ärzte zur Verfügung.

e) Schulbildung: Von 1 686 000 Bauernkindern erhielten 1 086 732 im Jahre 1959 keinen Unterricht. Weniger als 600 000 Kinder gingen zur Schule. 1965 besuchten nur 50 Prozent aller Kinder schulpflichtigen Alters die Grundschule. Nur 3 Prozent genossen eine Hochschulbildung.

f) Lebenshaltungskosten: Jeder Kommentar erübrigt sich, weil es den mittleren und unteren Klassen nahezu unmöglich ist, ihren Lebensunterhalt auch nur annähernd zu bestreiten.

□□ Das also wäre die Lage – eine Situation, für die Kolumbien lediglich ein Modell ist (man könnte auch „Brasilien" sagen oder „Nordamerika") und in der es für einen Christen nur zwei Möglichkeiten gibt: das Spiel der Reichen zu unterstützen, Anwalt und Ideologe der regierenden Klasse zu werden – Sprachrohr der Oligarchie – oder, in welcher Form immer, sich auf die Seite der Armen zu schlagen. Eine dritte Möglichkeit gibt es nicht: Neutralität bedeutet Unterstützung des Regimes. Wenn Landsknechte, die Geschäfte der Oberen übernehmend, Befehle ausführen, die eine weiße Hand unterschreibt und eine blutbefleckte vollendet . . ., wenn Landsknechte sich lachend photographieren lassen hinter schwangeren Frauen, denen sie die Bäuche aufschlitzten, oder zusammen mit toten Kindern, die keine Köpfe mehr haben, wenn der Krawattenschnitt praktiziert wird, bei dem man die Kehle zerreißt und dann die Zunge durch den blutigen Riß hindurchführt, – dann muß der Christ Partei ergreifen. Jesu Wort: „Denn was ihr für die ärmsten Menschen tut, das tut ihr für mich, sie sind meine Brüder", ein Wort, das befolgt oder verweigert werden kann, zeigt die Konsequenz der Entscheidung. Sich auf die Seite der Armen zu stellen, bedeutet: in den Gefolterten und Slum-Bewohnern, den Erniedrigten und Beleidigten, Gequälten und Gedemütigten das Ebenbild Christi zu sehen. Diesen Weg sind Martin Luther King und Camilo Torres gegangen. Aber auch die anderen nennen sich Christen: der Kardinal zum Beispiel, der geschrieben hat: „Der Krieg in Vietnam ist nach meiner Meinung ein Krieg zur Verteidigung der Zivilisation. Wie unser Präsident . . . gesagt hat, gewinnt man einen Krieg nicht halb. Aus diesem Grunde beten wir auch, daß der Mut und die

Hingabe unserer Soldaten nicht vergeblich bleiben, auf daß der Sieg rasch errungen werde, dieser Sieg, den wir mit allen unseren Kräften in Vietnam und in der ganzen übrigen Welt erflehen. Jede andere Lösung außer Sieg ist unmöglich." So weit Spellman. Auch sein Name steht hier nur stellvertretend. Stellvertretend für die Funktionärskirche, so wie Martin Luther King als Stellvertreter der ecclesia sub cruce genannt wird. „Jede Lösung außer Sieg ist undenkbar" – das Wort eines christlichen Hirten, das in der Realität dann so eingelöst wird.

□ Dokument Nummer 2:
*Bericht der Journalistin Madeleine Riffaud über die amerikanische Kriegsführung in Vietnam*

Es war die Stunde, wo alle Kinder in der Schule waren, vor deren Eingang sich eine große Tafel mit der Inschrift „Gemeindeschule" befindet. Die Dorfbewohner waren zu vertrauensselig. Sie glaubten, *so* sehr könnten sich Flugzeuge auf keinen Fall irren. Sie irrten sich auch nicht: Zuerst warfen sie Rauchbomben in den Schulhof, um ihr Ziel deutlich zu markieren. Unsere Schule hatte zwei Klassen. Die Klasse der Älteren erreichte mit ihren Lehrern rechtzeitig die Unterstände. Die sechzig Kinder aus der Unterklasse, fünf bis sieben Jahre alt, bekamen furchtbare Angst und liefen aufgeregt durcheinander. Der Lehrer Tam begann, die Kinder zu dritt aus dem Fenster zu tragen, eins auf der Schulter und zwei unter den Armen. Er hatte schon 45 Kinder ins Freie gebracht, als er ins Bein getroffen wurde. Er konnte noch einmal drei Kinder aus der Schule holen, dann wurde er ein zweites Mal verwundet, dieses Mal schwer. Er rief den Kindern, die noch in der Klasse geblieben waren, zu: „Springt aus dem Fenster! Habt keine Angst! Ich bin da!" Aber die Kinder waren zu klein, um über das Fensterbrett klettern zu können. In diesem Augenblick warfen die Flugzeuge auf das, was von der Schule noch stehengeblieben war, ihre Napalmbehälter ab, und man hörte kein Kind mehr schreien. Draußen versuchten die Kleinen, die Tam mit so viel Opfermut gerettet hatte, aus ihren Unterständen herauszukommen, und rannten auf ihre Elternhäuser zu. Unterwegs wurden sie von den tieffliegenden Hubschraubern unter Beschuß genommen. Sie schossen auf die Kinder wie auf wilde Kaninchen. Schließlich wurden sogar die Eltern, die ihren Kindern zu Hilfe kommen wollten, von benachbarten Posten beschossen. Dabei wurden vierzehn Menschen getötet, weil sie es versäumt hatten, vor den heranfliegenden Hubschraubern in Deckung zu gehen.

□□ Um ehrlich zu sein: das Zitat geht noch weiter – und gerade die Weiterung erhellt das Problem, dem sich der Christ in solchen Lagen gegenübersieht. „Nach diesem Angriff auf die Schule sammelten die Bewohner der nahe beieinanderliegenden Dörfer von Long Anne alle verfügbaren Kräfte und griffen, um den Tod ihrer Kinder zu rächen, die Feinde an." Angenommen, es sei ein Priester unter den Bewohnern des Dorfes gewesen – wäre auch *er* mitgezogen, um Rache zu üben? So gewiß es ist, daß der Christ, der Christ ist, niemals von sich aus als erster Gewalt üben wird . . . wie steht es mit der Gegengewalt? Besteht nicht die Gefahr, daß auch die *Gegen*gewalt verinnerlicht wird, sie, die unfähig ist, die Wunden je wieder schließen zu können, die sie nicht nur den anderen, sondern auch dem Gewalt-Ausübenden selber zufügt? Frantz Fanon hatte unrecht, das lehrt die Erfahrung, als er die schöpferische und befreiende Kraft der Gewalt verherrlichte, ihre entgiftende Macht und das große Glück, das sie angeblich demjenigen bringt, der im Augenblick der Tat nicht nur seinem Zwingherrn, sondern auch den Dämonen entgeht, den Zaubergöttern der Vorwelt, die ihn bis dahin einen Sklaven sein ließen. „Der Kolonialisierte heilt sich von der kolonialen Neurose, indem er den Kolonialherrn mit Waffengewalt davonjagt. Wenn seine Wut ausbricht, findet er sein verlorenes Selbstverständnis wieder, und er erkennt sich genau in dem Maße, wie er sich schafft. Einen Europäer erschlagen, heißt zwei Fliegen auf einmal treffen, nämlich gleichzeitig einen Unterdrücker und einen Unterdrückten!" Die Wahrheit sieht anders aus; der Krieg schafft keine neuen Strukturen, Mord ist kein Weg in die Zukunft; es wurde festgestellt, daß Bombenleger, die um der Befreiung ihres Landes willen mordeten, noch nach Jahren an Angstgefühlen, an Schlaflosigkeit und Selbstmordgedanken litten. Es wurde belegt – von David Caute in seiner Fanon-Biographie –, daß vietnamesische Maquisarden nach dem Widerstandskampf nicht mehr wußten, was sie mit sich anfangen sollten: sie wurden opiumsüchtig. Das sind die Zeichen, unter denen die Thesen der Gewalt-Apologeten – im Sinne einer Verherrlichung der Gewalt um der Gewalt willen – gesehen werden wollen.

□ Dokument Nummer 3:
*Malcolm X, Botschaft an die Basis*

Ich sage Euch, es gibt keine Revolution ohne Blutvergießen. Und Ihr wollt nicht bluten, Ihr habt Angst vor Blut. Als Euch der weiße Mann nach Korea schickte, mußtet Ihr bluten. Er schickte Euch nach Deutschland, Ihr blutetet. Er schickte Euch in den Stillen Ozean, um gegen die Japaner zu kämpfen, Ihr blutetet. Ihr blutet für die Weißen. Aber wenn es dazu kommt, daß Ihr Eure eigenen Kirchen bombardiert und kleine schwarze Mädchen ermordet seht, dann auf einmal habt Ihr kein Blut. Ihr blutet, wenn der weiße Mann sagt: „Blutet!" Ihr beißt, wenn der weiße Mann sagt: „Beißt!" Und Ihr bellt, wenn der weiße Mann sagt: „Bellt!" Ich sage das nicht gern über uns, aber es ist wahr. Wie bringt Ihr es nur fertig, in Mississippi gewaltlos zu sein, Ihr, die Ihr gewalttätig in Korea wart? Wie könnt Ihr es rechtfertigen, gewaltlos in Mississippi und Alabama zu sein, wenn Eure Kirchen bombardiert und Eure kleinen Kinder ermordet werden? Und zu gleicher Zeit übt Ihr Gewalt gegen Hitler und Tojo und irgend jemand, den Ihr noch nicht einmal kennt. Wenn Gewalttätigkeit in Amerika Unrecht ist, dann ist Gewalttätigkeit im Ausland genausogut Unrecht. Wenn es Unrecht ist, schwarze Frauen und schwarze Kinder und schwarze Babys: alle schwarzen Menschen mit Gewalt zu verteidigen, dann tut Amerika Unrecht, wenn es uns einzieht und uns im Ausland – zu seiner Verteidigung – Gewalt tun läßt. Und wenn es für Amerika Recht ist, uns einzuziehen und uns im Ausland Gewalt tun zu lassen zu seiner Verteidigung, dann ist es für Euch und mich Recht, alles das zu tun, was nötig ist, um unser eigenes Volk hier in diesem Lande zu verteidigen. Denkt an die chinesische Revolution! Sie brauchten Land. Sie warfen die Engländer zusammen mit dem chinesischen Onkel Tom hinaus. Jawohl, das taten sie. Und sie gaben ein gutes Beispiel damit. Als ich im Gefängnis war, las ich einen Artikel – seid nicht schockiert, wenn ich sage, daß ich im Gefängnis war: Ihr seid es immer noch. Denn Amerika: das bedeutet „Gefängnis". Ich las einen Artikel über ein kleines chinesisches Mädchen. Es war neun Jahre alt. Sein Vater lag auf den Knien, aber das Mädchen schoß ihn nieder, weil er ein alter Onkel-Tom-Chinese war. Als sie dort Revolution hatten, nahmen sie eine Generation von Onkel Toms und löschten sie aus. Und innerhalb von zehn Jahren wurde aus diesem kleinen Mädchen eine erwachsene Frau. Seitdem gibt es keine Onkel Toms mehr in China – und das Land ist eines der zähesten und gefürchtetsten Länder der Erde, gefürchtet vom weißen Mann, der keinen Onkel Tom mehr hat.

□□ Malcolm X ist seiner Sache gewiß: „. . . wurde aus diesem Mädchen eine erwachsene Frau." Das ist nicht viel – es wäre wichtig, zu wissen, ob es auch ihr vielleicht wie jenem

Algerier ging, dessen Mutter man getötet hatte und der daraufhin eine weiße Frau erstach, obwohl sie ihn (nicht anders als der Onkel-Tom-Vater im Fall des chinesischen Mädchens) um Gnade anflehte: Nachdem er seine Tat getan hatte, fand er keine Ruhe mehr. Gewalt, das zeigen die Folgen, ist wie ein Gift, sie läßt den Menschen veröden, und so betrachtet, hat ein Christ die Pflicht, die Gewalt abzubauen, wo immer er kann, in seinem Gegner „den anderen" zu sehen und zu wissen, daß ihn zu erschlagen so viel bedeutet wie: *zwei* Menschen zu töten. Nun, das klingt sehr einfach, aber ganz so simpel ist das Problem nicht. Angenommen einmal, es besteht, legal getarnt, Gewalt; angenommen weiter, die regierende Klasse weigert sich, Reformen durchzuführen, die nach dem Stand der Produktivkräfte ohne weiteres möglich wären; angenommen auch, daß der bestehende Terror sehr viel mehr Opfer fordert als eine noch so blutige Revolution; angenommen schließlich, die friedlichen Mittel seien erschöpft, der Gegner moralisch auf keine Weise zu verunsichern, durch keine Leidensgeste zum Gewähren der Menschenrechte zu zwingen . . .: versündigt sich dann nicht am 5. Gebot, wer es ablehnt, einem unerträglichen Zustand: dem Brudermord im Gewand der Ordnung, ein Ende zu machen? Kann nicht gerade die Liebe, in gewissen Extremsituationen, die Anwendung von Gewalt verlangen, während das Warten und Dulden die Leiden verlängert?

□ Dokument Nummer 4:
*Theologische Besinnung über die Revolution.*
*Ein Bericht des Beratenden Ausschusses der*
*Christlichen Friedenskonferenz zu Sofia,*
*abgehalten vom 18. bis 22. Oktober 1966*

Revolution schließt notwendig den Gebrauch von Gewalt ein, weil die bestehenden gesellschaftlichen Verhältnisse Machtstrukturen darstellen, die ihrerseits zur Erhaltung des Status quo Gewalt in den verschiedensten Formen ausüben. a) Die primitivste Funktion der Gewalt zur Erhaltung des Status quo ist die Macht der Gewohnheit (beruhend auf menschlicher Trägheit, Dummheit, Scheu vor dem Risiko, Resignation, Hoffnungslosigkeit usf.). b) Die wirksamste Funktion der Gewalt ist die bestehende Verteilung des Besitzes, also die ökonomische Macht. Durch sie können einem Teil der Bevölkerung die elementarsten Lebensrechte gewaltsam vorenthalten werden. c) Zur Erhaltung des Status quo kommen zahlreiche politische Machtmittel zum Einsatz: Beeinflussung der öffentlichen Meinung durch Presse, Rundfunk, Fernsehen, Erziehung in Schule und Universität, Erhaltung der bestehenden Ordnung durch Gesetzgebung, Rechtsprechung usf. d) Zur Erhaltung des Status quo stehen im äußersten Fall polizeiliche und militärische Machtmittel zur Verfügung.

Während die Anwendung von Gewalt bei revolutionären Umwälzungen immer offen zutage tritt, bleibt der Gebrauch von Gewalt zur Bewahrung des Status quo weitgehend verborgen, weil (a) das Bestehende im naiven Bewußtsein als gegebene Tatsache erscheint, weil (b) nicht zu bestreiten ist, daß jede Gesellschaft einer Rechtsordnung ihrer Lebensbedingungen bedarf, und weil (c) durch reaktionäre Ideologien die bestehende Lebensordnung als von Gott gewollt bzw. als allein legitim, sinnvoll und möglich dargestellt und propagiert wird. Unsere kirchlichen Traditionen belehren uns, daß die Anwendung von Waffengewalt in der Revolution nur ultima ratio sein kann. Ultima ratio bedeutet: a) Vorangegangen ist die Gewaltanwendung durch die Unterdrücker. Sie haben durch Ungerechtigkeit und Terror ein System der Unterdrükkung geschaffen, das oft nicht erst die Waffen zu benutzen braucht, um ihre eigensüchtigen Ziele durchzusetzen. Ungerechtigkeit und Terror fordern oft ein Vielfaches an Todesopfern im Vergleich zu den blutigen Revolutionen. b) Es müssen alle Mittel der legalen Kritik und des legalen Handelns mutig und beharrlich ausgeschöpft sein. Kommt dies nicht zum Ziel, so hat jeder verantwortungsfähige Mensch die Pflicht und das Recht zum Widerstand aller Art. Dazu zählen die erprobten Kampfmethoden der Arbeiterschaft: Langsamarbeit und Streik. Dazu zählen auch die erprobten Mittel der Gewaltlosigkeit eines Gandhi und Martin Luther King. Solche Mittel können unter Umständen eine schrittweise Revolution ohne Blutvergießen erzwingen. c) Es muß eine Lage eingetreten sein, daß durch Maßnahmen oder Unterlassungen der Unterdrücker Menschen in größerem Maße geschädigt werden, als dies ein gewaltsamer Umsturz erwarten läßt.

Der Christ wird sich insbesondere darüber Rechenschaft ablegen, daß auch solche Erwägungen und die daraus folgenden Entschlüsse ihn nicht davon reinigen können, an dem Zustandekommen der ungerechten Umstände mitschuldig zu sein. Er muß sich im Blick auf seinen Herrn, der am Kreuz gesiegt hat, immer dessen bewußt sein, daß der Gebrauch von Waffen oder die Beihilfe dazu ihn in neue Schuldzusammenhänge verstrickt. Dennoch kann der Christ sich aus Angst davor, schuldig zu werden, nicht in eine Neutralität zu retten versuchen.

□□ Gerechte Kriege: ja – gerechte Revolutionen: nein? Verteidigung einer Ordnung, die inhuman ist: mit kirchlichem Segen? Gewinnung einer menschenwürdigeren Gesellschaft: mit kirchlichem Fluch? Der Untertan, der sich auf die Entscheidung seiner Obrigkeit verläßt und in den Krieg hinauszieht: ein christlicher Streiter? Der Revolutionär, der, selbsttätig handelnd, den novus ordo saeculorum erstrebt: ein Teufelsknecht? Das Objekt der potestas legitima: ein getreuer Sohn der Kirche? Das Subjekt der auctoritas revolutionis: ein Verbannter? Kein Zweifel, eine solche Theologie verdient – wie Helmut Gollwitzer in seinem Thesen-Traktat über die Revolution des Reiches Gottes und die Gesellschaft gezeigt hat (einem Traktat, der in humaner Prägnanz, sozialrevolutionärem Engagement und gedanklicher Schärfe den Charakter eines Katechismus hat) – eine solche Theologie, die den „Pazifismus" immer dann entdeckt, wenn es der Obrigkeit nützt, verdient schon deshalb diesen Namen nicht, weil sie – wie Gollwitzer immer wieder betont – von der Hypothese ausgeht, daß erst mit der *revolutionären* Gewalt die Gewalt als solche eingeführt werde, während in Wahrheit die Primärgewalt die Gewalt der etablierten Ordnung ist: *sie* ist das Faktum, von dem ausgegangen werden muß, während die Sekundärgewalt nur antwortenden Charakter besitzt. Das In-Ketten-Legen, nicht das An-Ketten-Rütteln ist als erstes zu interpretieren, wenn es um die Gewaltfrage geht.

□ Dokument Nummer 5:
*Camilo Torres Rede vor Arbeitern*
*über das Doppelgesicht der Gewalt*

Man sagt von mir, ich predige die gewaltsame Revolution. Aber es ist wichtig, zu wissen, warum mich die herrschende Klasse als Verfechter der gewaltsamen Revolution hinstellen möchte. Sie werden gemerkt haben, meine Darlegungen laufen darauf hinaus, daß die Mehrheit des Volkes die Macht ausüben sollte, damit die Entscheidungen der Regierung zugunsten der Mehrheit und nicht der Minderheit getroffen werden. Da wir alle wissen, daß dies zu erreichen nicht leicht ist, habe ich gesagt, wir müssen für den Fall gerüstet sein, daß sich die Minderheit mit Hilfe von Gewalt der Ausübung der Macht durch die Mehrheit widersetzen wird. Trotzdem aber werde ich von der großbürgerlichen Presse und sogar von der kirchlichen Hierarchie verurteilt, weil ich angeblich den Gedanken von der gewaltsamen Revolution verfechte. Wie ist es aber nun um die herrschende Klasse wirklich bestellt? Sie weiß, daß es allein von ihrer Entscheidung abhängt, ob die Revolution friedlich oder gewaltsam verläuft. Diese Entscheidung liegt nicht beim Volk, sondern bei der herrschenden Klasse. Und da das Volk sich mutig, diszipliniert und entschlossen zu organisieren beginnt . . . beeilt man sich, zu behaupten, daß wir die gewaltsame Revolution organisieren. Daran zeigt sich, daß die herrschende Minderheit die Absicht hat, die Gewalt gegen die Mehrheit zu entfesseln, und daß sie sich mit Hilfe der Gewalt den gerechten Reformen widersetzt, die das Volk als Mehrheit verlangt. Aber die Gewalt läßt sich nur mit Waffen, mit Granaten und Panzern, mit einer Menge kostspieliger Dinge ausüben, über die das Volk nicht verfügt. Deshalb entscheidet über die Anwendung der Gewalt, wer sie sich leisten kann. Ein Bauer wird nicht die Kuh, die Milch für seine Kinder gibt, gegen ein Maschinengewehr eintauschen, es sei denn, andere wollten mit einem Maschinengewehr das Leben seiner Kinder vernichten. Wenn sich die Bauern also bewaffnen, warum werden sie es tun? Vor wem werden sie sich verteidigen wollen? Wir scharen uns um gemeinsame Ideen, bilden eine große Volksbewegung, schreiten auf die Machtübernahme zu, und die herrschende Klasse zerfetzt sich die Kleider wie eine Gruppe von Pharisäern. Scheinheilig sind sie, die Angehörigen der herrschenden Klasse; sie haben kein Recht darauf, die Mehrheit der Gewaltanwendung zu bezichtigen, nachdem sie selbst davon Gebrauch gemacht haben. Dazu haben sie schon deshalb kein Recht, weil die Mehrheit des Volkes lange Jahre unter dieser Gewalt gelitten hat und aufrichtig wünscht, daß sie nicht von neuem beginne. Aber die Minderheit überläßt uns die Macht nicht, und das ist undemokratisch. Denn wenn wir eine Mehrheit darstellen, wenn wir in der Mehrheit sind und wenn wir an die Demokratie glauben, dann sind wir es, denen die Machtausübung gebührt. Wenn sich die Minderheit an der Demokratie vergeht, indem sie Gewalt übt, muß sie sich auch darüber im klaren sein, daß wir auf Gewalt mit Gewalt antworten werden.

□□ Langsam beginnen sich die Fronten zu klären, und die Probleme gewinnen an Schärfe und Plastizität. Dennoch ist die Frage einer christlichen Gewalt – einer möglicherweise zu rechtfertigenden Gegengewalt von unten her also – noch nicht einmal andeutungsweise beantwortet worden. Um sie wirklich zu klären, bedürfte es vor allem einer sehr detaillierten, empirisch abgesicherten Analyse der Bürgerrechtsbewegung: ihrer Erfolge und ihres (noch nicht evident erwiesenen) Scheiterns.

Hat jenes Dritte, so lautet die Frage, das da angeblich vermittelt zwischen pazifistischer Passivität und jener Gewalt, die immer in Gefahr ist, daß die von ihr verwendeten Mittel sich nicht mit den Zielen versöhnen lassen, daß die Mittel aufstehen gegen die Ziele und das, was temporär und transitorisch sein soll, sich nach der Erreichung des Zieles doch wieder perpetuiert: Terror und neue Unfreiheit, so daß der Aufbruch der Größe des Menschen gegen die Kleinheit der Großen am Ende doch nur, wenngleich in anderer Drapierung, einen Status quo ante herbeiführt . . . hat jenes Dritte, fragen wir: die gewaltfreie Aktion, die sich in dramatischer, aber unblutiger Widersetzlichkeit manifestiert, hat die politisierte Ohnmacht wirklich eine Chance in unserer Zeit? Die dem Christen einzig gemäße Revolution, die Revolution aggressiver, vom Willen zur Überwindung eines ungerechten Systems getragener Gewaltlosigkeit (eines Systems, das, wie liberal immer es sich manifestiert, dennoch in Bestimmende und Bestimmte, Handelnde und Behandelte, Subjekte und Objekte zerteilt ist): hat sie wirklich eine Aussicht, erfolgreich zu sein – dort, wo der Gegner bereit ist, auch das letzte Mittel einzusetzen, um die Rebellion niederzuschlagen? Ein Aufstand der Liebe gegen die Macht der Gewalt – das ist ein ungleicher Kampf. Auch ein aussichtsloser? Das eben steht zur Debatte.

□ Dokument Nummer 6:
*Martin Luther King,*
*Die Krise in Amerikas Städten*

Ich stelle fest, daß wir den bewaffneten Aufruhr sowohl als Schocktherapie wie auch zu Eroberungszwecken ebenso ablehnen wie die knechtischen Appelle an eine gefühllose Regierung. Wenn wir berücksichtigen, daß Wut ein mächtiger Faktor des Gettolebens ist, so erweist sich die mechanische Anwendung der Taktik gewaltloser Märsche und Kundgebungen, die bei den Negern des Südens Erfolg hatten, als sinnlos. Die gewaltlose Aktion im Süden war wirksam, weil dort *jegliche* Form einer sozialen Negerbewegung den Status quo erschüttert. Als die Neger die Straßen des Südens einfach entlangmarschierten, kam das fast schon einer Rebellion gleich. In den Städten dagegen sind Märsche viel weniger beunruhigend, weil sie nicht als Aufruhr betrachtet werden und außerdem vom normalen Trubel der Städte als nur vorübergehendes, zum gewöhnlichen Stadtleben gehörendes Schauspiel absorbiert werden. Wenn man auf einem den Städten angemessenen Niveau Protest erheben und diesem Protest aggressiven und zugleich gewaltfreien Charakter verleihen will, muß man *zivilen Ungehorsam* üben. Eine Stadt lahmzulegen kann wirksamer sein als Aufruhr, weil eine solche Lahmlegung länger dauern kann und die Gesellschaft teuer zu stehen kommt, ohne darum blind zerstörerisch zu wirken. Außerdem haben es die Behörden schwerer, hier mit Übermacht Ruhe und Ordnung wiederherzustellen. Ziviler Ungehorsam, von Massen geübt, kann Wut in eine konstruktive und schöpferische Kraft verwandeln. Es ist zwecklos, Negern zu sagen, sie sollten nicht wütend werden, wenn sie es doch müssen. Im Gegenteil: es dient ihrer seelischen Gesundung, wenn sie ihre Wut nicht unterdrücken müssen, sondern ihr auf konstruktive Weise freien Lauf lassen können und die freigewordene Energie friedlich und kraftvoll ausnutzen, um die Funktionsfähigkeit der sie unterdrückenden Gesellschaft zu mindern. Zivilem Ungehorsam kann die militante Haltung zugute kommen, die sonst in Krawallen vertan wird. Die Neger sind in keiner Stimmung, auf Veränderungen zu warten, die sich auf dem langsamen, mühseligen und oft enttäuschenden Wege der politischen Maßnahmen vollziehen. Zwar mag man sie dazu bringen, daß sie darin eine langfristige Aufgabe sehen, doch brauchen sie das soziale Adrenalin schneller Veränderungen, das der zivile Ungehorsam ihnen liefern kann. Wie schwer es auch sein mag, politische Maßnahmen und zivilen Ungehorsam miteinander zu vereinen – es muß dennoch geschehen, denn beide Methoden sind bei der heutigen Lage der Städte vonnöten. Die weiße Gesellschaft aber werden wir daran erinnern müssen, daß Thomas Jefferson im 18. Jahrhundert sagte: „Ich zittere um mein Land, wenn ich darüber nachdenke, daß Gott gerecht ist." In der zweiten Hälfte des 20. Jahrhunderts kann seine Warnung nicht mehr unbeachtet bleiben.

□□ Die Kirche ist zu lange eine Kirche der Reichen gewesen: Garantin der bestehenden Ordnung, die, wie inhuman sie immer war, getreu dem Grundsatz legitimiert wurde: Eine schlechte Ordnung ist besser als gar keine. Die Fahne der Kirche, das war die Fahne der Reichen, und die Fahne der Reichen war die Fahne der Bischöfe. So im katholischen Bereich. Im protestantischen: Individuelle Frömmigkeit, spirituell übersublimiert; die Radikalität eines unmittelbaren Verhältnisses zu Gott korrespondiert mit legalistischem Verhalten der Obrigkeit gegenüber. Eine Unterstützung des handelnden Gottes in dieser Welt, Teilhabe an seiner Herrschaft bedeutet hinieden: sich abzufinden mit dem Jammertal; der irdischen Heils-Realisation im Sinne einer kühnen Antizipation verheißener Seligkeit, zu entsagen; die klare Scheidung zwischen Diesseits und Jenseits unangetastet zu lassen und auf die Revolution zu verzichten. Das klingt einseitig, gewiß, verallgemeinert und abstrakt... aber schon ein flüchtiger Blick in Luthers die Lehre von den beiden Reichen betreffende Traktate liefert die Anschaulichkeit... und das in dramatischer Weise!

□ Dokument Nummer 7:
*Martin Luther, Ein Sendbrief von dem harten Büchlein wider die Bauern*

Es sind zweyerlei Reich, eyns ist Gottis Reych, das ander ist der Welt Reich, wie ich so offt geschrieben habe, das michs wundert, wie man solchs noch nicht wisse odder mercke. Denn wer dise zwei Reich weys recht von eynander zu scheyden, der wird sich freylich an meynem Buchlin nicht ergern, wird auch die Sprüche von der Barmhertzickeyt wol vernemen. Gotts Reich ist eyn Reich der Gnaden und Barmhertzickeyt, und nicht eyn Reich des Zorns odder Straffe, denn daselbs ist eytel vergeben, schonen, lieben, dienen, wohltun, Fried und Freude haben. Aber das welltlich Reich ist eyn Reich des Zorns und Ernsts, denn da selbst ist eytel straffen, weren, richten und urteylen, zu zwingen die Bösen und zu schützen die Frommen. Darumb furet es auch das Schwerd, und eyn Furst odder Herr heyst Gotts Zorn oder Gottis Rute in der Schrift... Die Sprüche nu, die von der Barmhertigkeyt sagen, gehören ynn Gotts Reich und unter die Christen, nicht ynn das weltliche Reich, denn eyn Christ soll nicht alleyne barmhetzig seyn, sondern auch allerley Leyden, Raub, Brand, Mord, Teuffel und Helle schweyge, dann das er söllte jemand schlahen, tödten oder vergelten. Aber das weltliche Reich, wilchs ist nichts denn Göttlichs Zorns Diener uber die Bösen, und ein rechter Vorlaufft der Hellen und ewiges Todtes, soll nicht barmhertzig, sondern strenge, ernst und zornig seyn ynn seynem Ampt und Werck. Denn seyn Handzeug ist nicht eyn Rosenkrantz oder eyn Blümlin von der Liebe, sondern ein blos Schwerd. Eyn Schwerd aber ist eyn Zeichen des Zorns, Ernsts und der Straffe, und ist auch nirgent hyngericht, denn auff die Bösen. Auff die selbigen sihet es, das es sie straffe und ym Zaum und Fride halte, zum Schutz und Errettunge der Frumen, darumb... spricht Gott: Du söllst den Mörder auch von meynem Alltar nemen und dich seyn nicht erbarmen, und die Epistel zum Ebreer bekennet, das wer widder das Gesetz thet, muste on alle

Barmhertzickeyt sterben. Damit ist angezeygt, das die weltliche Oberkeyt ynn ihrem eigen Ampt nicht kan noch soll barmhertig seyn, wie wol sie das Ampt mag lassen feyren aus Gnaden. Wer aber nu dise zwey Reich ynn eynander wöllt mengen, wie unser falschen Rotten Geyster tun, der wurde Zorn ynn Gotts Reich setzen und Barmhertickeyt ynn der Wellt Reich, das wäre . . . eben den Teuffel ynn den Hymel und Gott ynn die Helle setzen. Alles beydes wollten dise beurischen auch gern thun. Vorhyn wollten sie mit dem Schwerd faren und als Christliche Bruder fur das Euangelion streyten und andere tödten, da sie söllten barmhertig und gedultig seyn. Itz nu das welltliche Reich yber sie gehet, wollen sie Barmhertickeyt drynnen haben. Das ist, sie wöllen keyn welltlich Reych leiden, und doch selbs Gotts Reich auch niemand gönnen. Was möchte Verkerteres erdacht werden? Nicht also lieben Fründe, hat man Zorn verdient ym weltlichen Reich, so gebe man sich dreyn und leyde die Straffe oder bitte sie demütiglich abe. Die aber ynn Gottes Reich sind, sollen sich yedermans Erbarmen und fur sie bitten, aber doch dem welltlichen Reich seyn Recht und Werck nicht hyndern, sondern foddern.

□□ Es könnte, meine ich, auch anders sein: Denkbar wäre sie schon, die große christliche Revolution, der Kommunismus der Liebe, der Erlösungsstrom, der alles hinwegfegt, mächtig wie eine Lava fließend und nicht zu hemmen: die Rebellion der Rebellionen, die alle anderen Veränderungen weit übertrifft und zu der der Christ, der die Verheißung gehört hat, aufgerufen ist . . . aufgerufen, die Gewißheit seiner Hoffnung schon in der Gegenwart zu praktizieren, Liebe walten zu lassen und in der Erwartung der kommenden göttlichen Veränderung sich selbst und die Verhältnisse zu ändern, in denen zu leben man ihn zwingt. Der Aufstand der Sklaven mißlang, der Negeraufstand scheiterte; der Aufstand der Christen aber, die im Protest gegen das Bestehende, im Absterben des alten Menschen das Glaubenszentrum erkennen, die bereit sind, um der Realisation der Nächstenliebe willen das große Wagnis zu unternehmen, den Aufbruch ins Offene . . . denkbar wäre ein solcher Aufstand, denkbar die Absage ans schlechte Bestehende schon: die praktische Manifestation jener mit der Verheißung von Christi Königreich in die Welt hineingetragenen großen Beunruhigung, ein Protest, der sich in der sozialen Aktion als brüderlich bewährt und zur Transformation eines Status quo führt, den der Christ, unter dem Aspekt der Eschatologie, durch einen Vergleich mit dem ihm verheißenen künftigen Gottesreich qualifiziert: das Seiende gemessen am Kommenden, auf das es hingeordnet und in dessen Zeichen es zu revolutionieren ist! Überzeugt, daß diese Welt ein Wirkungsfeld Gottes ist, eine Welt, die darauf wartet, daß die mit Christi Erscheinen bewirkte Totalveränderung eingeklagt wird und das Skandalon sich auch politisch manifestiert, könnten die Christen darangehen, die Zukunft, die der Gekreuzigte gezeigt hat, in der Gegenwart zu antizipieren – vorgriffsweise also, mit dem Blick auf das Kommende hin, durch die Realisierung der Nächstenliebe. Das freilich bedeutet in der Welt, wie sie ist: Revolution, da die Erfüllung jener Nächstenliebe, die sich nicht in unverbindlichem Almosengeben erschöpft, heute zu einer direkten Konfrontation mit der regierenden Gesellschaftsordnung führen kann: den Vietnam-Krieg zu dulden, zu schweigen, wenn den einen alles und den anderen nichts und weniger als nichts gehört, und sich zu gleicher Zeit zum biblischen Gebot zu bekennen: „Alles unter euch geschehe in Liebe" – das ist unmöglich.

☐ Dokument Nummer 8:
*Camilo Torres, Gedanken über die Nächstenliebe*

Es nützt dem Christen nichts, alle Zeichen eines überirdischen Lebens zu haben, wenn er die Liebe nicht hat. Wenn man dagegen die Nächstenliebe hat, so besitzt man alles, „denn wer den Nächsten liebt, hat das Gesetz erfüllt", wie es im 13. Kapitel des Römerbriefes heißt: Die Nächstenliebe also ist die „Erfüllung des Gesetzes". Ohne Nächstenliebe kann es kein überirdisches Leben geben – ohne *wirksame* Nächstenliebe, meine ich. Nächstenliebe ist ihrem Wesen nach überirdische Liebe. Damit es wahrhaftige Nächstenliebe geben kann, muß es wahrhaftige Liebe geben. Taten für den Nächsten sind für eine wahre Nächstenliebe unentbehrlich. Unwirksame Nächstenliebe ist folglich keine: „An ihren Früchten werdet ihr sie erkennen", heißt es bei Matthäus, und bei Jakobus: „Wenn ein Bruder oder eine Schwester ohne Kleider sind und Mangel leiden am täglichen Unterhalt, und einer von euch sagt zu ihnen: Geht hin in Frieden, wärmt euch und sättigt euch – und ihr gebet ihnen nicht, was sie zum Leben brauchen . . . was nützt ihnen das?" Das Urteil Gottes über die Menschen gründet sich wesentlich auf der Wirksamkeit unserer Nächstenliebe. Im Jüngsten Gericht wird es über das ewige Leben entscheiden, ob wir unsere Brüder gespeist, getränkt, beherbergt, bekleidet und besucht haben. Und so können wir sagen, daß es für vernunftbegabte Wesen kein überirdisches Leben gibt ohne gute Werke für unsere Nächsten. „Nur wer den Nächsten liebt, hat das Gesetz erfüllt", sagt der Apostel Paulus. „Wenn einer sagt, ich liebe Gott, und seinen Bruder haßt", schreibt der Apostel Johannes, „so ist er ein Lügner. Denn wer seinen Bruder nicht liebt, den er gesehen hat, ist nicht imstande, Gott zu lieben, den er nicht gesehen hat. Nicht nach unseren guten Absichten beurteilt uns Gott, sondern nach unserem Verhalten gegenüber Christus, der uns in jedem unserer Nächsten begegnet."

□□ Es gibt die Vision eines Heilands, der vom Weltgebäude herab die Lehre verkündet, da sei kein Gott. Es gibt die Vision des Toten, der vor den Mitgestorbenen Gericht abhält über die Schatten der Vergangenheit. Es gibt die Vision vom Großinquisitor, der den Herrn ein zweites Mal hinrichten läßt. Denkbar wäre eine vierte Vision, die Vorstellung, daß eines Tages ein Mann vom Schlage Kings oder Torres' Bischof von Rom wird: durch List vielleicht, durch Anpassung und Tarnung im Rahmen der kirchlichen Hierarchie. Ein Zuverlässiger, von dem Besonderes nicht zu erwarten steht: so wird er, der sich ein Leben lang darauf vorbereitet hat, eines Tages gewählt. Und dann kommt der Augenblick, in dem er, bei Gelegenheit einer urbi et orbi verkündeten Proklamation, die Maske fallen läßt, die er jahrzehntelang getragen hat, und sich zeigt als das, was er ist: der erste Papst, der nicht der Oberhirt der Spellmans, sondern ein Bischof derer ist, die niemand sieht. Gestützt auf seine Position, unabsetzbar und unfehlbar in Lehrangelegenheiten, beginnt er mit seiner Rede die revolutio Christiana in dieser Welt, exkommuniziert die Ideologen der regierenden Oligarchien, verweigert den großen und kleinen Komplizen der großen und kleinen Expropriateure die Gnadenmittel der Kirche. In prophetischer Rede stellt der Papst die herrschenden Streiter der ecclesia militans als Spießgesellen der privilegierten Eliten der Bestrafung anheim, versagt sich den Missionaren der Macht, die, Christi Frieden verhindernd, in Wahrheit nur einem nationalen Sendungsgedanken, dem Schlachtruf des Imperialismus Ausdruck verleihen: *Die Ölung mit Napalm für die Feinde der Freiheit*, schwört ab, dieser Papst, was zwei Jahrtausende lang in Gültigkeit war, leitet die große Verweigerung ein und macht Ernst mit dem Vollzug der von Matthäus aufgezeichneten Verurteilung derer, die sich, da sie die Armen arm, die Unterdrückten unterdrückt, die Beleidigten beleidigt sein ließen – ja sie, statt ihnen zu helfen, hinschlachteten –, auch an Christus vergingen ... an Christus, den sie zu verehren glaubten und in Wahrheit in jeder Minute zu töten versuchten – und das, obwohl ihnen gesagt war, was das bedeutete für sie, am Jüngsten Gericht. Aber daran glaubten sie offenbar nicht, sondern nur an die Welt, die, von keinem Christus verwandelt, aufs Künftige hin so bleiben sollte, wie sie immer war. Ihnen zitiert der Papst, der mit dem Widerstand der Hierarchie im Sinne einer weltweiten Konterrevolution und, daraus resultierend, mit einer Ermordung aus den eigenen Reihen zu rechnen hat, die folgenden Sätze:

□ Dokument Nummer 9:
*Evangelium des Matthäus,*
*Kapitel 25, Vers 31 folgende:*

Wenn aber der Sohn des Menschen kommen wird, der Herr mit all seinen Engeln, und sich niederläßt auf dem Thron seiner Macht, dann werden versammelt sein vor ihm die Völker, und er wird sie trennen, so wie der Hirt die Böcke von den Schafen trennt. Zur Rechten die Schafe, zur Linken die Böcke: So wird er sie stellen und wird reden zu denen, die rechts von ihm sind: Kommt zu mir, gesegnet seid ihr, und nehmt das Reich in Besitz, das für euch geschaffen ist von Anbeginn an. Denn ich hatte Hunger, und ihr habt mir zu essen gegeben. Ich hatte Durst, und ihr gabt mir zu trinken. Ich war heimatlos, und ihr habt die Türen eures Hauses geöffnet für mich. Ich hatte keine Kleider, aber ihr schenktet mir sie. Ich war krank: Ihr habt mich versorgt. Ich war in Gefangenschaft: Ihr habt mich besucht. Da aber werden die Gerechten ihn fragen: Wir hätten dich hungern und dürsten gesehen und dir zu essen und zu trinken gegeben? Wir hätten den Heimatlosen gesehen und ihn beherbergt? Hätten dir Kleider gegeben, dich versorgt und im Gefängnis besucht? Da wird der König zu ihnen sagen: Hört auf mein Wort! Was ihr für die ärmsten Menschen tut, das tut ihr für mich, denn sie sind meine Brüder. Und dann wird er sich zu den anderen wenden, zu seiner Linken, und er wird sagen: Weg! Weg mit euch, ihr Verfluchten! Hinweg in jenes niemals erlöschende Feuer, das der Teufel in Brand hält mitsamt seinen Schergen. Ich hatte Hunger, und keiner von euch gab mir zu essen. Ich hatte Durst, doch niemand gab mir zu trinken. Ich war heimatlos, aber die Tür eures Hauses blieb verschlossen für mich. Ich hatte keine Kleider – und ihr ließet mich nackt sein. Ich war krank: Habt ihr mich versorgt? Ich war im Gefängnis: Habt ihr mich besucht? Dann werden sie sagen: Hungrig, durstig, heimatlos, krank, im Gefängnis? Wann hätten wir dich je so gesehen und dir nicht geholfen? Und antworten wird er: Hier! Schaut die armen Leute an! Was ihr für sie nicht getan habt, das habt ihr auch für mich nicht getan: Und darum steht jenen ein ewiges Leben, euch aber die ewige Verdammnis bevor.

# Mohandas Karamchand Gandhi

Dietmar Rothermund

Mit der Wahrheit zu experimentieren – heißt das nicht, die Wahrheit in Frage zu stellen? Die Wahrheit, so meint man, kann man suchen und finden, aber man kann keine Experimente mit ihr machen. Und doch nannte Gandhi seine Lebensbeschreibung „Experimente mit der Wahrheit". Welchen Wahrheitsbegriff hatte er, und was für Experimente waren es, die er mit der Wahrheit anstellte?

Die Wahrheit war für ihn nicht ein äußerer Bezugspunkt, sondern ein Erlebnis, und jedes seiner Experimente war ein Wagnis. Er setzte sich selbst und seine Überzeugungen aufs Spiel, um zu sehen, ob sich diese Probe bestehen ließ. Nur was sich so erproben und erleben ließ, war für ihn die Wahrheit. Das bedeutete, daß er andere Menschen von dieser seiner Wahrheit nur überzeugen konnte, wenn sie seine Experimente mitmachten. Eine verbale Überzeugung war unzureichend; nur was sich nachvollziehen ließ, konnte auf die Probe gestellt werden. Seine Lehren waren Anweisungen zum Handeln, und sein Bericht über die „Experimente mit der Wahrheit" ist nicht eine Biographie im üblichen Sinne, sondern die Aufzeichnung eines Instruments, das die Dimensionen menschlicher Erfahrensbereitschaft registriert. Daher haben auch höchst subjektive Erfahrungen für ihn ein objektives Interesse, und scheinbar geringfügige Episoden werden von ihm mit gleicher Genauigkeit beschrieben wie große politische Aktionen, an denen sich Tausende beteiligten. Gandhi erlebt an sich selbst die Formbarkeit der menschlichen Existenz. Indem er sich zum Experiment bekennt, betont er zugleich den Willen, diese Formung selbst zu übernehmen und nicht zum Spielball äußerer Einflüsse zu werden. Doch soll dieser Wille zur Selbstbestimmung nicht zum Eigensinn werden. Die Wahrheit ist allgemeinverbindlich, und so muß die eigene, erprobte Wahrheit auch die Wahrheit des anderen sein. Aber das ist für Gandhi nicht ein Postulat, sondern eine Hypothese, die er zu beweisen versucht. So bedeutete für ihn das „Festhalten an der Wahrheit", wie er das von ihm geprägte indische Wort Satyagraha übersetzte, nicht ein eigensinniges Beharren oder eine Prinzipienreiterei, sondern einen Appell an das Wahrheitsempfinden des Mitmenschen. Dieser Appell schließt die Gewaltanwendung aus. Die Gewalt hat keine Beweiskraft. Wer einem Mitmenschen Gewalt antut, überzeugt ihn nicht, sondern unterdrückt ihn. Der Gewalttätige kann die Wahrheit nicht erkennen, denn er versperrt sich selbst den Zugang zu ihr. Sein Sieg oder seine Niederlage hängt von der zufälligen Verteilung der Gewalt ab. Er ist unsicher, weil er nie wissen kann, ob andere ihm folgen, weil sie mit ihm übereinstimmen oder weil er im Besitz der Gewalt ist, und dieser Besitzstand kann sich jederzeit ändern. Deshalb ist für Gandhi die Gewaltfreiheit die wichtigste Voraussetzung für seine Experimente mit der Wahrheit. Immer wieder nannte er Wahrheit und Gewaltfreiheit in einem Atemzug, um ihre Untrennbarkeit zu betonen.

Das Wort Satyagraha, Festhalten an der Wahrheit, prägte er zu einer Zeit, als es ihm darum ging, einen positiven Ausdruck für seine politischen Aktionen zu finden, die als passiver Widerstand bezeichnet wurden. Der gewaltfreie Einsatz war für ihn alles andere als passiv, er war höchst aktiv; denn er verlangte einen Opfermut, der weit über den eines Soldaten oder eines Terroristen hinausgeht, den das trügerische Vertrauen auf Waffen und Kriegslist ermutigt. Auch der Begriff des Widerstandes war für ihn zu einseitig; denn er bedeutet, daß man unter dem Gesetz des Gegners antreten muß. Wer Widerstand leistet, reagiert auf das, was andere ihm aufzwingen wollen. Die gewaltfreie Aktion geht darüber hinaus und schafft eine neue Lage, in der der Gegner zum Widerstand gezwungen wird, den er mit Mitteln leisten muß, die die Unhaltbarkeit seiner eigenen Position erweisen. Wer glaubt, daß der Gegner im Unrecht ist, der muß ihn so ins Unrecht setzen, daß dies für alle anderen und den Gegner selbst ersichtlich ist. Das ist die Strategie der gewaltfreien Aktion. Sie bürgt zugleich für Gegenseitigkeit. Wer selbst im Unrecht ist und andere ins Unrecht setzen will, wird sein eigenes Unrecht erweisen. Solange er dabei gewaltfrei bleibt, fällt dies nur auf ihn selbst zurück und schadet den anderen nicht. Die gewaltfreie Aktion ist aus diesem Grund auch ein Mittel des Bürgers, um im Staat Veränderungen zu schaffen und Unrecht zu beseitigen. Er mußt bereit sein, Strafen auf sich zu nehmen und für seine Überzeugung zu leiden. Gandhi war kein Anarchist, er war selbst ein großer Organisator, der den Wert gut funktionierender Institutionen zu schätzen wußte; aber er betonte zugleich das Recht und die Pflicht zum bürgerlichen Ungehorsam gegenüber dem institutionalisierten Unrecht. Die Einsatzbereitschaft des Einzelnen war für ihn zugleich die Grundlage jeder Organisation oder Institution und das Mittel zur Korrektur und Veränderung des Status quo.

Wahrheit und Gewaltfreiheit bedingen ein drittes Element der Experimente Gandhis: die vorbehaltlose Offenheit. Der Erfolg des Gewalttätigen hängt zu einem großen Teil davon ab, daß seinem Gegner die Machtmittel selbst oder Zeit und Ort ihres Einsatzes nicht bekannt sind. List und Geheimhaltung sind daher wesentliche Elemente der Gewaltausübung. Der Erfolg der gewaltfreien Aktion beruht ganz im Gegenteil auf allgemeiner Kenntnis der Dinge, um die es geht, völliger Durchsichtigkeit der Methoden, die befolgt werden, und der Vorankündigung von Zeit und Ort des Einsatzes. Teilnehmer und Gegner werden zugleich auf dem laufenden gehalten; denn der Sinn einer solchen Aktion ist es, den Gegner, ob er es will oder nicht, zum Teilnehmer zu machen. Die Offenlegung der gewaltfreien Strategie bedeutet, daß man nicht unter dem Gesetz des Gegners antritt, sondern ihn in das Gesetz des eigenen Handelns einbezieht. Die vorbehaltlose Offenheit ist daher ein Grundbestandteil der gewaltfreien Strategie und nicht nur eine idealistische Forderung. Sie zwingt zugleich zur strengen Disziplin. Wer sich öffentlich verpflichtet, einem allgemein bekannten Programm zu folgen und an einem bestimmten Tag und Ort dieses oder jenes zu tun, unterwirft sich einer Disziplin, der er sich nicht leicht entziehen kann.

Wie kam es nun zu Gandhis Experimenten mit der Wahrheit, wie entdeckte er die Methoden der offenen gewaltfreien Aktion? Seine Jugendjahre waren nicht von dramatischen Ereignissen geprägt, auch seine Ausbildung in London brachte nichts Ungewöhnliches. Nach Indien heimgekehrt, war der schüchterne junge Mann zunächst als Rechtsanwalt erfolglos und mußte froh sein, daß ihn schließlich ein Kaufmann zur Wahrnehmung seiner Interessen in einem Rechtsstreit nach Südafrika entsandte. Auch dies wäre eine belanglose Episode geblieben. Aber als Gandhi bereits wieder abreisen wollte, baten ihn in Südafrika ansässige Inder um Beistand gegen die diskriminierende Gesetzgebung der südafrikanischen Regierung. Er war der einzige indische Rechtsanwalt dort und konnte sich dieser Bitte nicht entziehen. Die Entscheidung war schwerwiegend, der kurze Aufenthalt dehnte sich aus, und schließlich blieb Gandhi 23 Jahre lang in Südafrika.

In diesen Jahren führte er eine Kampagne nach der anderen gegen die diskriminierenden Gesetze, die der indischen Minderheit auferlegt wurden. Im Laufe dieser Kampagnen stärkte er das Solidaritätsgefühl der Minderheit, rekrutierte eine treue Gefolgschaft, die bereit war, mit ihm ungerechte Gesetze zu übertreten, und setzte die Regierung ins Unrecht, die Anspruch darauf erhob, eine demokratische Regierung zu sein, und doch ganz deutlich die Grundsätze der Demokratie verletzte. Als ein Gesetz die Freizügigkeit der Inder innerhalb der Südafrikanischen Union behinderte, überquerte Gandhi mit Tausenden seiner Gefolgsleute die Grenze zwischen einer Provinz und der anderen und zwang die Regierung, ihn und seine Gefolgschaft zu verhaften. Ähnlich ging er gegen andere Gesetze dieser Art vor. Später versuchte er in Indien diese Strategie der gewaltfreien Aktion auf den Freiheitskampf zu übertragen. Er forderte die Nichtzusammenarbeit mit der Kolonialmacht, die ohne die Mitwirkung der Inder ihr System nicht aufrechterhalten konnte. Doch während er es in Südafrika mit einer unterdrückten Minderheit zu tun hatte, die unter spezifischen diskriminierenden Gesetzen litt, mußte er in Indien ein großes Volk in Bewegung setzen, das sich an den Druck der Fremdherrrschaft gewöhnt hatte und von einer Regierung beherrscht wurde, die keinen Anspruch erhob, demokratisch zu sein. Unter diesen Umständen war es schwer,

Ansatzpunkte für die gewaltfreie Aktion zu finden, und doch gelang es Gandhi mehrfach, große Kampagnen zu organisieren, an denen sich viele Tausende in allen Provinzen Indiens beteiligten. Am bedeutendsten war seine Kampagne gegen das Salzmonopol der Regierung. Hier ließ sich wie in kaum einem anderen Fall der Konflikt zwischen Volk und Regierung eindeutig darstellen, und die Übertretung der Gesetze, die dem Volk die Salzherstellung verboten, war leicht zu organisieren.

Kampagnen dieser Art ließen den Eindruck entstehen, als ob Gandhi aus eigener Kraft Massenbewegungen entfachen konnte. Aber Gandhi selbst wußte genau, daß er auf die Stimmung des Volkes angewiesen war und daß er das Volk für nichts begeistern konnte, was nicht in dessen Interesse lag. Auch für die gewaltfreie Aktion gilt der Satz, daß die Politik die Kunst des Möglichen ist. Gandhis Stärke bestand darin, daß er als schöpferischer Politiker Möglichkeiten erspürte und zu Aktionen gestaltete, die anderen nicht in den Sinn kamen. In spannungsgeladenen Situationen schuf er Formen der Konfrontation, die die Gegensätze klar hervortreten ließen, dem Konflikt verschiedener Interessen Ausdruck verliehen und zugleich den Weg zur Lösung des Konfliktes andeuteten. Dem Gegner mußte dabei immer die Gelegenheit zum Gesinnungswandel nahegelegt und nicht genommen werden. Eine übertriebene Herausforderung verfehlte das Ziel und konnte nur zum Mißerfolg der gewaltfreien Aktion führen. Mittel und Zweck mußten einander entsprechen. Gandhi lehnte nicht nur den Grundsatz, daß der Zweck die Mittel heiligt, ab, sondern betonte statt dessen, daß nur ein mit rechten Mitteln erreichter Zweck bestehen könne, das heißt, daß die Mittel den Zweck heiligen müssen. In diesem Sinne war für ihn die Gestaltung eines Konflikts immer ein Beitrag zu seiner Lösung. Ein Agitator, der nur die Massen in Bewegung bringt, ohne eine konstruktive Lösung der Konflikte anzustreben, die er gestaltet, kann keine gewaltfreie Aktion im Sinne Gandhis leiten. Die gewaltfreie Aktion braucht eine Rechtfertigung, die über die gegenwärtigen Konflikte hinausführt. Selbst der Kampf gegen die Fremdherrschaft brauchte eine solche Rechtfertigung, und Gandhi betonte oft, daß es nicht das Ziel des Freiheitskampfes sein könne, das koloniale System durch ein gleichartiges einheimisches System zu ersetzen, sondern daß es darauf ankomme, die unterdrückten Millionen Indiens wirklich zu befreien. Das bedeutete, daß die im Freiheitskampf erprobten Mittel der gewaltfreien Aktion auch gegen eine ungerechte einheimische Regierung eingesetzt werden könnten.

Aus dieser Schlußfolgerung ergibt sich die Frage nach dem Bild vom Menschen und von der Gesellschaft, das Gandhis Vorstellungen zugrunde lag. Gandhi war kein Philosoph und kein Staatsrechtslehrer; er hat daher keine zusammenhängende Darstellung seiner Pläne für das unabhängige Indien hinterlassen. Er hatte wenig Interesse für Verfassungen und abstrakte Soziallehren. Aus religiöser Überzeugung glaubte er an die Einheit allen Lebens und an die damit gegebene grundsätzliche Übereinstimmung aller menschlichen Interessen. Alle Konflikte waren daher für ihn nur oberflächliche Störungen einer tieferen Harmonie. Die Erkenntnis dieser Harmonie ist jedem einzelnen Menschen möglich, so glaubte er, und darum vertraute er bei allen seinen Aktionen auf die Überzeugung jedes einzelnen. Nur die Freisetzung des Einzelmenschen gewährleistet die Erhaltung einer freien Gesellschaft.

Diese Freisetzung bedeutete für Gandhi aber zugleich die Einsicht in Rechte und Pflichten. Die Situation eines Teilnehmers an einer gewaltfreien Aktion, der sich freiwillig meldet und sich öffentlich verpflichtet, das für richtig erkannte Programm durchzuführen, ist beispielhaft für das Verhalten des Menschen in der Gesellschaft. Dieses Menschen- und Gesellschaftsbild Gandhis kann von Kritikern als utopisch bezeichnet werden. Doch war Gandhi zumindest ein konkreter Utopist, der sich nicht damit begnügte ein Idealbild zu entwerfen, sondern unermüdlich darum kämpfte, seine Vorstellungen zu verwirklichen, sich und andere im Sinne seiner Ideen zu bilden, Situationen zu schaffen, in denen sie auf die Probe gestellt werden konnten. Utopie – das bedeutet das Niemandsland menschlicher Einbildungen und Wünsche; Gandhi aber bewegte sich nicht in einem solchen Niemandsland, sondern versuchte, die Wirklichkeit zu gestalten. Dabei nahm er freilich auch das Risiko auf sich, Fehler zu machen, ein Risiko, dem der reine Utopist aus dem Wege geht, weil seine Träume die Wirklichkeit nicht berühren. Gandhi hat viele Fehler gemacht und die meisten selbst eingestanden. Einmal sprach er sogar von Fehlern von der Riesengröße des Himalajagebirges, als eine seiner Kampagnen ausartete und in Gewalttätigkeiten endete. Er stand immer wieder vor dem Dilemma, eine Kampagne zu wagen, ohne die Teilnehmer genügend ausgebildet und diszipliniert zu haben. Wollte er auf die Vervollkommnung der Teilnehmer warten, konnte er keine Kampagne beginnen; organisierte er keine Kampagnen, so konnte er weder sich selbst noch andere auf die Probe stellen. Er mußte also den Mut haben, Fehler zu machen und sich zu ihnen zu bekennen. In seinen späteren Jahren neigte er freilich dazu, den Problemen der Massenkampagne aus dem Wege zu gehen und sich auf Ein-Mann-Kampagnen des persönlichen Fastens zu beschränken. Das Fasten, wenn nötig bis zum Tode, war eine gewaltfreie Aktion idealer Art. Es erforderte hohen Opfermut und Einsatzbereitschaft, es war eine offene Herausforderung, und da es auf Gandhi selbst beschränkt blieb, brauchte nur er selbst sich dafür zu bilden und zu disziplinieren. Wie auch bei anderen gewaltfreien Aktionen wurde der Gegner in das Gesetz des Handelns einbezogen, und zwar auf eine so rücksichtslose Weise, daß er sich der Wirkung dieser Aktion kaum entziehen konnte. Aber diese Art der gewaltfreien Aktion hatte entschiedene Mängel, sie war teilnehmerlos und erpresserisch und hing allzusehr von dem Ruhm des Fastenden ab; denn niemand hätte viel darum gegeben, wenn nicht Gandhi, sondern ein Unbekannter dergleichen getan hätte. Gandhis höchster und aufopferndster Einsatz war darum sein größter Fehler, ein Fehler, den er nicht einsah und daher auch nicht eingestehen konnte. Als Meister der gewaltfreien Aktion war er zu Ruhm und Ansehen gekommen, und er krönte diese Meisterschaft mit dem höchsten persönlichen Einsatz und verfälschte damit den Sinn seiner ursprünglichen Botschaft. Er verfeinerte zwar die Technik des individuellen gewaltfreien Einsatzes; aber in dem Maße, in dem er sich dadurch von der Notwendigkeit befreite, andere zu gewinnen und zu disziplinieren, handelte er seinen ursprünglichen Bestrebungen zuwider. Eine der Grundregeln seiner Experimente mit der Wahrheit war die Nachvollziehbarkeit. Sein Fasten war zwar grundsätzlich nachvollziehbar, aber in seiner Wirkung nicht nachzuahmen. Für Gandhi war es ein Rückzug auf sich selbst.

Der Rückzug auf sich selbst isolierte Gandhi vom politischen Geschehen in Indien. Er war mächtig und einflußreich, er brauchte sich nicht mehr um eine Anhängerschaft zu bemühen, sein Wunsch war Befehl. Er kostete diesen Ruhm nicht aus, aber er nahm ihn hin und vergaß, daß im entscheidenden Moment nur eine zur gemeinsamen Tat verbundene Gefolgschaft zählt. Er glaubte, diese noch zu haben; aber die Anerkennung, die seinem eigenen Einsatz gezollt wurde, täuschte ihn über die mangelnde Einsatzbereitschaft der Gefolgschaft hinweg. Er war 1934 aus dem indischen Nationalkongreß ausgetreten, um, wie er sagte, nicht in die Opposition gedrängt zu werden, eine Rolle, die ihm nicht ziemte. In Wirklichkeit wollte er die eigene Aktionsfreiheit wahren und sich nicht von der Parteidisziplin des Nationalkongresses binden lassen, der wieder einmal von einer agitatorischen zu einer parlamentarischen Phase überwechselte. Er wollte die Freiheit haben, seine Ein-Mann-Kampagnen durchzuführen, und dem Kongreß sollte es unbenommen bleiben, diese Kampagnen entweder zu nützen oder sich von ihnen zu distanzieren. Sein Einfluß auf den Kongreß blieb nach wie vor ungemindert. Doch in der Nachkriegskrise, als die Teilung Indiens gegen den Willen Gandhis vorgenommen wurde, zeigte sich seine Isolierung. Er hatte keine aktive Gefolgschaft mehr, die bereit gewesen wäre, mit ihm der Teilung zu widerstehen, und Ein-Mann-Kampagnen nützten nichts mehr – so konnte er nur noch hier und da die schlimmsten Ausschreitungen verhüten, aber nicht mehr entscheidend in den Gang der Dinge eingreifen. Er konnte Einfluß nehmen, seinen Ruhm in die Waagschale werfen und hier und da eine Korrektur erzwingen, aber nicht mehr wie einst neue Situationen schaffen. Seine Ermordung im Januar 1948 zeigte das deutlich. Sein Mörder war ein nationalistischer Extremist, der Gandhis Einsatz für eine gerechte Teilung der Staatskasse zwischen Indien und Pakistan als Hochverrat empfand und Gandhis schädlichen Einfluß ausschalten wollte. Die Anschauung des Mörders verdeutlichte die Position Gandhis: Er war der berühmte Einzelne, dessen Ansichten nicht unbedingt denen der Mehrheit seiner früheren Gefolgschaft entsprachen und der daher ausgeschaltet werden konnte und mußte. Nach seinem Tode war sein Einfluß dahin. So wurden Gandhis Ruhm und seine Isolierung durch die Kugel des Mörders bestätigt. Der Rückzug auf sich selbst endete mit dem Märtyrertod.

Die Experimente mit der Wahrheit haben kein eindeutiges Resultat ergeben. Gandhi erzielte überraschende Erfolge, machte entscheidende Fehler, bildete eine Gefolgschaft, die er zu großen Einsätzen führte, und zog sich selbst zurück.

Auf der Höhe seines Ruhmes wurde Gandhi zum Einzelgänger. Nach der Rückkehr aus Südafrika mußte er sich zunächst in Indien bewähren, die Nichtzusammenarbeits-Kampagne von 1920 brachte ihm Macht und Anerkennung; aber als diese Kampagne sich schließlich verlief, glaubte man, daß er seine Schuldigkeit getan hatte und kaum wieder eine große Rolle in der indischen Politik snielen werde; die Kampagne gegen die Salzgesetze im Jahre 1930 aber erwies seine Meisterschaft wiederum, und von dieser Zeit an war sein Ruhm unbestritten. Er nutzte diesen Ruhm im Dienste des Freiheitskampfes, indem er sich selbst zum größten Einsatz brachte.

Doch je beispielhafter seine Leistung wurde, um so weniger konnten und mußten andere diesem Beispiel folgen. Er wurde in die Rolle des Heiligen gedrängt, dessen Beispiel erbaut, aber nicht verpflichtet. Damit wurde seine Wahrheit immer mehr zu einer nur auf ihn bezogenen Wahrheit, deren Allgemeinverbindlichkeit entschwand. Noch immer bemühte er sich darum, zu erproben, ob seine Wahrheit auch die der anderen war. Die große Resonanz seiner Ein-Mann-Kampagnen im indischen Volk schien zu beweisen, daß das Volk mit ihm übereinstimmte. Erst gegen Ende seines Lebens, in den Wirren der Teilung des Landes, spürte er die Einsamkeit und zweifelte daran, ob seine Wahrheit auch die der anderen war. Trotzdem hielt er bis zuletzt an seiner Wahrheit fest und sah seinem Mörder mit Gleichmut entgegen. Seine Größe bewährte sich in der Einsamkeit und im Tod. Die Botschaft der gewaltfreien Aktion findet ihre Bestätigung jedoch nicht in der einsamen Größe des alten Gandhi, sondern in dem Mut des jungen, unbekannten Mannes, der ganz auf sich gestellt in Südafrika eine Gefolgschaft bildete und dem Unrecht und der Unterdrückung entgegentrat. Die Einsamkeit des jungen Gandhi zwang ihn zur schöpferischen Gestaltung politischer Aktionen, zum Beschreiten eines neuen Weges; die Einsamkeit des berühmten alten Mannes stand am Endes dieses Weges.

# Rosa Luxemburg

Ossip Kurt Flechtheim

Rosa Luxemburg als Pazifistin? Rosa Luxemburg zwischen Gandhi und Ossietzky? Sollte das nicht ein Mißverständnis sein? War nicht Rosa Luxemburg eine der radikalsten Marxisten – und haben nicht Marx und die Marxisten stets den Pazifismus, den bürgerlichen wie aber auch einen angeblich sozialistischen, eindeutig abgelehnt und scharf bekämpft? Haben sie sich nicht zu Revolution und Aufstand, zu Bürgerkrieg, „progressivem" Krieg und sogar zur Landesverteidigung bekannt? Wurde nicht Engels wegen seiner Begeisterung für das Militärische scherzweise „der General" genannt? Und hat schließlich und endlich nicht bereits vor dem Ersten Weltkrieg Robert Michels auf die Rolle der Disziplin und der militärischen Sprache in der sozialistischen Arbeiterbewegung aufmerksam gemacht? Kann man also Rosa Luxemburg auch nur mit halbwegs gutem Gewissen in eine Reihe mit Vertretern der Gewaltfreiheit stellen? Sicherlich war Rosa Luxemburg Anhängerin der Revolution, aber doch wohl nicht jener gewaltfreien Form, die diejenigen, die sich heute auf Gandhi und Martin Luther King, auf Luthuli und Dolci berufen, in unseren Tagen an die Stelle der überlieferten Gewalt setzen wollen. Nun, um das Fazit meines Beitrags vorwegzunehmen: Rosa Luxemburg war in der Tat keine Tolstoianerin oder Gandhistin. Rosa Luxemburg war keine Anhängerin der totalen und absoluten Gewaltlosigkeit. Rosa Luxemburg hat gelegentlich die revolutionäre Gewalt bejaht. Sie war aber doch auch zutiefst Humanistin und Gegnerin des modernen völkermordenden Krieges. War sie dann ein Rätsel? Nun, jedenfalls war sie „ein Mensch mit seinem Widerspruch", und wenn wir im folgenden auch nicht das Rätsel ihrer Persönlichkeit ganz lösen können, so sollten wir doch versuchen, diesen ihren Widerspruch einigermaßen zu erklären.

Es ist nichts Ungewöhnliches, daß in der historischen Perspektive eines halben Jahrhunderts das Charakterbild einer Persönlichkeit neue Gestalt annimmt. Das Wort der hinreißenden Rednerin ist verklungen – ihre großartigen Gedanken faszinieren nach wie vor den Leser. Die Lektüre der Schriften der Agitatorin und Theoretikerin, die als eines der nicht sehr häufigen Originalgenies des deutschen Marxismus weiterleben wird, lohnt sich noch immer. Ähnlich wie Karl Liebknecht besticht Rosa Luxemburg durch ihre Opferbereitschaft und ihren geistigen Mut. Bei dieser kleinen, körperlich behinderten Frau wird man trotz all ihrer Schwächen unwillkürlich an den „Ritter ohne Furcht und Tadel" erinnert. Die „blutige Rosa", einst der Schrecken der Philister und Bonzen, ist heute so gut wie vergessen – ja in der Verfasserin der „Briefe aus dem Gefängnis" und der „Briefe an Freunde" will man jetzt oft nichts als die gütig-zarte Frau sehen. Dabei hat sich noch Rosa Luxemburg einmal selber mit Penthesilea verglichen, wobei allerdings selbst noch in ihrer tiefen Verachtung der Unterton echter Menschenliebe mitschwingt, trat doch dem Drang nach gewaltsamer Vernichtung des Bösen stets das Sehnen nach reiner menschlicher Güte entgegen. Gerade in ihren Briefen hat sie diese beiden – oft miteinander im Widerstreit liegenden – Seiten ihres Charakters mit der ihr eigenen bestrickenden Offenheit enthüllt – so, wenn sie sich einmal selber vorwirft, das „Grundgebot" zu vergessen, „das ich mir fürs Leben gemacht habe: *Gut* sein ist Hauptsache! Einfach und schlicht *gut* sein, das löst und bindet alles und ist besser als alle Klugheit und Machthaberei". Eigentlich „zum Gänsehüten geboren", kreist sie fast „aus Versehen im Strudel der

Weltgeschichte herum" – aber auch hier will sie „voller Mensch" bleiben, und dazu gehört das Einssein mit allem Leid der Schöpfung: „Mir sind die armen Opfer der Gummiplantagen in Futumsyo, die Neger in Afrika, mit deren Körper die Europäer Fangeball spielen, ebenso nahe. Weißt Du noch die Worte aus dem Werke des Großen Generalstabs über den Trothaschen Feldzug in der Kalahari: ‚. . . und das Röcheln der Sterbenden, der Wahnsinnschrei der Verdurstenden verhallten in der erhabenen Stille der Unendlichkeit.' O diese ‚erhabene Stille der Unendlichkeit', in der so viele Schreie ungehört verhallen, sie klingt in mir so stark, daß ich keinen Sonderwinkel im Herzen für das Ghetto habe: ich fühle mich in der ganzen Welt zu Hause, wo es Wolken und Vögel und Menschentränen gibt."

Wie Rosa Luxemburg zwischen den Zeiten lebte und wirkte, so spiegelte sie in ihrer eigenen Ambivalenz den Widerspruch der Epochen wider, den Gegensatz zwischen dem 19. und 20. Jahrhundert, das Gegeneinander von Reform und Revolution, von Krieg und Frieden, von Gewalt und Humanität. Immer wieder rang sie um deren Synthese – eine glatte Lösung sollte ihr nicht beschieden sein. In ihrer Opposition gegen Revisionismus und Opportunismus, Imperialismus und Militarismus spürte sie vor allem die Gefahren der Anpassung, der Kapitulation, des Verrats. Der Krieg bestätigte ihr, daß auch der Arbeiter sein Ziel nicht auf friedlichem Wege erreichen kann. Wenn zwar zugleich die russische Revolution die Gefahren der Diktatur, des Terrors, der Manipulierung der Masse durch unfehlbare Führer zeigt, so will sie nun darin doch nur Begleiterscheinungen des Kampfes und Sieges sehen, die gerade in Deutschland zurücktreten werden. So kämpfte Rosa Luxemburg stets nach zwei Seiten, wobei sie wohl, um Karl Liebknecht zu zitieren, immer wieder nach dem Unmöglichen griff, um auch nur das Mögliche durchsetzen zu können.

Rosa Luxemburg wurde am 5. März 1871 (dem Geburtsjahr Liebknechts) in Zamosc in Russisch-Polen als Tochter eines emanzipierten jüdischen Kaufmanns geboren. Schon früh trat sie einem polnischen illegalen revolutionären Zirkel bei. Nach dem Abschluß ihres Studiums lebte sie seit 1898 in Deutschland. Mit ihrer ganzen Kraft stürzte sie sich alsbald in die Arbeit der deutschen Sozialdemokratie. Nach dem Ausbruch der ersten russischen Revolution 1905 ging sie illegal nach Warschau, wo sie 1906 zusammen mit ihrem Lebensgefährten Leo Jogiches verhaftet wurde. Nach Deutschland zurückgekehrt, wirkte sie hier als Dozentin an der zentralen

Parteischule der SPD. Aus dieser Arbeit erwuchs die erst nach ihrem Tode veröffentlichte „Einführung in die Nationalökonomie" sowie ihr theoretisches Hauptwerk „Die Akkumulation des Kapitals. Ein Beitrag zur ökonomischen Erklärung des Imperialismus" (1913).

Für die Humanistin und Kriegsgegnerin, die schon 1900 auf dem Pariser Kongreß der II. Internationale vorhergesagt hatte, der Zusammenbruch der kapitalistischen Ordnung werde „durch eine durch die Weltpolitik herbeigeführte Krisis" erfolgen, und die auf den Kongressen der Internationale 1907 in Stuttgart und 1912 in Basel den Kampf gegen Krieg und Militarismus zu steigern versucht hatte, wirkten der Ausbruch des Weltkrieges und die Kriegspolitik der SPD als furchtbare persönliche Schicksalsschläge. Zusammen mit Karl Liebknecht suchte sie mühselig das kleine Häuflein kompromißloser Kriegsgegner in der SPD zu sammeln und zu organisieren – erst in der „Gruppe Internationale", dann im „Spartakusbund". Doch schon am 18. Februar 1915 wurde sie zur Abbüßung einer einjährigen Gefängnisstrafe festgesetzt. Erst am 9. November 1918 öffneten sich die Gefängnistore auch für Rosa Luxemburg. Sie konzentrierte sich nun ganz auf den Kampf für die Weiterführung der Revolution, der auch die Gründung der KPD (Spartakusbund) dienen sollte. Nachdem der Januar-Aufstand, den Rosa abgelehnt hatte, fehlgeschlagen war, wurde sie am 15. Januar zusammen mir Karl Liebknecht von Regierungstruppen festgenommen und brutal ermordet. Ihre Leiche wurde erst nach Monaten aus dem Landwehrkanal geborgen. Die Mörder wurden freigesprochen – der damalige Hauptmann Pabst lebte noch bis vor kurzem in Westdeutschland.

In die Geschichte des Sozialismus ist Rosa Luxemburg eingegangen als die Marxistin, die zutiefst von der Spontaneität der Massen als dem schöpferischen Element des Klassenkampfes überzeugt war. Zum kläglichen Fiasko verurteilt sei jede Strategie des Klassenkampfes, „die bloß auf die hübsch ausgeführten Märsche des kasernierten kleinen Teils des Proletariats zugeschnitten wäre". Die Verselbständigung der beiden Säulen der Arbeiterbewegung, der Partei und der Gewerkschaften, müsse überwunden werden. Der Massenstreik könne nicht von oben dekretiert werden, die Aufgabe der Sozialdemokratie liege daher auch nicht so sehr in der „technischen Vorbereitung und Leitung des Massenstreiks", als vielmehr „in der politischen Führung der ganzen Bewegung".
 Die Partei müsse die revolutionäre Entwicklung dadurch zu

beschleunigen suchen, „daß sie den breitesten proletarischen Schichten den unvermeidlichen Eintritt dieser revolutionären Periode, die dazu führenden inneren sozialen Momente und die politischen Konsequenzen klarmacht". So würden die Massen zum „handelnden Chorus", die „Leitungen nur die sprechenden Personen, die Dolmetscher des Massenwillens".

Es war sicherlich kein Zufall, daß sich Rosa Luxemburg, die zeit ihres Lebens mit Rußland eng verbunden blieb, schon sehr früh für das dort entwickelte Kampfmittel des Massenstreiks begeisterte. Ermuntert durch die ungeahnte Weite und Tiefe der proletarischen Streikaktionen vor und während der ersten russischen Revolution, glaubte sie an ähnliche Möglichkeiten im ach so fortgeschrittenen Deutschland. Während man auf den Parteitagen der SPD und den Kongressen der Freien Gewerkschaften um die Formulierung von Resolutionen stritt, die den politischen Streik mit allen möglichen Kautelen umgeben sollten, wollte Rosa „nicht durch abstrakte Spekulationen über die Möglichkeit oder Unmöglichkeit, den Nutzen oder die Schädlichkeit des Massenstreiks, sondern durch die Erforschung derjenigen Momente und derjenigen sozialen Verhältnisse, aus denen der Massenstreik in der gegenwärtigen Phase des Klassenkampfes erwächst", zur Lösung des Problems beitragen. Bereits in ihrer Analyse des Generalstreiks in Kiew im Jahre 1903 hatte Rosa Luxemburg interessanterweise hervorgehoben, daß die Streikenden sich mit Weib und Kind auf den Schienenstrang gesetzt und den Gewehrläufen ihre entblößte Brust geboten hätten. Kein Wort der Kritik oder des Hohnes über diese Form gewaltfreier Aktion. Vielleicht ahnte sie auch schon deren Bedeutung stärker, als sie selber zum Ausdruck zu bringen vermochte?

Ausgesprochen hat Rosa Luxemburg immer wieder, daß wir in einer Epoche der Revolution leben und daß sich die SPD daher nie auf eine bloß parlamentarische Defensive beschränken dürfe. Als letztes geschichtlich notwendiges Ziel gehe es um die Diktatur des Proletariats und um die Revolution. Aber auch wenn Rosa Luxemburg von Diktatur und Revolution spricht, identifiziert sie diese nicht einfach mit Gewalt und Terror. Nur für das Polizeigehirn sei Revolution mit Straßenkrawall und Unordnung identisch. Für den Sozialisten heißt Revolution vor allem die tiefgreifende Umwälzung der sozialen Verhältnisse und der Klassenbeziehungen. So sei die Barrikadenschlacht nicht mehr die Hauptform der Revolution, sondern nur noch „ein äußerster Punkt, nur ein Moment in dem ganzen Prozeß des proletarischen Massenkampfes".

Die Geschichte habe in dieser „neuen Form der Revolution" einen Weg zur „Zivilisierung und Milderung" der Klassenkämpfe gefunden. Rosa Luxemburg scheint hier fast nach einer Art Dritten Weg zwischen dem Terrorismus der bürgerlichen Revolutionen und dem Opportunismus der Revisionisten zu suchen, der vielleicht schon als Vorwegnahme von Laskis „Revolution by Consent", wenn nicht gar auch der revolutionären gewaltfreien Aktion von heute angesehen werden kann.

Und doch hat Rosa Luxemburg diese Ansätze zu einer Politik der Gewaltlosigkeit nicht weiter entwickelt. Und das wohl vor allem aus zwei Gründen: Auch Marx und Engels waren von der typisch kontinental-europäischen Tradition der Glorifizierung der Gewalt als eines schöpferischen, befreienden Elementes nicht losgekommen; vor allem schien aber die unvorstellbar blutige Grausamkeit des Weltkrieges jeden Glauben an die Macht friedfertiger Aktionen zu widerlegen.

Der im Orkan der russischen Revolution dahinstürmenden Rebellin, die sich einmal selber als einen der beiden letzten Männer in der Sozialdemokratie bezeichnet hatte (der andere war Clara Zetkin!), waren ihre sich anpassenden Parteigenossen, diese biederen „Bonzen und Budiker", schon stets als „Wetterfähnlein" erschienen. Seit 1914, da sie die Kriegspolitik der Hohenzollern recht energisch unterstützten, hatte Rosa Luxemburg für diese „kriecherischen Helden" nur noch Verachtung übrig. Angesichts der „Durchhalte-Politik", die ihre Partei im nicht endenwollenden Blutrausch des Weltkrieges verfolgte, verdrängte die zarte Frau immer stärker alles Weibliche und Humane. Für den Tag ihrer Befreiung versprach sie nun, diese „Froschgesellschaft zu jagen und zu hetzen mit Trompetenschall, Peitschenknall und Bluthunden – wie Penthesilea". So schrieb sie Ende 1916 aus dem Gefängnis in Wronke: „Was mich anbelangt, so bin ich in der letzten Zeit, wenn ich schon nie weich war, hart geworden wie geschliffener Stahl und werde nunmehr weder politisch noch im persönlichen Umgang auch die geringste Konzession machen."

Frei von jeder Konzession war in der Tat ihr Kampf gegen den Krieg. Der literarische Höhepunkt war dabei die im Berliner Weibergefängnis verfaßte Abhandlung, die unter dem Pseudonym Junius 1916 freilich nur in Zürich erscheinen konnte. Diese Anklage Rosa Luxemburgs gegen den Krieg und seine Verteidiger war mit ihrem Herzblut geschrieben. Selten ist ein Massenverbrechen so klar gezeichnet, sind seine Folgen so prophetisch verkündet worden. Indem Rosa Luxemburg die Legende von der Einkreisung Deutschlands und von der russischen Bedrohung, von der Vaterlandsverteidigung und vom nationalen Befreiungskrieg zerfetzt, zeigt sie die Schuld der preußischen und deutschen Machthaber an dem Ausbruch der Kriege von 1866, 1870 und 1914. Sie verschweigt aber auch nicht die Mitverantwortung Frankreichs und Englands, „denn was sie ‚verteidigen', ist ... ihr alter imperialistischer Besitzstand". Erst der Sozialismus wird das Selbstbestimmungsrecht der Nationen sichern. Lange vor Fritz Fischers „Griff nach der Weltmacht" wird hier so das Verhältnis Deutschlands zu den anderen Weltmächten treffend aufgedeckt.

Die Kapitulation der internationalen Sozialdemokratie ist für Rosa Luxemburg eine Katastrophe, der Fall des sozialistischen Proletariats ein Unglück für die Menschheit, der Weltkrieg eine Weltwende. Hatte Rosa Luxemburg bis 1914 in der Tradition von Marx an das naturnotwendige Kommen des Sozialismus geglaubt, so sah sie nun deutlich das Dilemma: Sozialismus oder Barbarei! Wenn das Proletariat nicht sein revolutionäres Kampfschwert in die Waagschale wirft, wird der Sieg des Imperialismus den „Untergang jeglicher *Kultur*, wie im alten Rom" mit sich bringen. Die militärische Unentschiedenheit führt zur Beendigung des Krieges durch allseitige Erschöpfung, der der wirtschaftliche Ruin aller Länder folgt. Der Weltkrieg ist aber vor allem ein „Aderlaß, an dem die europäische Arbeiterbewegung zu verbluten droht". Mit jedem geschulten, klassenbewußten Proletarier „sinkt ein Kämpfer der Zukunft, ein Soldat der Revolution, ein Retter der Menschheit vom Joch des Kapitalismus ins Grab". „Noch ein solcher Weltkrieg, und die Aussichten des Sozialismus sind unter den von der imperialistischen Barbarei aufgetürmten Trümmern begraben." So antizipiert Rosa Luxemburg schon einen zweiten Weltkrieg als Resultat neuer Rüstungen, der Herrschaft des Militarismus und der Reaktion gerade auch im Falle der Niederlage Deutschlands.

Der einseitige Verzicht der SPD auf den Klassenkampf muß die Volksmassen – die einzige Stütze der „kümmerlichen deutschen Freiheit" – entmutigen, die Reaktion dagegen ermutigen. Erfolg: Stärkung des Annexionismus und Verlängerung des Krieges! Dagegen müßte die Sozialdemokratie selbständig Klassenpolitik betreiben und die nationale Verteidigung als revolutionären Hebel gegen den Krieg verwenden. Erste Schritte hierzu: Miliz, Volksentscheid über Krieg und Frieden, Aufhebung des Belagerungszustandes, größte politische Freiheit, Losung der großen deutschen Republik. So wäre zumindest die SPD „in dem allgemeinen Strudel, Zerfall und Zusammenbruch wie ein Fels im brausenden Meer der hohe Leuchtturm der Internationale" geblieben, nach dem sich bald alle anderen Arbeiterparteien orientiert hätten. Die enorme moralische Autorität, welche die deutsche Sozialdemokratie bis zum 4. August 1914 in der ganzen proletarischen Welt genoß, hätte ohne jeden Zweifel auch in dieser allgemeinen Verwirrung in kurzer Frist einen Wandel herbeigeführt. Damit wären die Friedensstimmung und der Druck der Volksmassen zum Frieden in allen Ländern gesteigert, die Beendigung des Massenmordens beschleunigt, die Zahl seiner Opfer verringert worden. Das deutsche Proletariat wäre der Turmwächter des Sozialismus und der Befreiung der Menschheit geblieben, „und dies ist wohl ein patriotisches Werk, das der Jünger von Marx, Engels und Lassalle nicht unwürdig war" – soweit Rosa Luxemburg. Die schleunigste Erzwingung des Friedens durch die internationale Kampfaktion des Proletariats – heißt es an anderer Stelle –, die praktische Verwirklichung der alten Losung „Krieg dem Kriege" sind der einzige Sieg, an dem das internationale Proletariat interessiert sein kann.

Krieg dem Kriege? – das klingt in der Tat nach Gewalt und sogar Bürgerkrieg. Aber selbst in dieser ihrer letzten Lebensphase war die „blutige Rosa" nie bereit, skrupellos organisierte Gewalt, Lüge und Intrige als das Mittel zum edlen Zwecke zu akzeptieren. Auch jetzt noch erschöpfte sich für die Revolutionärin Politik nicht in entmenschten Apparaturen, verdinglichten Organisationen, entfremdeten Institutionen. Wenn schon Macht, Zwang und Gewalt, dann doch nur um „bestimmte Maßnahmen im Interesse des Ganzen" gegen die feindliche Klasse durchzusetzen – „als konkrete Maßnahme zu einem konkreten Zweck" –, aber nie und nimmer als „allgemeine Regel von dauernder Wirkung": „Jedes dauernde Regiment des Belagerungszustandes führt unweigerlich zur Willkür."

So sieht Rosa Luxemburg die autoritären Elemente im Bolschewismus nur zu deutlich: Sie antizipiert das Unmenschliche der zentralistisch-terroristischen Dauerdiktatur von Parteimaschine und Staatsapparat, die zum Eckpfeiler des totalitären Stalinismus werden sollte. Aber schon gegen Lenin und Trotzki wendet Rosa Luxemburg ein, daß diese genau wie Kautsky die Diktatur der Demokratie entgegenstellen. Ein solches Entweder-Oder ist aber das Gegenteil „wirklicher sozialistischer Politik". Das Heilmittel, das Trotzki und Lenin gegen die Mißachtung demokratischer Institutionen, die wie alle menschlichen Institutionen ihre Schranken und Mängel haben, gefunden haben – die Beseitigung der Demokratie! –, ist noch schlimmer als das Übel selber: „Es verschüttet nämlich den lebendigen Quell selbst, aus dem heraus alle angeborenen Unzulänglichkeiten der sozialen Institutionen allein korrigiert werden können. Das aktive, ungehemmte, energische politische Leben der breiten Volksmassen." Für Rosa Luxemburg bleibt die Diktatur des Proletariats stets auch sozialistische Demokratie.

Immer wieder betont sie die Schöpferkraft und Würde der Masse. Das Wesen des Sozialismus besteht darin, daß diese „das ganze politische und wirtschaftliche Leben selbst lebt und in bewußter freier Selbstbestimmung lenkt". Da die sozialistische Revolution die erste ist, die im Interesse der großen Mehrheit und durch die große Mehrheit siegt, bedarf sie keines Terrors – „sie haßt und verabscheut den Menschenmord". So heißt es im von Rosa Luxemburg im Dezember 1918 verfaßten Programm des Spartakusbundes. Daher wird auch dieser „nie anders die Regierungsgewalt übernehmen als durch den klaren, unzweideutigen Willen der großen Mehrheit der proletarischen Masse in ganz Deutschland, nie anders als kraft ihrer bewußten Zustimmung zu den Ansichten, Zielen und Kampfmethoden des Spartakusbundes. Sein Sieg steht daher erst am Ende der Revolution." Andererseits proklamiert Rosa Luxemburg, daß der Widerstand der imperialistischen Kapitalistenklasse, die die „Brutalität, den unverhüllten Zynismus, die Niedertracht aller ihrer Vorgänger überbietet", nur „mit eiserner Faust" und „rücksichtsloser Energie" gebrochen werden kann. Im gewaltigsten Bürgerkrieg, den die Weltgeschichte je gesehen, muß das Proletariat die ganze Staatsgewalt den herrschenden Klassen „wie der Gott Thor seinen Hammer" aufs Haupt schlagen. Hier „gilt dem Feinde das Wort: Daumen aufs Auge und Knie auf die Brust!"

In ihrer großen Rede auf dem Gründungsparteitag der KPD am 31. Dezember 1918 geht Rosa Luxemburg davon aus, daß man zum Kommunistischen Manifest zurückkehren und den „Nur-Parlamentarismus", wie er in der Arbeiterbewegung schon Jahrzehnte vor dem 4. August 1914 Raum gewonnen habe, revidieren müsse. Die Revolution müsse sterben oder weitergetrieben werden. Liest man dann, die Ebert-Scheidemann würden weichen müssen vor einer ausgesprochenen Militärdiktatur unter Hindenburg oder anderen konterrevolutionären Mächten, so wird man an 1932/33 erinnert. Zugleich polemisiert Rosa Luxemburg gegen die Entscheidung der Parteitagsmehrheit, die Wahlen zur Nationalversammlung zu boykottieren, denn diese können doch eine neue Schule der Erziehung für die Arbeiter werden. Vor allem setzt sie aber auf die Arbeiter- und Soldatenräte, die die ganze Staatsmacht in ihren Händen vereinigen müssen. Nur so werde der Frieden gesichert werden, denn „Frieden bedeutet Weltrevolution des Proletariats!" Rosa wagt nicht zu prophezeien, wieviel Zeit dieser Prozeß brauchen wird: „Wer rechnet von uns, wen kümmert das, wenn nur unser Leben dazu ausreicht, es dahin zu bringen!"

In ihrer Auseinandersetzung mit Lenin und den Bolschewiki hat Rosa Luxemburg die humanistisch-demokratisch-libertären Momente im Sozialismus betont. In ihrem Kampf gegen die deutsche Sozialdemokratie sah sie sich gedrängt, die positive Rolle der revolutionären Führung und der konsequenten Gewalt hervorzuheben. Rosa Luxemburg vertrat als Weltbürgerin, als Bürgerin „derer, die da kommen werden", die Zukunft einer emanzipierten Menschheit. Diese Perspektive verlangt in letzter Konsequenz die Überwindung der entmenschten Gewaltsamkeit durch die revolutionäre „gewaltlose" Aktion. Es war aber ihr Schicksal, in einer Zeit und in einem Lande zu leben, wo die Gewalt zwar schon – auf längere Sicht gesehen – antiquiert war, die Menschen und die Verhältnisse aber doch noch nicht reif zu sein schienen für den Übergang zu den so anspruchsvollen Methoden der gewaltarmen Aktion. Ahnte Rosa Luxemburg nicht bereits die Problematik der Gewaltsamkeit? Noch kurz vor ihrem Tode soll sie gefragt haben, wieso Dshershinski, der Chef der Tscheka, so grausam sein könne! Das waren kaum die Charaktereigenschaften für eine Führerin, die das deutsche Proletariat in den „gewaltigsten Bürgerkrieg" führen wollte, „den die Weltgeschichte gesehen". Es gibt wohl zu denken, daß sich Machtmenschen und Kriegsstrategen wie Lenin und Stalin genau wie die Generäle der Gegenseite stets adäquat zu schützen wußten, während Rosa Luxemburg und Karl Liebknecht sich immer wieder ganz der Gewalt des Feindes aussetzten, ohne im geringsten an ihre eigene Sicherheit zu denken. So mag ihr Tod auch die Folge ihres Abscheus vor dem Blut und Schmutz eines solchen Krieges gewesen sein.

Es mag auch kein reiner Zufall sein, daß heute gerade die Humansten und Kritischsten im marxistischen Lager (sicherlich auch nicht ganz unbeeinflußt von Rosa Luxemburg) nahe daran sind, die Möglichkeiten gewaltfreier Aktionen für sich neu zu entdecken. So erklärt der junge jugoslawische Kommunist Svetozar Stojanovic zwar, in einer Welt der Gewalt helfe bisweilen nur Gewalt. Zugleich kritisiert er aber sehr deutlich die unbegrenzte Zuflucht zur revolutionären Gewalt seitens mancher Marxisten. Im Mai 1968 in Frankreich habe man nicht dem falschen Dilemma: Bürgerkrieg oder parlamentarischer Kampf erliegen dürfen. Die Arbeiter hätten mit dem Streik und der Okkupation der Fabriken die Selbstverwaltung auf friedlichem Wege erzwingen müssen. Es scheint uns, als wenn damit Stojanovic eher die Tradition Rosa Luxemburgs fortsetzt als mancher, der sich jetzt sehr laut auf sie beruft. Hätte nicht die große Humanistin heute ähnlich deutlich die Problematik der Gewalt im Zeichen der Massenvernichtungsmittel und der entfremdeten Terrororganisationen erkannt und vielleicht dann auch selber doch den Weg zur gewaltfreien Aktion ganz konsequent beschritten?

# Albert Einstein

## Robert Jungk

Einstein als Hauptfigur eines Dramas, in dem die Widersprüche zwischen wissenschaftlichem Fortschritt und gesellschaftlicher Rückständigkeit tragischen Ausdruck finden sollten – das war Bertolt Brechts letzter Stückentwurf. Er hat ihn nicht verwirklichen dürfen. Nur Bruchstücke erster szenischer Skizzen sind im Nachlaß zu finden. Aber mit Freunden und Mitarbeitern hat der Dichter oft über seinen Plan gesprochen. Einer von ihnen war der polnische Physiker Leopold Infeld, mit dem Einstein ein Buch verfaßt hat. Von ihm erhielt Brecht jene Kenntnis, die zum Ausgangspunkt seines Dramas werden sollte: Einsteins „Herzader sprang", weil er sein Leben für verfehlt hielt.

Der viel später, lange nach dem Tode sowohl Einsteins wie auch Brechts, veröffentlichte Briefwechsel des Vaters der Relativitätstheorie mit seinem Freunde und Kollegen Max Born bestätigt diese Aussage. In den letzten Jahren seines

Lebens kam gerade jener, der in der Weltöffentlichkeit als der Prototyp des genialen Wissenschaftlers galt, zu dem Schluß, daß die Wissenschaft zum Feind des Menschen geworden sei. Er würde, stände er noch einmal am Lebensbeginn, keinen Beruf wählen, der etwas mit der „Suche nach neuen Kenntnissen" zu tun hätte, schrieb Einstein, und bei einer anderen Gelegenheit ließ er die Öffentlichkeit wissen, er würde sich glücklicher schätzen, wenn er ein unbeachteter – und daher, wie er meinte, unabhängiger – herumziehender Schlosser geworden wäre.

Brecht – so viel wissen wir aus seinen Vorarbeiten – wollte zeigen, daß selbst ein Mensch von entschiedenster Friedensgesinnung zum Werkzeuge furchtbarsten Krieges werden müsse, wenn er – trotz häufigen verbalen Protestes – sich von einer Gesellschaftsform integrieren lasse, die ohne Krieg nicht überleben könne. Sein „Einstein" wäre ein „Bruder des guten Menschen von Setschuan" geworden.

Man darf sich fragen, wie Brecht dann das Schicksal des großen russischen Physikers Pjotr Kapitza bewertet hätte, dem in der Sowjetunion Ähnliches widerfuhr wie seinem lebenslangen wissenschaftlichen Freund Einstein. Auch er ein leidenschaftlicher Verteidiger internationaler Zusammenarbeit, auch er ein entschiedener Freund des Friedens und auch er – obwohl widerstrebend und dafür von Stalin mit Hausarrest bestraft – durch seine wissenschaftlichen Leistungen „mitschuldig" an dem Zustandekommen einer schrecklichen Superwaffe, der Wasserstoffbombe. Ist nicht auch hier die gleiche ungewollte Verstrickung am Werk? Stellt sich nicht in diesem Zusammenhang generell die Frage, ob und wie der geistig Arbeitende sich dem Mißbrauch durch die Macht entziehen kann? Und wäre es nicht denkbar, daß der Dichter, zum „Hofpoeten" eines Staates gestempelt, den er stets kritisch an den Vorstellungen von Marx und Lenin zu messen pflegte, am verzweifelten „Kopflanger" A. E. die Not des „armen B. B." darstellen wollte?

Denn es wäre zu bedenken, ob jene Schicksalsparadoxie, die gerade die Begabtesten in Rollen zwingt, die sie am meisten hassen, nicht etwas Zwingendes, etwas Gesetzmäßiges in sich hat. Max Born an philosophischer Schärfe und Weite des Horizonts den anderen Physikern seiner Zeit (einschließlich Einstein) überlegen, hat das gespürt und als einen Teilaspekt erhellt, als er – ebenfalls schon im Schatten des nahen Todes – sagte: „Ich werde durch den Gedanken geplagt, daß dieser Bruch zwischen Humanismus und Wissenschaft in der menschlichen Zivilisation, begründet durch die Entdeckung der naturwissenschaftlichen Methode, nicht wieder gutgemacht werden könnte. Obgleich ich die Wissenschaft liebe, habe ich das Gefühl, daß sie so sehr gegen die Geschichte und Tradition ist, daß sie nicht absorbiert werden kann durch unsere Zivilisation."

Es wäre also hier die Frage zu stellen – eine Frage, die vielleicht von noch grundsätzlicherer Bedeutung ist als die nach der gesellschaftlichen Gebundenheit –, ob das Genie, der Forscher wie der Philosoph, nicht ein Friedensstörer sei, der durch sein gefährliches Denken immer wieder das Bestehende in Frage stellt und Unruhe stiftet, die dann weit über das hinausgehend, was er selbst zu bedenken wagte, auch ihn selbst bedroht und in Frage stellt. Von Einstein wird berichtet, daß er in seinen letzten Jahren zu vielen seiner Besucher in tiefster Resignation geäußert habe: „Am besten – man tut nichts."

Denken als Schuld. Tun als Schuld, Erkenntnissuche als Sünde, Wissenwollen als gefährliche Herausforderung der Götter – uralte Problematik der „conditio humana", vor der neuen Jahrtausendwende nun ins Überdimensionale gesteigert durch das Vordringen ins Innerste der Materie – auch der große Geist eines Einstein hat schließlich den Fluch des Herrn gehört, verstanden, ja hat ihn anerkannt: der Griff nach dem Baum der Erkenntnis war die strafwürdige, die schicksalsbestimmende, die unheilvolle Geste des Menschengeschlechtes. Damals im Dämmer der Schöpfung begann der Unfriede.

Ein solches Verzagen nach einem Leben der kühnen Herausforderung scheint gleichfalls typischen Charakters zu sein: die Konversion auf dem Totenbett, die späte Verzweiflung, die Infragestellung des eigenen Lebenswerkes ist besonders jenen vorbehalten, die sich am weitesten vorgewagt hatten. Sie haben das Zerren alter und starker Bindungen deutlicher gespürt, je weiter sie sich von ihnen entfernten, und gerade dann, wenn die geistigen Kräfte sich der Schwerkraft des Überkommenen, in frühester Kindheit Erfahrenen am entschiedensten widersetzen müßten, läßt der Körper sie im Stich. Voltaire, H. G. Wells, Einstein, Born, Horkheimer – sie alle „finden zurück". Oder sollte man sagen: sie „fallen zurück"? Ist es Schwäche? Ist es Weisheit? Ist es ein Friedensschluß, motiviert durch höhere Einsicht? Oder ist es nur zwar verständliche, aber doch bedauerliche Kapitulation aus Müdigkeit?

Derartige Fragen zu stellen mag pietätlos sein. Doch sie zu unterdrücken wäre geistige Feigheit. Denn genau an diesem Punkt, an dieser Bruchstelle, diesem späten Augenblick des vielleicht seit langem vorbereiteten Widerrufs sollte eingesetzt werden in der Hoffnung auf neue Erkenntnis. Wie erklärt sich Einsteins Resignation? Der äußeren Gründe gibt es übergenug. Sie aufzuzählen wird unsere erste Aufgabe sein. Mit ihnen werden wir uns aber nicht zufrieden geben dürfen; denn es kann uns nicht genügen, ein Heiligenbild zu malen. Es ist die Verpflichtung der Nachfahren, das Leben ihrer Väter als unvollendet eher denn als vollkommen zu begreifen.

Einsteins Pazifismus war zuerst von persönlichem Erleben und persönlichem Interesse geprägt. Am Münchner Luitpold-Gymnasium lernte er früh jenen Geist des wilhelminischen Drills kennen, der sogar das Lernen des Griechischen zum geistigen Griffeklopfen erniedrigte. Sein Bedürfnis nach eigenem Denken und individueller Lebensführung – er bezeichnete sich selber gerne als einen „richtigen Einspänner" – mußte ihn, wie er später bekannte, zum entschiedenen Widersacher der „schlimmsten Ausgeburt des Herdenwesens" des „mir verhaßten Militärs" machen. Einstein konnte sich in richtige Wut hineinreden und sogar hineinschreiben, wenn es um jenes Thema ging. Er schimpfte: „Wenn einer mit Vergnügen in Reih und Glied zu einer Musik marschieren kann, dann verachte ich ihn schon; er hat sein großes Gehirn nur aus Irrtum bekommen, da für ihn das Rückenmark schon völlig genügen würde. Diesen Schandfleck der Zivilisation sollte man so schnell wie möglich zum Verschwinden bringen. Heldentum auf Kommando, sinnlose Gewalttat und die leidige Vaterländerei, wie glühend hasse ich sie, wie gemein und verächtlich erscheint mir der Krieg. Ich möchte mich lieber in Stücke schlagen lassen als mich an einem so elenden Tun beteiligen!"

Es war lange die Überzeugung Einsteins, daß Aufklärung über „diesen Spuk" den „gesunden Sinn der Völker" mobilisieren und eine Veränderung herbeiführen könnte. Besonders in den zwanziger Jahren hat er alle seine Hoffnungen darauf gesetzt, daß der Einfluß einer „geistigen Elite", der „Hemmungslosigkeit und Verantwortungslosigkeit der politischen Machthaber" entgegenwirkend, die Öffentlichkeit gegen den Krieg mobilisieren könnte. In seinen berühmten Briefen an Sigmund Freud aus den Jahren 1931 und 1932 hat er die Frage aufgeworfen, ob „durch eine freie Verbindung von Personen, die durch ihr bisheriges Schaffen und Wirken eine Garantie für ihre Fähigkeiten und die Lauterkeit ihres Wollens bieten, Wandel geschaffen werden könnte", und sie dahin beantwortet, daß „eine aus solchen durch ihre Leistungen hochangesehenen Individuen gebildete Gesellschaft auch geeignet wäre, denjenigen Kräften im Völkerbund, die wirklich im Sinne des großen Zieles dieser Institution ihre Tatkraft einsetzen, eine wertvolle moralische Stütze zu sein".

Freud muß diese Erwartung zu oberflächlich erschienen sein; denn er verwies in der Antwort auf seine jüngsten Arbeiten über die „Verinnerlichung des Destruktionstriebes" und ließ durchblicken, daß er die „Verschiebung so tief in der menschlichen Psyche verankerter Triebziele" kaum von Gewissensappellen prominenter Persönlichkeiten erwarte, ja er bekannte sich zu der „Ketzerei . . . die Entstehung unseres Gewissens durch eine solche Wendung der Aggression nach innen zu erklären".

Tatsächlich sollte sich noch im gleichen Jahre 1933, in dem der Briefwechsel Einstein-Freud von dem an den Völkerbund angeschlossenen „Internationalen Institut für geistige Zusammenarbeit" herausgegeben wurde, erweisen, daß Appelle an Neid und Gewalt mehr Menschen in Bewegung zu setzen vermochten als die Beschwörung „moralischer Kräfte", die Einstein in seiner berühmten „Ansprache vor der Abrüstungsversammlung deutscher Studenten" versucht hatte. Die bis zur Feindlichkeit sich steigernde Scheu gegenüber der „Masse Mensch", die Einstein in den kurz darauf folgenden ersten Jahren seines amerikanischen Exils zeigte, kam aus Enttäuschung über jene vielen, die er bereits bei einem früheren Besuch in den USA als „Herde" bezeichnet hatte, die „stumpf im Denken und stumpf im Fühlen bleibt".

Doch nicht genug damit. Nach der Erschütterung seiner Hoffnung auf den „gesunden Sinn der Völker" kam die viel tiefergehende Enttäuschung über mangelnde internationale Solidarität der Wissenschaftler, die er als starkes, vielleicht sogar überlegenes Gegengewicht zum Nationalismus der Politiker hatte sehen wollen. Zwar hatte er bereits im Ersten Weltkrieg miterlebt, daß zahlreiche Forscher auf beiden Seiten, besonders jene „kleineren Formats", das „anvertraute heilige Gut verraten" hatten; aber er vertrat immer wieder die Ansicht, daß die „Minderzahl derjenigen, die von größeren Gesichtspunkten und Gefühlen erfüllt" seien, sich schließlich durchsetzen könnte. „Der Erfolg im großen wird auf sich warten lassen, aber er wird sicher kommen", schrieb Einstein kurz nach dem Ersten Weltkrieg, und er gab damals dafür eine Begründung, die realistischer schien als die Überschätzung moralischer Kriterien: „Wenn ich bezüglich des Fortschreitens der allgemeinen internationalen Organisation voll zuversichtlicher Hoffnung bin, so beruht dies weniger auf dem Vertrauen in die Einsicht und die Noblesse der Gesinnung als vielmehr auf dem gebieterischen Druck der wirtschaftlichen Entwicklung. Da diese in so hohem Maße auf der Gedankenarbeit selbst der rückschrittlich gesinnten Wissenschaftler ruht, werden auch diese gegen ihren Willen die internationale Organisation schaffen helfen."

Wir wissen aus den Berichten derjenigen, die Einstein in den ersten Jahren seiner Emigration nahestanden, wie sehr er auf Zeichen der Verbundenheit seiner langjährigen wissenschaftlichen Kollegen im „Dritten Reich" hoffte. Es schwiegen nur zu viele. Daß verhältnismäßig wenige von den Großen und Angesehenen sich offen für das nationalsozialistische Regime aussprachen, konnte ihm nicht genügen. Er hoffte auf klaren Widerstand und Widerspruch gerade von seiten jener, die geblieben waren. Aber sie waren zu klug, zu ängstlich, zu sehr um die Erhaltung ihrer Positionen und Institutionen bemüht, um so etwas zu wagen. Ja sie benutzten – abgesehen von wenigen Ausnahmen – nicht einmal inoffizielle, informelle Gelegenheiten, um dem Verfehmten ihre Distanzierung von den Angriffen der Eiferer und Ignoranten auf ihn und seine nunmehr als „jüdische Physik" bezeichnete Lebensarbeit kundzutun.

Durch dieses Versagen wurde jener Akt vorbereitet, der Einstein in seinen letzten Jahren mehr als alles andere zum Zweifel an seiner eigenen Arbeit und zum Verzweifeln am Geschick der Menschheit brachte: die Unterzeichnung eines von Leo Szilard vorbereiteten Briefes an Präsident Roosevelt, in dem er – nach seinen eigenen Worten – die Notwendigkeit betonte, „Experimente im Großen anzustellen zur Untersuchung der Möglichkeit der Herstellung einer Atombombe". Er hat dazu im Herbst 1952 in einer Mitteilung an die japanische Zeitschrift „Kaizo" erklärt: „Ich war mir der furchtbaren Gefahr wohl bewußt, die das Gelingen dieses Unternehmens für die Menschheit bedeutete. Aber die Wahrscheinlichkeit, daß die Deutschen am selben Problem mit Aussicht auf Erfolg arbeiten dürften, hat mich zu diesem Schritt gezwungen. Es blieb mir nichts anderes übrig, obwohl ich stets ein überzeugter Pazifist gewesen bin. Töten im Krieg ist nach meiner Auffassung nicht besser als gewöhnlicher Mord."

Diese Darstellung Einsteins, in der er zudem ausdrücklich konstatiert, daß jene Unterschrift seine „einzige Handlung" bei der Erzeugung der Atombombe gewesen sei, wurde

1

zu einem Zeitpunkt geschrieben, da sein Pazifismus sich gegenüber früheren Jahren deutlich radikalisiert hatte. Er sah einen „Weg zur Rettung" jetzt nur noch in der „Einführung einer übernationalen richterlichen und exekutiven Instanz, der die Entscheidung der mit der Sicherheit der Nationen unmittelbar verknüpften Probleme übertragen wird". Feierlicher Verzicht auf gegenseitige Gewaltanwendung (nicht nur Verzicht auf Verwendung von Mitteln der Massenvernichtung) sei nötig, aber nicht mehr als der erste Schritt, dem der Übergang zu einer „übernationalen Organisation mit einer hinreichend starken Exekutivgewalt" folgen müßte. Dem einzelnen, besonders dem einzelnen Wissenschaftler riet er zu „Militärdienstverweigerung" und zum „revolutionären Weg der Verweigerung der Zusammenarbeit im Sinne von Gandhi". Selbst für einen „illegalen Kampf . . ., einen Kampf um das wirkliche Recht der Menschen gegen ihre Regierungen, soweit diese verbrecherische Handlungen von ihren Bürgern fordern", trat er nun ein.

Dieses Bekenntnis zum gewaltlosen Widerstand bestätigte Einstein äußerlich durch seine Förderung der von Viktor Paschkis gegründeten zahlenmäßig nur kleinen „Society for the Responsibility of Scientists". Seine Bemühungen um eine Neuordnung der internationalen Struktur wollte er mit Hilfe der vorübergehend starken Bewegung für eine „Weltregierung" der Verwirklichung näher bringen. Später – als die Verschärfung des Kalten Krieges dieses Ziel zunächst illusorisch erscheinen ließ – unterstützte er trotz seiner wachsenden Zweifel in bezug auf den Nutzen solcher Anstrengungen die Bemühungen Nehrus und Russells, die führenden Wissenschaftler der Welt zu einer permanenten „pressure group" zusammenzufassen, welche die Regierungen, die Parlamente und die Öffentlichkeit nicht nur auf die Gefahren der atomaren Eskalation, sondern auch auf mögliche Maßnahmen für eine Verlangsamung des Rüstungswettlaufs hinweisen sollte. Noch zwei Tage vor seinem Tode hat Albert Einstein zusammen mit Max Born, Percy Bridgman, Leopold Infeld, Frederic Joliot-Curie, H. J. Muller, Linus Pauling, C. F. Powell, Joseph Rotblat und Hideki Yukawa das sogenannte „Russell-Einstein-Manifest" unterschrieben, das in folgende Worte ausklang: „Im Hinblick auf die Tatsache, daß in jeglichem künftigen Weltkrieg Kernwaffen mit Sicherheit angewendet werden und daß diese Waffen das weitere Bestehen der Menschheit gefährden, dringen wir in die Regierungen der Welt, daß ihre Absichten durch einen Weltkrieg nicht gefördert werden können, und fordern sie mit Nachdruck auf, friedliche Mittel für die Regelung aller zwischen ihnen bestehenden Streitfragen zu finden." Mit dieser Erklärung begann die sogenannte Pugwash-Bewegung der Wissenschaftler, deren – erst zum Teil bekannte – Einwirkung auf die politische Entwicklung der letzten fünfzehn Jahre erheblich war.

Zwei Unterschriften: die erste setzt den Anfang einer ungeahnten Steigerung des Rüstungspotentials, die zweite leitet eine Zeit zunehmender Selbstkritik bei jenen ein, die durch Forschung und Entwicklung zur Verschärfung einer Krise beitragen, an deren Ende der Untergang oder zumindest die Verkrüppelung der Menschen und ihrer Umwelt stehen könnte. Heute noch wiegt die erste Signatur ungleich schwerer als die zweite, morgen könnte es umgekehrt sein. Einstein selbst hat in den knapp zehn Jahren nach Hiroshima, die er noch leben durfte, nur die allzu schwachen Anfänge der Besinnung miterlebt. Es ist begreiflich, daß er, der oft zu bereitwillig Hoffende, oft in seinen Erwartungen Enttäuschte, nicht mehr imstande war, an das Rettende zu glauben.

Noch im Jahre 1955 – dem Todesjahr Einsteins – war es unvorstellbar, daß tausende Forscher in den USA an fast allen Universitäten offen und oft mit Erfolg für die Ausschließung jeglicher Rüstungsforschung aus dem akademischen Raum eintreten würden, daß sie, wie es kürzlich Philip Siekevitz von der New Yorker Rockefeller-Universität in einem Aufsatz der Zeitschrift „Nature" unter großer Zustimmung tat, verlangen könnten, daß Mikrobiologen, die tödliche Viren zu Kampfzwecken entwickelten, Chemiker, die an chemischen Waffen arbeiten, Physiker, die „größere und bessere Bomben herstellen" sollten, als „unverantwortlich" von den anderen Forschern nicht mehr als Wissenschaftler anerkannt werden sollten. Daher müsse man ihnen dann den Zutritt zu Universitäten und wissenschaftlichen Berufsorganisationen sowie den Besuch von Kongressen verweigern.

Aber mit solchen eher äußerlichen Boykott-Maßnahmen ist es nicht getan. Die Infragestellung des eigenen Tuns bei vielen Wissenschaftlern und Technikern geht viel tiefer. Sie beginnt bei der Frage, ob es nicht notwendig werde, ein Moratorium für den wissenschaftlich-technischen Fortschritt auszurufen, der inzwischen zum Fortsturz wurde, damit die Gesellschaft endlich Gelegenheit finde, in Ruhe neue, längst notwendige politische und soziale Institutionen und Organisationen zu erfinden, zu entwerfen und zu erproben. Und es wird schließlich sogar jene Frage aufgeworfen, die wir am Anfang dieser Ausführungen erwähnten: Ist nicht vielleicht die unablässige Suche nach neuer Erkenntnis, das nie ruhende Vordringen in immer tiefere Schichten der Natur und des Menschen der eigentliche Feind des Friedens? Kann daher ein Forscher, der doch ständig als Kritiker, Neuerer und „Störer" auftreten muß, sich ernsthaft als „Freund des Friedens" sehen?

Es kündigt sich in dieser Fragestellung ein neuer Gegensatz an, der sich jenseits der heute aufgerissenen Fronten etabliert. Auf der einen Seite wären diejenigen zu finden, die von den alten Werten der Leistung, der Mehrung, des Erfolges Abschied nehmen, die den „homo faber" und die „vita activa" als Wertsetzungen nicht mehr akzeptieren wollen. Solche Haltungen sind in der Geschichte der Menschheit häufiger zu finden, als wir heute zuzugeben geneigt sind, ja sie haben sich in einigen der sogenannten „unterentwickelten Länder" noch bis heute gehalten. In einem Zeitalter wachsender Automatisierung und Rationalisierung wäre es vermutlich sogar möglich, daß ein großer Teil der Menschheit eine kontemplative Lebenshaltung wählt, ohne deshalb verhungern zu müssen.

Näher liegt uns westlichen Menschen, deren Einfluß heute noch weltweit ist, also auch den „Osten", ja gerade ihn mit besonderer Stärke erfaßt hat, der Versuch dynamischer, aber kontrollierter Weiterentwicklung. Dies würde bedeuten: vermehrtes Augenmerk auf Nebenwirkungen und Zukunftswirkungen wissenschaftlicher Entdeckungen und technischer Entwicklungen; neben das „feedback", die Rückmeldung, würde immer stärker das „feedforward", die Vorausmeldung, treten. Das würde die vermehrte Erziehung von „Generalisten" bedeuten, die den „Spezialisten" ihren Platz zuweisen könnten; es würde selbstverständlich Gesellschaftssysteme voraussetzen, in denen nicht die Willkür mächtiger Partikularinteressen, sondern das Gesamtinteresse den Ausschlag gäbe. Auch dynamische Systeme, ständig sich ändernd durch den Einfluß der künftigen „Einsteins", die jedoch diesen Einfluß nicht mehr dem Zufall der Machtkonstellationen überlassen, sondern unablässig beobachtend, regelnd, nicht selten bremsend eingreifen, könnten lebendigen Frieden erhalten im Wissen um seine ständige Gefährdung.

Menschen, die solchen permanenten, aber geregelten Fortschritt steuern, würden vielleicht in die Versuchung geraten, Genies und anderes Unerwartete, Ungewöhnliche als „gefährliche Fehlentwicklungen" zu unterdrücken. Aber diese Furcht, die zum Beispiel kürzlich in einer gedankenreichen Arbeit des japanischen Psychiaters Professor Toda über die seelische Entwicklung der nächsten fünfzig Jahre zu spüren war, mag nur die Projektion unserer eigenen Ängste sein, die in die Zukunft hineingetragene Vorstellung eines Geschlechtes, das noch zu eng, zu klein, zu einseitig, zu starr, zu mutlos war: selbst in seinen Größten wie Albert Einstein.

Daß die Tragödie Albert Einsteins nicht ein Endpunkt war, wie Brecht anzunehmen schien, nämlich das tragische Versagen einer „bürgerlichen Wissenschaft", sondern der Ausdruck einer Wachstumskrise des Menschengeschlechts, ist die Überzeugung des Verfassers dieser Skizze. Die Zeit der übergroßen „Einspänner" geht wohl zu Ende, die Ära des „Zusammenspannens" muß beginnen und hat vielleicht bereits begonnen. In ihr könnte „Größe" das Werk vieler, in ihr würde Frieden ein immer selbstverständlicheres Sich-aufeinander-Abstimmen sein, der überlegene meisterliche Umgang mit Konflikten, eine gesellschaftliche Leistung nicht nur aus Not geboren, sondern auch aus gestaltender Lust.

# Toyohiko Kagawa

Hans Jochen Margull

1921 streikten in Kobe die Werft- und Hafenarbeiter, dreißigtausend insgesamt. Unter ihren Organisatoren waren einige zum gewaltsamen Aufstand rufende Marxisten und ein um die Befreiung von jeder Gewalt bemühter Christ. Es war Kagawa, von dem wir den folgenden Text haben: „18000 Arbeiter hatten den Beschluß gefaßt, die Maschinen der berühmten Kawasakiwerft in Kobe zu zerstören. Diese Werft wurde nebenbei dadurch berühmt, daß es ihr gelang, einen 9000-Tonnen-Dampfer in 29 Tagen zu bauen. Sie war mit den allerbesten Einrichtungen ausgestattet, doch diese 18000 marschierten jetzt auf sie los, um alles kurz und klein zu schlagen. Damals war ich Streikorganisator, und daher gehorchten mir die Arbeiter meistens. Gerade als sie an das Flußufer kamen, stand ich auf der Brücke; in großen Massenformationen kamen sie auf mich zu. Wäre ich damals nicht dort gewesen, so wäre aller Wahrscheinlichkeit nach viel zerstört und Tausende wären getötet oder festgenommen worden. Aber als sie mich erblickten, rief einer dem anderen zu: ‚Schau auf Kagawa!' Sie wußten wohl, was ich wollte. Ich betete in diesem Augenblick mit offenen Augen, indem ich ihnen entgegenschaute, und mein Gebet wurde erhört, denn sie wichen zurück."

Die Biographen Kagawas erwähnen nach dem Zitat dieses Textes, daß der Held, der er nicht sein wollte, dreizehn Tage ins Gefängnis kam und sich seine Rückkehr zu einem Triumphzug gestaltete: „Tausende von Arbeitern gaben ihm das Geleit, und im Armenviertel liefen alle trotz der späten Nachtstunde auf die Straße, um ihn zu begrüßen. Ein aus schwerer Todesnot heimkehrender Bruder", so die gütige Biographin Carola Barth, „hätte nicht herzlicher empfangen werden können als Kagawa von den Armen, die jetzt erst recht, nachdem er sich für sie in aller Öffentlichkeit eingesetzt hatte, ihn zu den Ihren zählten." Am Rande wird dann vermerkt, daß der Streik bald zusammengebrochen war.

Ich möchte diese nur kurz und fast achselzuckend notierte Tatsache des Zusammenbruchs jenes großen Streiks zunächst einmal für wichtiger halten als den breit und zustimmend beschriebenen Versuch, Gewalt und Gegengewalt zu verhindern. Der Streik von Kobe war ein Aufstand, der aus dem Aufschrei der japanischen Massen inmitten eines geradezu rasenden und entsprechend grausamen Industrialisierungsprozesses kam. 1868 war Japan noch eine Nation von Bauern, Handwerkern, Händlern und einer Reihe feudaler Familien. Um 1900 schon war das Land von Fabriken überzogen, die in der Welt durch ihre schnelle und billige Produktion bekannt zu werden begannen. Wiederum zwanzig Jahre später und also nur ein schmales halbes Jahrhundert nach dem Beginn aus dem Nichts griff die japanische Industrie nicht nur nach dem Weltmarkt, sondern auch nach dem Ziel, sich an die Spitze aller Industrien in der Welt zu setzen. Was heute sichtbar wird, war 1921 schon da – ausgetragen auf den Rücken der Arbeiterheere wie etwa denen von Kobe. Dem wirtschaftlichen Expansionsdrang entsprach der politische mit militärischen Mitteln. Kaum standen und produzierten die ersten Fabriken, da begann für das japanische Volk auch schon die Reihe von sechs Kriegen, sechs Jahrzehnte hindurch, wobei jedes Jahrzehnt seinen Krieg hatte. 1894 und 1895 wurde das große China herausgefordert und geschlagen, Formosa und einige Inseln wurden japanisch, Korea kam in die japanische Einflußsphäre. 1904 und 1905 wurde gegen das ebenso große

Rußland die Vorherrschaft im Fernen Osten entschieden. Ein hochdiszipliniertes japanisches Heer, über das Meer herangebracht, belagerte und besiegte die russische Garnison im mandschurischen Port Arthur; eine schlagkräftige Marine schlug die russische Flotte bei der Insel Tsushima. Japan triumphierte über eine europäische Großmacht, Korea und die Insel Sachalin wurden japanisch. 1914 trat Japan auf der Seite der Alliierten in den Ersten Weltkrieg ein und machte damit vollends seine Weltgeltung deutlich. In den zwanziger Jahren kamen die Feldzüge in Mandschurien, nördlich von China, südlich des sibirischen Rußland. 1937 begann der zweite, diesmal viel größere Krieg gegen China, in dessen Verlauf die gesamte Küste und weite Teile des Inlandes von japanischen Truppen besetzt wurden. 1941 fielen die Bomben auf die amerikanische Pazifikflotte in Pearl Harbor, womit der bisher letzte, größte und diesmal schließlich verlorene Krieg des modernen Japan begann.

Ein Streik von der Stärke des Streikes in Kobe konnte mit seinem Zusammenbruch im Zuge solcher Geschichte gerade diese Geschichte bestätigen, eben darin, daß er nicht zu seinem Ziel kam. Ziel war natürlich die Besserung der sozialen Lage, gefordert als ein kleiner Schritt aus einer nicht mehr ertragbaren Not. Ziel war aber auch die Richtungsänderung der Geschichte, die unter dem Programm einer großen und dabei zwingend ja auch einzigen Nation über ein Volk kam, dessen Ärmste offenbar am ersten die Gefahr für den Menschen witterten. Also das Heer der damals sechzehn Stunden täglich schaffenden Arbeiter, die vor einem endlosen Weg der Arbeitsheere standen und es dabei mit Maschinen zu tun hatten, die alle kleine, aber ganz wichtige Teile der großen Kriegsmaschine waren. Und also Kagawa selber, als einer ihrer Führer mitten unter ihnen und dabei gerade derjenige, der die Notwendigkeit der Richtungsänderung am klarsten sah und am ernstesten nahm – der nun aber in seiner Stunde auf der Brücke, angesichts der entschlossenen 18000, die Zerstörung der kleinen Maschinen nicht zulassen wollte. Die Gewalttat der Arbeiter war verhindert, verhindert war die Gewalttat der Polizei. Ebenso war jedoch an einer entscheidenden Stelle damit auch genau das verhindert, was Kagawa letztlich wollte: der Griff in das Rad einer von Gewalt bestimmten Geschichte, die Wegänderung der japanischen Nation. Der Streik brach zusammen, das alte und scheinbar so wohl geregelte Leben konnte weitergehen. Was blieb, war ein Protest, der sich überhören ließ, und ein Zeichen der Gewaltfreiheit, das, angesichts kleiner Maschinen errichtet, für die Belange der Menschheit zu klein war. Die Geschichte rechtfertigt nicht großzügig die Gewaltfreien.

Aber sie ruft sie. Toyohiko Kagawa war aus jenem Stoff, den er überwinden wollte und bei sich selbst als erstem zu überwinden begann. Er stammte aus jenen Kreisen, die den Weg des modernen Japan entwarfen und für diesen Weg die Verachtung übernahmen, die das alte Japan für die Namenlosen unter den Menschen entwickelt hatte. Noch an der Schwelle zur Neuzeit hatte ein Samurai das Recht des Adligen, einem unbotmäßigen Glied des Volkes auf der Stelle den Kopf abzuschlagen. Sein Vater noch wahrte dieses Recht. Er selber also entstammte einem der Geschlechter der Samurai.

Der Bruch mit dieser Vergangenheit kam zunächst nicht aus seinem eigenen Willen. Mit der Proklamation des neuen Japan unter einem einzig herrschenden Kaiser im Jahre 1868 erloschen alle feudalen Privilegien der alten Samurai. Kagawa wurde 1888 geboren. Sein Vater war nach dem Verlust der adligen Rechte überdies auch in der neuen Politik gescheitert. Hinzu kam, daß dem jungen Kagawa seine Geburt durch eine Nebenfrau nicht verborgen blieb. Die natürlichen Brücken zum Hergebrachten waren also schon brüchig geworden. Wie für manche seiner begabten Zeit- und Standesgenossen ergaben sich neue Brücken, die, oft nur von der Neugier gebaut, zu amerikanischen Missionaren führten, bei denen man Englisch lernen und der Welt außerhalb Japans ansichtig werden konnte. Der Mann, auf den der sechzehnjährige Kagawa zuging, hieß Dr. Myers. Er hatte unter seinen Büchern nicht nur die Bibel, die dem Sprachunterricht diente, sondern auch die Werke Tolstois, nach denen Kagawa griff, um die Bibel zu verstehen. 1905 wurde er getauft, gleich danach fuhr er ohne einen Pfennig Geld zum Theologiestudium nach Tokyo. Der Wille seines Vaters, ihn einmal als Diplomat im kaiserlichen Dienst zu sehen, war durchkreuzt!

Für das Weitere und die in unserer heutigen Sprache gar nicht einfache Charakterisierung seiner Person haben wir wieder einen Text aus seiner rege gebrauchten Feder: „Als ich neunzehn Jahre alt war, verbrachte ich den Sommer in Toyohashi und predigte dort jeden Tag, vierzig Tage lang, auf der Straße. Am vierzigsten Tag, ungefähr um neun Uhr abends, setzte, während ich noch redete, ein Regen ein. Seit einer Woche schon war meine Stimme schwächer geworden, und als es regnete, konnte ich vor Schwäche mich kaum noch aufrecht halten. Einmal rang ich förmlich nach Atem. Ich fühlte mich entsetzlich durchfroren, und es fiel mir ein, dies könnte der Vorbote eines Fieberanfalls sein. Ich beschloß aber, möge geschehen, was da wolle, meine Predigt zu vollenden. Ich rief: ‚Zum Schluß sage ich euch, daß Gott Liebe ist, und ich will bezeugen, daß Gott Liebe ist, bis ich umfalle. Wo Liebe ist, da offenbaren sich Gott und Leben.' Mein Fieber war so hoch, daß ich die drohende Gefahr zu fallen fühlte, aber irgendwie schleppte ich mich doch noch in meine Wohnung und in mein Bett. Zwei Tage lag ich da, hustete, warf Blut aus und hatte kein Geld, einen Arzt zu rufen. Schließlich schickte der Pfarrer zum Arzt, der mich untersuchte und Lungenentzündung auf tuberkulöser Grundlage feststellte. Er gab wenig Hoffnung für mein Leben. Am dritten Tag schien mein Zustand hoffnungslos zu sein. Ich konnte ohne Anstrengung weder atmen noch husten. So lag ich ungefähr eine Woche. Dann fastete ich einen ganzen Tag lang und betete anhaltend – und plötzlich, gegen drei Uhr nachmittags, empfing ich unter großer Freude eine Erleuchtung. Am nächsten Tag fand mich der Arzt zu seinem größten Erstaunen fast geheilt vor. Als meine Krankheit auf dem Höhepunkt war, war ein einziger Gedanke mir fortwährend durch den Sinn gegangen: ‚Wenn ich gesund werde, will ich gewiß ins Armenviertel von Kobe ziehen und will mich um der Armen willen Gott zum Opfer bringen.' Es war dieser Gedanke, der mich zum Leben zurückbrachte. Ich fühlte in mir die Überzeugung, daß Gott mich mit der Pflicht betraut habe, in der Arbeit unter den Armen Jesu Geist zu verwirklichen, und daß ich daher jetzt gar nicht sterben könne. Im Augenblick meiner Erleuchtung war es mir, als springe ich über den Tod und würfe mich hinein in die Welt der Wunder und Geheimnisse. Von diesem Augenblick an begann meine Besserung." Bald darauf war er in den Slums der wild wuchernden Hafenstadt Kobe, vierzehn Jahre und acht Monate lang, 1909 bis 1923, beginnend am Weihnachtstage.

Es war ein Experiment des Christseins und in der Radikalität dieses Christseins ein Experiment zum Zerbrechen des Gesetzes dieser Welt. „11 000 Menschen", so berichtete er bald, „hausten dort zusammengepfercht, von denen rund 800 entlassene Sträflinge, 750 Krüppel, Blinde oder geistig Minderwertige waren." Ein nach fünfzehn Jahren Gefängnis entlassener Mann half ihm, eine Unterkunft zu mieten. Er hatte zur Deckung eines Einbruchs ein Haus angesteckt, von dem aus gleich 600 andere mitverbrannten. In seiner Hilflosigkeit hängte er sich an den jungen protestantischen Pfarrer und ließ sich von ihm ernähren. Zu ihm gesellten sich gleich in der ersten Zeit drei weitere Kostgänger, dem Verhungern nahe, mit denen Kagawa seine täglich dünner werdende Suppe teilte. „Nachdem wir", so hielt er fest, „fünfzig Tage so gelebt hatten, gab mir eine Pflegerin fünf Yen, und zum erstenmal nach fünfzig Tagen hatten wir eine feste Mahlzeit." In seinen damals verfaßten „Gesängen aus dem Armenviertel" findet sich der folgende Vers:

„Ich kam, Gott ins Armenviertel zu tragen – aber ich
verstumme, verraten von denen, denen ich helfen will,
niedergeschlagen, und
ach so traurig, daß ich für meinen Verstand
fürchte."

Eine weitere Eintragung lautet: „Wäre *ich* nicht geliebt worden . . . Wo Liebe ist, da ist aber Gott."

Einen Narren nannte er sich, aber doch einen „Narren Christi", des Hingerichteten, eben desjenigen, der ein durchaus vermeidbares Kreuz annahm und in der Bejahung des Todes den Bann des Todes über das Leben löste. Nicht nur wegen der bloßen Weitergabe der Geschichte vom Geschick des Menschen Jesus war der Japaner Kagawa in die Slums gegangen, wie er auch hätte anderswo hingehen können; das Proletariat in den Eingeweiden einer ungezähmten Millionenstadt suchte er, um inmitten der Hölle das Signal zu geben für die Möglichkeit der Überwindung gerade der Hölle. Was ihn bewegte, was ihn zum Leiden befähigte, was ihn durch die Verzweiflung trug, was offenbar gerade die Namen- und Sprachlosen, die Ärmsten, wie er sie nannte, an ihm bemerkten, war die einfache Religion Jesu, mit der für ihn die einfache Antwort auf die Not der Welt gegeben war.

Welche Chancen sind einer solchen Präsenz gegeben? Die Existenz des einen Individuums Kagawa unter mehr als zehntausend Menschen spiegelte die Lage der verschwindenden Minderheit der Christen unter den Millionen Menschen Japans. Kein Rückhalt, weder in der Tradition noch in der Gesellschaft, keine finanziellen Mittel, kaum etwas Erfahrung, keine Durchsetzungsmöglichkeiten, Fremdheit, Einzeldasein und nur eine merkwürdige Hoffnung, daß das, was im Lesen und Auswendiglernen der Bergpredigt an einigen Menschen und dabei auch an Kagawa geschehen war, am Ende doch die Wahrheit sei. Die Chancen der Präsenz in Kobe waren ähnlich den Chancen des Kreuzes in Jerusalem, daß in der zum Tode bereiten Hingabe an andere Menschen sich an einer Stelle inmitten unentwirrbarer Geschichte ein Tag dessen zeigen würde, was im christlichen Glauben das Reich Gottes heißt. Derart sind die Chancen aber auch des Lebens, das Freiheit sucht vom Zwang des Lebens auf Kosten anderer. Die Chancen der Gewaltfreiheit sind schmal, sie sind auch leicht vertan, und selbst dort, wo sie ergriffen werden, können sie schnell zerrinnen. Der Zusammenbruch des Streiks, zu dessen Entschluß die Präsenz Kagawas unter den Ausgebeuteten und Entwürdigten beitrug, zeigte, daß der hier und da einmal gelungene Verzicht auf Gewalt keineswegs das feine, weite und langlebige Gewebe der Gewalt zu zerreißen braucht. Ist dann am Ende die Welt doch nur in der Hand der Gewalt? Und liegt Allmacht in den tausendfältigen Zwängen zur Gewalt? Die charakteristische Antwort, die sich durch alle seine Reden und Schriften zieht, lautet in dem ihm eigenen Glauben: Am Ende ist Gott, Allmacht ist nur bei Gott, und Gott heißt in Jesus, in dem er sich zeigte, Liebe. Zu einem solchen Glauben gehört, daß man sich angesichts jeder Möglichkeit von Gewalt für Gewaltfreiheit entscheidet und Gott, das heißt der Liebe, eine Chance gibt. Oder anders, daß einige Menschen auf jede nächstliegende Gewalt verzichten und damit die Kette der Gewalt an dem vor ihnen gerade hängenden Glied unterbrechen, um dann im Vertrauen darauf, daß sie das Vernünftige taten, als Freie weiterzuschreiten in das Feld aller Folgen.

Während der Jahre der mandschurischen Intervention gründete Kagawa, nun in Tokyo, 1928 die Anti-Kriegs-Liga. Sie war eine Sache nur weniger reifer Männer, aber angesichts der Formierung des japanischen Militarismus ein Zeichen des Widerspruchs gegen den Krieg. Oder soll ich sagen: Wieder *nur* ein Zeichen? Ein Jahr nach dem Beginn des großen Chinakrieges, also 1938, hatte er die Gelegenheit, nach Indien zu reisen und Gandhi zu sprechen. Das zuerst in Gandhis Zeitschrift veröffentlichte Gespräch verdient, hier im Wortlaut wiedergegeben zu werden.

„Wie ist die Einstellung des japanischen Volkes zum Krieg?"

„Ich vertrete in Japan eine ketzerische Meinung", sagte Dr. Kagawa. „Lieber als meine eigenen Ansichten zu äußern, möchte ich von Ihnen lernen, was Sie täten, wenn Sie in meiner Lage wären."

„Es wäre anmaßend von mir, meine Ansichten auszudrücken."

„Nein, ich möchte sehr gern wissen, was Sie täten."

„Ich würde meine Ketzereien öffentlich erklären und mich erschießen lassen. Ich würde . . . Ihr ganzes Werk auf eine Waagschale legen und die Ehre Ihres Volkes auf die andere, und wenn ich fände, daß die Ehre Ihres Volkes verkauft würde, würde ich Sie auffordern, Ihre Einstellung öffentlich zu erklären und, indem Sie so handeln, Japan durch Ihren Tod das Leben zu schenken. Aber dazu ist eine innere Überzeugung nötig. Ich weiß nicht, ob ich imstande wäre, alles, was ich sagte, zu tun, wenn ich in Ihrer Lage wäre. Doch fragten Sie mich nach meiner Meinung, und deshalb mußte ich sie Ihnen mitteilen."

„Die innere Überzeugung ist schon da, doch haben Freunde mich gebeten, davon Abstand zu nehmen."

„Gut, hören Sie nicht auf Freunde, wenn der innere Freund Ihnen sagt: Tue das! Und Freunde, so gut sie auch sein mögen, können uns auch oft täuschen. Sie können uns nicht anders raten. Sie müssen Sie ja bitten, zu leben und zu wirken. Mit gleicher Bitte kamen sie zu mir, als ich den Entschluß gefaßt hatte, in den Kerker zu gehen. Doch hörte ich nicht auf die Freunde, und das Ergebnis war, daß ich das Glühen der Freiheit fand, als ich hinter den vier festen Mauern des Gefängnisses eingeschlossen war. Ich war in einer Dunkelzelle; aber ich fand, daß ich innerhalb dieser Mauern alles klar sehen konnte und draußen nichts."

Auf der Indienreise besuchte er einige Gemeinden in China. Vor ihnen entschuldigte er sich und das japanische Volk wegen des vom Zaun gebrochenen Krieges, der Verschleppungen, Hinrichtungen, Demütigungen. Er bat die Christen und das chinesische Volk um Vergebung. Daraufhin verstärkten sich die Angriffe in der heimatlichen Presse. Die ersten intensiven Polizeiverhöre begannen. 1940 wurde er das erste Mal verhaftet, weil er die Warnung nicht beachtet hatte, seine Hände aus der Politik zu lassen und sie dafür lieber innerhalb der Kirche zu rühren. Seine Berühmtheit im Inland, vor allem aber im Ausland blockierte jedoch einen nach Kobe nun neuen Weg in ein Opfer: der japanische Außenminister intervenierte, Kagawa wurde freigelassen, und alle Verhaftungen danach waren nur noch Disziplinierungsmaßnahmen der politischen Polizei.

Im April 1941 war er mit einer Gruppe japanischer Christen in den Vereinigten Staaten von Amerika. Die Beziehungen zwischen Japan und Amerika waren bereits zusammengebrochen. Es verblieb die wieder einmal nur schwache Chance eines Gesprächs mit einigen nicht einflußlosen Christen auf der anderen Seite des Pazifik. Es fand in der Ortschaft Riverside in Kalifornien statt, die Gesprächsteilnehmer gingen unter dem Namen „Riverside Gemeinschaft" in die Geschichte ein. Anschließend wandte sich Kagawa an Präsident Roosevelt, der daraufhin eine erneute Gesprächsbereitschaft mit der japanischen Regierung bekundete. Ein Echo aus Tokyo kam jedoch nicht mehr. Mit dem letzten Schiff kehrte Kagawa zurück.

In jenen Tagen, kurz vor Beginn des pazifischen Krieges, der bis an die Grenzen Indiens und die Küsten Australiens und Nordamerikas ausschlagen sollte und mit dem Wurf von zwei Atombomben ein Ende fand, in jenen Tagen schrieb Kagawa inmitten einer christlichen Gemeinde eines seiner tiefsten Gedichte:

„Rund um ein Kohlenbecken
und auf der kalten Erde
knien wir.
Wir beten um Frieden.
Die Dunkelheit vertieft sich.
Doch tiefer als die Dunkelheit reicht unser Gebet,
unser Gebet hält an.
An den anderen Küsten dieses Ozeans
müssen unsere Brüder im Gebet
auch schmerzvoll harren,
harren der kommenden Morgendämmerung . . .
Unsere Gebete wurden nicht erhört . . .
Wir sollen den Deckel unsres Sarges auf dem Rücken
tragen
und beten."

Als nach dem dann durchzustehenden Krieg einige amerikanische Mitglieder der „Riverside Gemeinschaft" 1945 zu dem Gegenbesuch kamen, empfing sie der gealterte Kagawa wortlos auf dem Flugplatz, geleitete sie in eine nahe Kirche, feierte mit ihnen das Abendmahl und begann danach erst zu sprechen. Er sprach als der Kagawa, dessen Stimme schließlich auch in seinem Heimatland gehört worden war. Einige Wochen nach dem Ende des Krieges hatte der neue Ministerpräsident, ein Onkel des Kaisers, ihn aufgesucht und um seine Mithilfe beim Bau eines neuen Japan gebeten. In einer seltenen und vielleicht einzigen Stunde der japanischen Geschichte ging es dabei um die von Kagawa gelebte Religion Jesu. Als praktisches Ziel der anstehenden Innenpolitik wurde die Überwindung des Hasses gegen die Amerikaner und die Engländer, aus dem der Krieg gelebt hatte, vereinbart. Bald darauf sprach er mit General McArthur und schuf in der ihm seit Kobe eigenen Autorität im amerikanischen Hauptquartier einige Voraussetzungen nun der Versöhnung zwischen Amerikanern und Japanern.

Als die kleine Gruppe der „Riverside Gemeinschaft" im Oktober 1945 zusammenkam, zeichnete sich auch bereits die Möglichkeit ab, in die neue japanische Verfassung eine Verzichtserklärung auf jeden Krieg und alle Bewaffnung zu schreiben. Kagawa hätte Erfolg melden können und freilich nicht nur seinen eigenen. Er sprach aber, als er anfing zu sprechen, über seine Schuld, verwoben in die Schuld der japanischen Nation. Noch einmal tat er, wozu er in seinen ersten Predigten und in den Slums von Kobe durchgebrochen war – er legte sich bloß und machte sich verwundbar.

## Bertrand Russell

## Golo Mann

Bertrand Russell hat viel über sich selber erzählt. Am reizendsten ist mir immer ein Nachruf erschienen, den er 1937 über sich verfaßte, und zwar für das Jahr 1962; nicht als er selber, versteht sich, sondern als Nekrologist der TIMES von London. Wahres oder halbwegs Richtiges, auch onkelhaft herablassendes Lob, wird hier mit gravitätisch-patriotischen Platitüden im Stil der TIMES verbunden, so daß eine herzbelustigende Mischung entsteht. Gleich am Anfang frappiert ein historischer Rückblick. Russells Großvater, Lord John, den der Philosoph noch kannte, war eben der, der 1814 Napoleon auf Elba besuchte und 1831 die erste große Parlamentsreform durchsetzen half; seine Großmutter mütterlicherseits, die er noch besser kannte, war eine „Freundin der Witwe des jüngeren Praetendenten" – wobei man wissen muß, daß der jüngere Praetendent der im Jahre 1746 bei Culloden besiegte Charlie Stuart ist. Unglaublich tiefe Vergangenheit in der Gegenwart!

Russell hat gern den Schein erweckt, als machte er sich nicht viel aus solchen Hintergründen; sicher aber flossen aus der Tradition einer alten und großen, einer geistvollen, unabhängigen und tätigen Familie ihm unschätzbare Kräfte zu. – In dem Nachruf der TIMES heißt es dann weiter, zwar habe Russell in seiner Jugend bedeutende Werke auf dem Gebiet der mathematischen Logik geschaffen, habe aber nur zu bald ein exzentrisches und unausgeglichenes Urteil, einen Mangel an geistiger Tiefe bewiesen, wofür seine Haltung im Ersten Weltkrieg das tadelnswerteste Beispiel sei. Ging er doch damals so weit, bei völliger Unkenntnis der moralischen Werte, um die gefochten wurde, zuerst die englische Neutralität, dann einen Verständigungsfrieden um jeden Preis zu wünschen! Verdientermaßen verlor er seine Professur in Cambridge, verdientermaßen mußte er sogar für ein halbes Jahr ins Gefängnis. „In den folgenden Jahren verzettelte er seine Arbeitskraft mit Schriften, in denen er für Sozialismus, Erziehungsreform und einen weniger strengen Moralcodex hinsichtlich der Ehe eintrat. Von Zeit zu Zeit jedoch kehrte er zu weniger aktuellen Themen zurück. In seinen historischen Schriften täuschten Stil und Geist über einen seichten, veralteten Rationalismus hinweg, zu dem er sich bis zu seinem Ende bekannte . . . Sein Leben war trotz seiner Unberechenbarkeit von einer anachronistischen Folgerichtigkeit, ähnlich der der aristokratischen Rebellen des frühen neunzehnten Jahrhunderts . . . Er war der letzte Überlebende einer versunkenen Epoche." Der Nachruf, man sieht es, enthält einige ganz wahre Sachen, mehr von ihnen, als ich zitieren darf, bleibt aber in die Farbe spöttischer Herablassung getaucht und betont über und über die selbstverschuldete Verlorenheit der Russellschen Positionen.

In zwei Punkten irrt er. Russell ist nicht in seinem neunzigsten Jahr 1962 gestorben, sondern erst 1970 in seinem achtundneunzigsten. Wenn es ferner heißt, kurz vor Ausbruch des Zweiten Weltkrieges sei er in ein neutrales Land gekommen, seinem Grundsatze gemäß, wonach mordgierige Verrückte ganz recht daran täten, einander umzubringen, vernünftige Leute ihnen aber dabei besser aus dem Wege gingen, so war das wirkliche Leben anders. Russell floh nicht im August 1939 aus England. Er war seit 1938 in den Vereinigten Staaten, aus Gründen, die mit Politik nichts zu tun hatten. Aber er war tief unglücklich im September 1939 und danach, schämte sich seiner Sicherheit in Amerika, bejahte den Krieg gegen Hitler, nachdem er einmal begonnen hatte, und kehrte 1944 auf einem Frachtschiff in die von V-Waffen belästigte

Heimat zurück. Kritiker haben nicht verfehlt, auf den Unterschied zwischen seinen Haltungen im Ersten und Zweiten Krieg zu verweisen, und Russell ist gegenüber diesen Vorwürfen nicht ganz unempfindlich gewesen. Daß der Philosoph sich wandelte, verstand sich ihm von selbst, Philosophen, die sich nicht wandeln, sind schon tot. Daß der Politiker nicht immer gleich dachte unter ungleichen Umständen, glaubte er eigens rechtfertigen zu müssen.

Unser TIMES-Nekrolog, hätte Russell ihn später geschrieben, würde noch einige andere erwähnenswerte Details enthalten haben. Russell schrieb sein erstes Buch im Jahre 1895; 72 Jahre später kamen – wenn ich richtig zähle – sein 71. und 72. Buch heraus. Er wurde von einer Freundin als „frühzeitig gealtert" geschildert, als er fünfzig war; von dem Siebenundneunzigjährigen konnte man das nicht sagen. Er heiratete zum ersten Mal mit 21; zum vierten Mal mit 80. Er war in seiner Jugend leidlich wohlhabend dank eines ererbten Vermögens, das er aber bald verschenkte; danach während vieler Jahrzehnte von Geldsorgen bedrückt; zuletzt war er wohlhabend, oder hätte es sein können, wären seine Einnahmen nicht fast zur Gänze der von ihm gegründeten Peace Foundation, Friedens-Gesellschaft, zugeflossen.

Russell war Abstinenzler bis 1914. Kaum aber ließ König Georg V. sein Volk wissen, er werde während der Dauer des Krieges auf die Freuden des Alkohols verzichten, so ging er zu Whisky über – eine Russellsche Geste der Abneigung gegenüber dem Krieg und gegenüber der Monarchie. Mit achtundziebzig erlebte er einen schweren Unfall. In der Nähe von Oslo ging sein Flugzeug auf der See nieder und begann alsbald zu sinken. Die Fahrgäste, die im vorderen Teil der Kabine saßen, ertranken. Russell, der kurz vorher sich in das hintere Abteil zurückgezogen hatte, wo geraucht werden durfte, konnte eben darum sich retten; in seinem Wintermantel schwamm er durch das eisige Wasser zu einem Boot. Er selber sagt, eine Minute lang, die Herausgeber seiner Ausgewählten Werke sagen zehn; da ich unlängst viel Russell gelesen habe, so glaube ich, die Wahrheit wird sich nie feststellen lassen. – Den Titel, Earl Russell, erbte er 1931 von seinem Bruder. Obwohl er über das House of Lords sich gern lustig machte, hielt er doch seit 1937 gelegentlich Reden dort; man möchte sich vorstellen, mit was für Gesichtern seine erhabenen Standesgenossen ihm zuhörten. Man möchte sich auch vorstellen, mit welchem Gesicht er 1950 nach dem Buckingham Palace fuhr, um Englands höchste Auszeichnung, den Order of Merit, aus den

Händen des Königs entgegenzunehmen. „Man sagt mir", äußerte der Monarch, „Sie haben ein abenteuerliches Leben geführt. Aber, nicht wahr, es wäre doch nicht gut, wenn alle Leute das täten?" Russell verbiß sich eine Bemerkung, die mit dem Herzog von Windsor zu tun gehabt hätte, und antwortete statt dessen: „Die Postboten läuten an allen Türen, aber es wäre nicht gut, wenn alle Leute an allen Türen läuteten."

In den angelsächsischen Ländern ist er zu einem Mythos geworden; unter Amerikanern zumal, die ihn ehedem ziemlich schnöde behandelten. Auch in Deutschland soll er, laut seinem Biographen, der einflußreichste und am meisten gelesene englische Philosoph sein. Das sagt aber am Ende noch nicht viel; denn welcher andere englische Philosoph wird bei uns viel gelesen? Ein Erfolg war vor Jahren die Essaysammlung „Warum ich kein Christ bin"; sie gefiel jenen, denen die offizielle Atmosphäre der Bundesrepublik nicht gefiel. Das erste Buch Russells in deutscher Übersetzung, das ich las, „Die Kultur des Industrialismus", erschien in den späten zwanziger Jahren. Noch erinnere ich mich des Entzückens, das ich bei der Lektüre empfand; wie kontrastierte Russells kaustischer Humor mit den schweren, blutigen Hirngespinsten Lenins und seiner deutschen Nachbeter, wie sein Sozialismus ohne Tränen mit den grimmigen Voraussagen der Dialektik! Bald folgten popularisierende wissenschaftliche Schriften, die, so schien es mir wenigstens, elegante Allgemeinverständlichkeit mit Gediegenheit verbanden. Die enorme Vielseitigkeit von Russells Wirken ist eine Hauptursache des Mythos.

Daß derselbe Autor, dessen dickste und schwerste Bücher – die „Principia Mathematica" – kaum mehr als zwanzig Menschen ganz durchstudiert haben sollen, auch solche schrieb, und zu Dutzenden, die jeder halbwegs intelligente Jüngling lesen konnte, und in allen Gebieten, Erziehung, Wirtschaft, Moral, Religion, Gott und Welt oder Nicht-Gott und Nicht-Welt, Politik, Krieg und Frieden, und dann auch wieder die Resultate seiner subtilsten Forschungen in kurzen, vergleichsweise verständlichen Aufsätzen bot; daß er Weltreisen machte, als das Weltreisen noch nicht Mode war, Rußland, China, Australien, und nie ohne neugierig treffende, balancierte, manchmal prophetische Berichte nach Hause kam; daß er sich nicht mit der Theorie begnügte, sondern, berühmter Philosoph, der er schon war, seine Erziehungsgrundsätze in der Praxis versuchte und als Schulleiter sich mit kleinen Kindern plagte; daß er überhaupt seine Grundsätze lebte und, da es provozierende Grundsätze waren, durch acht

Jahrzehnte die Obrigkeiten und Großen der Welt provozierte, da er doch von Geburt zu ihnen gehörte und unter ihnen es sich hätte bequem machen können – das macht ihn unvergleichlich; legendenumwoben, oft mißverstanden und plump verleumdet, und zur mythischen Gestalt zuletzt.

Wo Russell über Religion spricht, hat er auch ihre Vertreter, die Kirchen und ihre Priester, die Frommen und Frömmler und Heuchler im Sinn. Immer seien die Kirchen gegen den Fortschritt von Wissenschaft, Moral, Humanität, immer seien sie Helfershelfer der Privilegierten und Mächtigen gewesen. Darüber schreibt er sehr ähnlich wie Voltaire; mit demselben Zorn, demselben Witz, mit derselben Treffsicherheit das Obskurantistische und Groteske in den Mittelpunkt rückend. Und da fand er viel, da wurde das Spiel ihm leicht gemacht. Wahr ist, daß er auch ganz anderes hätte finden können, zum Beispiel die aufbauenden, die zivilisatorischen, die humanisierenden Leistungen des Christentums. Aber Einseitigkeit war immer das Recht der Polemik, zumal der witzigen.

Die katholische Kirche kannte er aus der Historie; protestantische Sekten aus seiner eigenen Kindheit und dann aus amerikanischen Erfahrungen, die überwiegend abscheulich waren. In einem Essay „Über den Schaden, den gute Menschen anrichten" hat er den Typ des frommen amerikanischen Plutokraten – auch des englischen – mit beißendem Hohn beschrieben: den einen Rechtgläubigen, der 99 andere zur Intoleranz, zur Heuchelei und zum Verbergen ihrer eigenen Lebensgewohnheiten zwingt. „Niemand kann den Respekt der gewichtigsten Bürger am Ort gewinnen, wenn er fette Dinners für die Reichen nicht für eine dringendere Sache ansieht als Leben für die Kinder der Armen. Dasselbe gilt für jeden Teil der Welt, mit dem ich bekannt wurde . . . Ein guter Mensch ist einer, dessen Meinungen und Handeln jenen gefallen, die die Macht haben." – Der Satz ließe sich wohl auch auf kommunistische Gesellschaften übertragen.

An dem Studenten Bertrand Russell hatten ehedem die Professoren getadelt, daß seine Referate zu kurz seien. Der Grund dafür war, daß er umständliche, überflüssige Redereien nicht leiden konnte und die Gabe besaß, was immer er zu sagen hatte, mit unüberbietbarer Klarheit und Konzision zu sagen. Sein Essay „Warum ich kein Kommunist bin" (1956) ist ein Beispiel dafür. Das Ding ist kaum länger als zwei Seiten, enthält aber in nuce alles, was gegen Marx, den Marxismus und dessen Weiterentwicklung unter Lenin und Stalin zu sagen ist. – Russells tiefes Mißtrauen gegenüber der Macht, sein Abscheu vor allem Dogma, sein Wahrheitssinn und Freiheitssinn mußten gegen Philosophie und Praxis des Marxismus sich aufbäumen.

Das heißt nicht, daß die Geschichte seines Verhältnisses zum Kommunismus, dessen Entwicklung er selber von Engels bis Kossygin miterlebte, eine ganz einsträngige gewesen wäre. Sein Urteil schwankte in der sich wandelnden, immer facettenreichen Wirklichkeit. Der Pazifist des Ersten Weltkrieges konnte nicht umhin, Lenins Friedensangebot in seiner großen Einfachheit erlösend zu finden. Dagegen war er von Lenins Persönlichkeit angewidert, als er ihn 1920 in Moskau traf. Es gibt darüber einen seiner lesenswertesten Essays – hätte er nur nicht so zahllose lesenswerte geschrieben! –: „Große Männer, die ich kannte". Hier vergleicht er Lenin mit einem anderen großen Mann, den er kannte, mit Gladstone. Die beiden Politiker seien überaus verschieden gewesen: „Lenin war grausam, Gladstone nicht; Lenin hatte keine Achtung vor der Tradition, Gladstone sehr viel; Lenin waren alle Mittel recht, den Sieg seiner Partei herbeizuführen, während für Gladstone die Politik ein Spiel mit bestimmten Regeln war, die man einhalten mußte. Alle diese Unterschiede sprechen meines Erachtens für Gladstone, und daher hatte Gladstones Politik im allgemeinen wohltätige, die Lenins katastrophale Folgen. Trotz dieser Unterschiede jedoch gibt es eine Reihe ebenso schlagender Ähnlichkeiten. Lenin hielt sich für einen Atheisten; darin täuschte er sich aber. Er glaubte, die Welt werde von der Dialektik beherrscht, und er sei ihr Werkzeug; genau so wie Gladstone sah er sich als das menschliche Werkzeug einer übermenschlichen Macht . . . Beide schöpften ihre persönliche Kraft aus dieser unerschütterlichen Überzeugung von ihrer eigenen Redlichkeit." Menschlich, fährt Russell fort, habe Gladstone ihm den ungleich stärkeren Eindruck gemacht, Lenin aber vor allem den von engstirnigem Fanatismus und „mongolischer Grausamkeit".

Russells Bericht über „Die Praxis und Theorie des Bolschewismus", eine Frucht seiner Reise von 1920, ist mehrdeutig; weder der eines blind Hassenden noch der eines Bejahenden. Er sah die konstruktive Vitalität, den Drang ins Technisch-Zeitgemäße. Er sah die Diktatur, die immer eine ist, wenn sie eine ist, gleichgültig wie gut oder ungut der Zweck, die mit zaristischen oder schlimmer als zaristischen Mitteln ausgeübte Tyrannei; die Überschätzung des Technologisch-Utilitaristischen, die Enge des geistigen Horizonts, die graue Häßlichkeit des Alltags. Er kam zurück als einer, der da nicht mitmachen konnte, der auf die Dauer überhaupt nie mitmachen konnte, außer in einer Gruppe, über die er selber der Herr wäre; wobei noch zweifelhaft ist, ob er eine solche Gruppe sich je wünschte. Er blieb zur Unabhängigkeit verdammt und mit ihr, trotz vieler Freundschaften, zu einer Art von Einsamkeit.

Er tat auch nicht mit, als in den dreißiger Jahren, unter dem Eindruck der Wirtschaftskrise und der Fünfjahrespläne, der Hitler-Regierung und der „Volksfronten", eine neue prokommunistische Welle über die Intelligentsia Westeuropas ging. Er hatte begriffen, was er begriffen hatte, die Theorie, die menschliche Wirklichkeit und was daraus folgen müßte, und dabei blieb er. 1936 sagte er das Schicksal Polens und den Stalin-Hitler-Pakt voraus. Nach Hitlers Krieg, im November 1945, meinte er, die Kommunisten hätten in Osteuropa Greuel begangen, „ziemlich derselben Art und in denselben Dimensionen wie die Greuel der Nazis". – Man tat gut daran, an dies Wort zu erinnern, später, als der Fünfundneunzigjährige gegen die Schande von Vietnam kämpfte. Parteiisch mit zweierlei Maß messend ist Lord Russell nie gewesen.

Schon sein erstes politisches Studium hatte mit dem Marxismus, im besonderen mit der deutschen Sozialdemokratie zu tun. Sein Besuch bei der SPD der neunziger Jahre brachte nebenher ihm Eindrücke von der Art des Hohenzollernreiches, der oppressiven Maschinerie des preußischen Staates, der Arroganz der Armee; Tendenzen, sagte er voraus, die auf die Dauer den „unvermeidlichen Untergang des Deutschen Reiches" bedeuten müßten, wenn man sie nicht rechtzeitig korrigierte. Sechs Jahrzehnte später schrieb er jedoch ganz anders über seine frühen deutschen Erfahrungen. „Des Kaisers Deutschland, das unsere Kriegspropaganda als ein Nest von Greueln darstellte, war in Wahrheit nur säbelrasselnd und etwas komisch. Ich lebte in des Kaisers Deutschland, ich kannte die fortschrittlichen Kräfte dort, die sehr stark waren und die beste Aussicht auf endgültigen Erfolg hatten. Es gab mehr Freiheit in des Kaisers Deutschland als es heute, außerhalb von England und Skandinavien, irgendwo auf Erden gibt." Natürlich waren beide Beobachtungen richtig, die von 1895 und die von 1956. Es hat keinen Sinn, einem Schriftsteller widersprüchliche Vielfalt des Urteils vorzuwerfen dort, wo die Wirklichkeit selber vielfältig und widersprüchlich ist. Daß aber Russell nun die andere Seite der Sache so stark betonte, erklärt sich, wie so oft in seinem Leben, aus der polemischen Situation. Nun rechtfertigte er rückblickend seine Haltung während des Ersten Weltkrieges. Und wie war die gewesen?

Er hielt den Krieg für Irrsinn vom ersten bis zum letzten Tag. Er wünschte die englische Neutralität, weil ein schneller deutscher Waffensieg auf dem Kontinent keine weltumstürzende Katastrophe bedeutet hätte; wünschte dann vier Jahre lang einen Verständigungsfrieden um praktisch jeden Preis, was ihn zum Bundesgenossen einer kleinen Gruppe, vornehmlich aber einsam und bitter machte. Daß die Mehrzahl seiner Mitbürger den Krieg ganz offenbar genoß, mindestens in der ersten Zeit, führte ihn zu Einblicken in die Seele des Menschen ähnlich jenen, die Freud in seinen „Gedanken im Kriege" formulierte. Er sah, daß die angeblichen Ziele des Krieges, Recht, Freiheit, Demokratie und so fort, nicht übereinstimmten mit seiner Wirklichkeit, welche die Menschen brutalisierte und verblödete. Er sah auch voraus, daß ein ganzer Sieg der Entente und ein ihm entsprechender Friedensschluß einen zweiten Krieg in seiner Folge haben würde. Gegen Ende fürchtete er den aufsteigenden amerikanischen Imperialismus – „illiberal und überaus grausam" – mehr als den untergehenden deutschen.

Seine Parteinahme für Kriegsdienstverweigerer brachte ihm eine Geldstrafe und die Entlassung aus dem Trinity-College cum contumacia ein. Danach war er so arm, daß er mitunter das Geld für den Omnibus nicht hatte, ohne deswegen seine Ansichten zu ändern. Hungersnot überall in Europa, schrieb er 1917, ein verzweifelter Lebenskampf aller gegen alle werde am Ende des Krieges wüten, wenn er noch lange weiterginge; aber die amerikanische Armee, was immer sie sonst könnte, werde wohl bereit sein, in England und Frankreich Ordnung zu schaffen und Arbeitskämpfe zu unterdrücken – „das ist sie zu Hause gewöhnt. Ich sage nicht, daß unsere Regierung solche Gedanken hätte. Alle Evidenz lehrt, daß sie überhaupt keine Gedanken hat . . ." Es war dieser Artikel, zumal „die bewußte und geplante Beleidigung des Heeres einer mit uns verbündeten großen Nation", die Russell für ein halbes Jahr ins Gefängnis brachte. „Mr. Russell", hieß es in der Verurteilung, „scheint jeden Sinn für Anstand und Fairness verloren zu haben . . . Sein Vergehen ist ein durch und durch verächtliches."

Nie hat Russell seine Haltung während des Ersten Krieges widerrufen. Nie auch sah er einen Widerspruch zwischen seinen Gefühlen und Urteilen im Ersten Krieg und im Zweiten. Hitler, nachdem er es einmal so weit gebracht hatte, mußte aus der Welt geschafft werden; der Kaiser nicht. Der Erste Krieg aber habe unser Jahrhundert in Unordnung gebracht bis 1945 und darüber hinaus; aus ihm sei der Zweite „mit der Notwendigkeit einer griechischen Tragödie" hervorgegangen. – Die eine dieser beiden Thesen würde ich für ganz wahr halten, die andere ein wenig nuancieren; schon allein darum, weil ich die Worte „Hitler" und „griechische Tragödie" ungern nebeneinander sehe.

Russells akademische Ehren wurden ihm nach dem Kriege restituiert, da lehnte er sie ab, weil er in Ehescheidung lag; und wurden ihm 1944 endgültig restituiert. Vielleicht war es gut, daß er sie 1916 verlor. Hätte er immer fortgefahren, principia mathematica zu dozieren, so hätte er der weltreisende Abenteurer, der ungeheuer produktive, vielseitige Schriftsteller nicht werden können, jedenfalls nicht werden müssen.

Nach dem Krieg machte er einen neuen vergeblichen Versuch, ins Unterhaus zu kommen, diesmal für Labour. Die Kriegserfahrung hatte ihn vom Radikal-Liberalen zum Sozialisten gemacht – insoweit Parteinamen je für ihn passen konnten. „Sozialismus" war für ihn ungefähr dies: eine rationalere, wissenschaftlichere Verwaltung der öffentlichen Dinge, zu denen nun auch die Wirtschaft gehören mußte, zum Zwecke des inneren und äußeren Friedens und des vermehrten Glückes für die größte Zahl. Während des Krieges hatte es im Lager der Alliierten de facto schon eine Art von Sozialismus auf nationaler wie auf internationaler Ebene gegeben, Planwirtschaft, Preiskontrolle und eine ungeahnte Steigerung der Produktivität. Das hatte die „Kapitalisten" nicht beleidigt, im Gegenteil, sie hatten herzhaft mitgemacht. Warum? Weil der Zweck des Unternehmens war, möglichst viele Deutsche zu töten, nicht das Wohlsein der vielen; wenn sie trotzdem und trotz des ungeheuren Mord-Verschleißes materiell besser daran gewesen waren als vor dem Krieg und danach, so war es ein Nebenprodukt der Hauptsache. Warum aber jetzt nicht das Nebenprodukt zur Hauptsache machen? – In Deutschland zog Walther Rathenau aus der gleichen Erfahrung den gleichen Schluß. Verfrühte Hoffnungen.

Wer den Politikern nicht traut, traut konsequenterweise auch dem „Volk" nicht, weil ja das Volk, jedenfalls in der Demokratie, keine anderen Politiker haben kann, als zu ihm passen. In der Jugend hatte Russell einmal gescherzt, der Vorzug der demokratischen Regierungsform sei die gesicherte Entsprechung zwischen Wählern und Gewählten: je dümmer der Abgeordnete, desto dümmer seine Wähler. Im Grunde blieb er bei diesem Lehrsatz. Er verzieh den Politikern, daß sie mehr an irrationale Leidenschaften der Wähler appellierten als an deren wissenschaftlich aufgeklärtes Selbstinteresse; durch die Erregung von Furcht, Stolz, Haß gewann man Wahlen, Lloyd Georges „Khaki-Wahlen“ vom November 1918 gaben ein Beispiel dafür; und schließlich mußten Politiker Wahlen gewinnen wollen, so wie Presse-Lords ihre Zeitungen verkaufen wollen mußten. In Russells Nobelpreisrede von 1950 lesen wir: „Schulen lehren Patriotismus; Zeitungen produzieren aufregende Sensationen; Politiker kämpfen für ihre Wiederwahl. Darum können alle drei für die Rettung der menschlichen Rasse nichts tun.“ Der Skeptizismus, welcher direkt sich hier gegen die Zeitungen und die Politiker richtet, richtet indirekt und tiefer sich gegen die Zeitungsleser und die Regierten; denn warum müssen Zeitungen in dummen Sensationen machen, um sich zu verkaufen, warum müssen Politiker gefährliche Leidenschaften aufpeitschen, um gewählt zu werden?

Folglich war Russell als „Demokrat“ sein Leben lang ein unsicherer Kantonist. Was ihn im Meer des Zweifels stets gegen die Ufer der Demokratie zurückwarf, war, daß er unkontrollierte Macht, die unersättliche Machtgier der Mächtigen noch mehr fürchtete als das irrationale Verhalten der Regierten. Demokratie war unabdingbar zur Kontrolle der Machthaber und zu deren möglichem Auswechsel. Churchills Beschreibung der Demokratie als der am „wenigsten absurden Regierungsform“ hätte er wohl angenommen.

Er mußte auf Erziehung setzen; das müssen alle, die ungefähr in seinem Fall sind. Daher seine pädagogischen, moralischen Schriften; daher der Versuch, in diesem versuchereichen Leben, als Schulmeister seine Prinzipien in die Praxis umzusetzen, wobei denn der berühmte Philosoph es nicht verschmähte, verdauungs-unwillige kleine Mädchen durch allerlei anspornende, befreiende Tricks zum Stuhlgang anzureizen. Daß er ein entschieden fortgeschrittener Pädagoge war, immer darauf aus, Autorität zu entautorisieren, Tabus zu enttabuisieren, Mysterien zu entmysterisieren und Kinder in diskret beobachteter, fast totaler Freiheit gerade, furchtlos und glücklich wachsen zu lassen, wird man aus dem Bisherigen wohl erraten haben.

Russell war ein Pionier jener Bewegung, die mittlerweile sich ja im Breiten durchsetzte; in dem Streben, den Heranwachsenden die ererbten Dualismen und die aus ihnen sich ergebenden Spannungen, Befehl und Gehorsam, Ernst und Spiel, Pflicht und Wunsch, Schuld und Strafe, Sadismus, Angst, Heuchelei möglichst zu ersparen. Solche zu überwindenden Dualismen gab es noch mehr, sehr unterschiedlicher

Art und doch für den Blick des reformfreudigen Philosophen alle zusammenhängend: zum Beispiel den sexuellen; den der Herrschenden und Beherrschten; den von Glauben und Wissen.

Ob die menschliche Situation eine solche ist, daß sie je ganz harmonisch und frei von Zweiheiten und Widersprüchen, frei von Furcht werden könnte, wie Russell das in seinen hoffnungsvolleren Momenten erstrebte, weiß ich nicht. Bedingungslos aber muß ich ihm recht geben, wenn er Demokratie für unmöglich hielt ohne eine ihr, und nicht älteren Gesellschaftsformen, entsprechende Erziehung, und wenn er die engste Beziehung sah zwischen Pädagogik und Politik. Seine erzieherischen Gedanken kamen ihm aus der Kriegserfahrung, vor allem aus der Beobachtung, daß die Menschen sich über den Krieg gefreut hatten, obgleich er doch eine Quelle von viel Kummer für sie gewesen war. Man hätte pessimistische Schlüsse daraus ziehen können; was Russell auch tat. Wenn der ein Rationalist ist, der die Menschen für rationale, soll heißen, stets von erleuchtetem Selbstinteresse geleitete Wesen hält, so war er ein Rationalist nie zur Gänze gewesen und wurde es weniger und weniger; bis zu dem Punkt, an dem er, in seiner Nobelrede von 1950, fragen konnte, ob das Fortleben des Menschengeschlechts eigentlich wünschenswert sei. Es wäre wünschenswert, wenn die Menschen ihrem vernünftigen Interesse folgten; wozu allerwenigstens der Selbsterhaltungstrieb gehört samt allem, was aus ihm hätte folgen müssen. Aber es gab einstweilen Triebe, die mit ihm nichts oder nur sehr indirekt zu tun hatten: den Erwerbstrieb, weit über seine vernünftigen Grenzen hinaus; den Macht- und Herrschtrieb, der gar keine Grenzen hatte; den Rivalitätstrieb, die Eitelkeit; das Vergnügen an Haß und Stolz; die Furcht, welche die Gefahr steigerte, anstatt ihr den Stachel zu nehmen; den Trieb, Langeweile los zu werden durch feindliche und auf die Dauer ruinöse Sensationen. Tausendmal hat Russell über diese Dinge mit bitterer Einsicht gesprochen; beinahe mit Verachtung, wenn diese nicht durch Mitleid und guten Willen neutralisiert worden wäre. Ein „seichter Optimist" ist er jedenfalls nicht. Es ist auch nicht so, daß er Probleme der Außenpolitik und Machtpolitik mit Illusionen kurieren wollte. Daß er je einseitige nukleare Abrüstung empfohlen hätte, gehört zu den Legenden, die über ihn im Schwange sind. Dazu hatte er zu viel gesunden Menschenverstand.

Nach 1945 nahm er eine scharfe Wendung gegen Stalins Rußland. Nicht, daß die amerikanische Offizialität ihm besonders sympathisch gewesen wäre; er hatte selber ungute Erfahrungen mit ihr gemacht. Aber in dem nun sich entwickelnden „Kalten Krieg" war die Frage nicht, ob Amerika gut, sondern wer besser sei, die Amerikaner oder die Bolschewisten Stalinscher Observanz. Russell nahm die Alternativen, wie sie waren. Sie wurden am dringendsten durch die neue Waffe, die, so dachte er mit vielen anderen, ein Monopol bleiben mußte. Nachdem die Russen sich dem Projekt einer einzigen, internationalen Verwaltung der entfesselten Nuklear-Energie – dem „Baruchplan" – entzogen hatten, gehörte er zu denen, die den Gegner zur Vernunft zwingen wollten, und ging ziemlich weit darin; wie denn um 1950 Moskauer Zeitungen über „diesen philosophierenden Wolf, dessen Smoking die brutalen Instinkte eines Raubtiers verbirgt", nicht so freundlich schrieben wie später.

Er machte eine neue Wendung im Zeichen der Wasserstoff-Bombe, die er vorausgesagt hatte, und im Zeichen des russischen Besitzes der Wasserstoff-Bombe, die er gleichfalls vorausgesagt hatte: solche Verwirklichungen blieben nie lange nur einer Seite vorbehalten. Nun sein berühmter Brief an Eisenhower und Chruschtschow (1957), aus Moskau sehr respektvoll beantwortet; Beschwörungen zu Mut und Einsicht, zum Kompromiß, zur „Koexistenz", zum Verzicht auf von jeher unsinnige, nun aber tödlich gewordene Glaubensansprüche. Was, fragte er, würde geschehen, wenn demnächst China die absolute Waffe hätte, dann Deutschland, dann Ägypten und Israel, Indonesien, Argentinien, wenn alle möglichen neuerdings befreiten und befreiungswilligen, feindfreudigen Staatsgebilde einander mit der Bombe bedrohen könnten? . . . Russell forderte keine „nukleare Abrüstung", jedenfalls nicht als ersten Schritt, weder damals noch später. Sie würde nicht helfen, weil, sobald „Krieg" da wäre, die großen Mächte ja doch wieder zur eiligsten Herstellung der ihnen nun vertrauten Waffen schreiten würden. Nur ein Gesinnungswandel würde helfen, diktiert von vernünftigem Selbsterhaltungstrieb. Wenn Sieg und Niederlage, Krieg und Kollektivselbstmord dasselbe geworden waren, so gab es die ultima ratio der Könige nicht mehr, und damit auch nicht mehr die ratio der Könige überhaupt, Machtpolitik, Politik der Drohung; an ihre Stelle mußten neue wissenschaftliche Methoden zur Lösung von Konflikten treten. Russell nannte diese Forderung common sense; wer würde ihm den Ausdruck bestreiten? – Ein ganz klein wenig neuer common sense ist in der Entwicklung der amerikanisch-russischen Beziehungen seither ja auch wohl gewesen.

Eine abermalige Wendung gegen die Vereinigten Staaten vollzog er nicht; die vollzogen die Vereinigten Staaten leider gegen sich selber. Amerika wurde seiner besten Tradition untreu. Der fünfundneunzigjährige Russell blieb ihr treu; er hielt daran fest, daß Verbrechen gegen die Menschlichkeit Verbrechen gegen die Menschlichkeit sind, gleichgültig, wer sie begeht, gleichgültig auch, zu welchem selbsterkorenen, erhabenen Zweck er sie begeht.

Von Immanuel Kant schreibt Russell einmal, er habe in der „Kritik der reinen Vernunft" die klassischen Gottesbeweise widerlegt, an ihrer Stelle aber alsbald einen neuen, moralischen Beweis erfunden. „Er war wie die meisten Leute; in intellektuellen Fragen war er ein Skeptiker, aber in moralischen Fragen hielt er an den Grundsätzen fest, die er auf den Knien seiner Mutter gelernt hatte. Genau so ist es; genau so sind die meisten Leute; und Lord Russell auch. Der Unterschied zwischen ihm und Kant ist, wenigstens in dieser Beziehung, längst nicht so radikal, wie er glaubte. Von Kants „Notwendigen Ideen" schienen zwei, Gott und Unsterblichkeit, ihm unnötig, die dritte, Freiheit, nicht; er fügte zwei Dinge hinzu, die zum guten Leben gehören, Liebe und Wissen, und zwar zusammen, weil eines nicht genüge ohne das andere. Einmal konnte er schreiben, was die Welt brauchte, sei „Liebe, christliche Liebe und Caritas". Zwar korrigierte er sich alsbald: man könnte „christlich" ebenso wohl weglassen, oder wenn man darauf bestünde, so gäbe es wohl mehr „Christen" unter Agnostikern als unter Orthodoxen. – Das kann schon sein; Christen sind allezeit Menschen gewesen und oft von der am wenigsten erfreulichen Art. Im Endergebnis dürfte es nicht darauf ankommen, zu welcher Glaubensgemeinschaft einer sich rechnet, sondern wie er fühlt, denkt und handelt.

Wer fast ein Jahrhundert lang ein treuer Freund und Begleiter der Menschheit war, wer noch im achtundneunzigsten Jahr an dem, was die Zukunft bringen wird, leidenschaftlichen Anteil nahm, da sie ihm am Rand des Grabes gleichgültig hätte sein können, der müßte sich wohl ein Beiwort gefallen lassen, welches ich nur darum nicht gebrauche, weil ich weiß, daß es ihm nicht gefallen hätte. Übrigens hat Russell es selber einmal gebraucht, wenn auch negativ, gegen einen anderen. In seiner Geschichte der Philosophie tadelte er an dem amerikanischen Philosophen John Dewey einen Mangel an „kosmischer Frömmigkeit", cosmic impiety. Er schrieb das, wieder einmal, polemisch, weil er sich über einen Angriff Deweys geärgert hatte. Aber der Ärger erfindet's nicht; er schwatzt's nur aus.

Gehört Bertrand Russell in dieses Buch, das von bedeutenden Pazifisten handelt, von Propheten der Gewaltlosigkeit? Ja und nein. Russell war kein Berufspazifist; er war ein ungebundener Geist, er hatte viele Berufe. Er urteilte von Fall zu Fall verschieden. Gegen den Ersten Weltkrieg lehnte er sich auf mit äußerster Konsequenz. In den dreißiger Jahren verneinte er jene scharfe Politik gegen Hitler, die damals gerade von englischen Pazifisten gefordert wurde – „blutdürstigen Pazifisten", wie der Premierminister Chamberlain sie nannte –, er war ein Anhänger der englischen Beschwichtigungspolitik, „appeasement". Erst als der Zweite Weltkrieg da war, schlug er um, nun war er dafür, in der Hoffnung, es werde der letzte Krieg sein. Auf den Frieden, auf die Vermeidung des Krieges, auf den Protest gegen die Greuel des Vietnam-Krieges hat er sich erst in den letzten Jahren seines Lebens als zentrale Aufgabe konzentriert. Weil sein Geist ein freier und rebellischer war, konnte er willkürliche Urteile manchmal nicht vermeiden. Im Nahost-Konflikt nahm er für die Araber, gegen Israel Partei, der uralte Mann ungefähr so wie viele Jugendliche in Deutschland und anderswo. Vermutlich wurde hier seine Haltung durch seine Gefühle gegenüber Amerika bestimmt. Er sah in Israel nicht die freie, schöpferische, opferwillige Gemeinschaft, die ihr bedrohtes Leben verteidigte, sondern einen Vorposten des amerikanischen Imperialismus, und als Opfer die Araber. Wäre das selbst eine Seite der Sache, was man bestreiten mag, so ignorierte er die andere. Es ist dies ein Beispiel dafür, daß er sich irren konnte. Ungeheuer klug war er wohl, dabei aber ein Rebell, ein immer Protestierender, ein Kämpfer. Solche Naturen sind oft geneigt, nicht vorsichtig abzuwägen, sondern frischweg zu entscheiden; und mögen auch später wieder ihre Entscheidungen zurücknehmen, ihr Urteil ändern, ihren Irrtum einbekennen. Russell hat sich nie für unfehlbar gehalten.

Er gehört in unser Buch als ein Wohltäter, als ein Aufklärer, als ein Verteidiger der Armen und Unterdrückten überall, als ein zweifelnder, aber trotz aller Zweifel durch fast ein Jahrhundert treuer Freund des Menschen. Ein solcher mußte von Anfang an auch ein Feind des Krieges sein, der alle Ungerechtigkeit und Unterdrückung, alle Qualen der Menschen, und der besonders die Leiden der Armen potenziert. Er mußte alle die Einrichtungen, die Kenntnisse, die Veränderungen der Moral und des Charakters fördern wollen in dem Sinn, in dem der Friede sie braucht. Das tat Bertrand Russell sein Leben lang.

# Albert John Luthuli

Rolf Italiaander

Im Oktober des Jahres 1970 kamen in London weitere Emigranten aus der Südafrikanischen Republik an. Darunter befanden sich zwei nicht unbekannte jüngere Akademiker: Dr. Albertina Ngakane und Dr. Pascal Ngakane, Tochter und Schwiegersohn des verstorbenen südafrikanischen Zulu-Chiefs und Friedensnobelpreisträgers Albert John Luthuli. Sie brachten ihre vier Kinder mit; denn sie wollen versuchen, Großbritannien zu ihrer neuen Heimat zu machen und auch die britische Staatsangehörigkeit zu erwerben. In London wurde die Familie Ngakane von Lionel Ngakane empfangen, dem Bruder von Pascal. Lionel Ngakane wurde weltbekannt als Schauspieler, der in Alan Patons Film *„Cry The beloved Country"* mitwirkte, also in jenem Film, der nach dem gleichnamigen Roman von Alan Paton gedreht wurde und der in den deutschsprachigen Ländern unter dem Titel „Denn sie sollen getröstet werden" herausgekommen ist. Lionel Ngakane wurde auch deshalb bekannt, weil er zu jenen farbigen Südafrikanern gehört, die wegen ihres Protestes gegen die Apartheidspolitik mehrfach Gefängnisstrafen absitzen mußten; 33 Monate war er auf die berühmte Sträflingsinsel *Robben-Island* verbannt. Aber auch Lionel Ngakane konnte dieser Republik der Rassendiffamierung entfliehen. Luthulis Tochter und sein Schwiegersohn sind beide approbierte Ärzte und werden es aufgrund der Verwandtschaft mit dem Nobelpreisträger sicherlich leichter haben als andere, sich in England eine neue Existenz aufzubauen. Im übrigen ist ihnen die Hilfe des „*Defence and Aid Fund*" zugesagt worden, also jener Organisation, die dank der Hilfe englischer Philanthropen immer wieder in der Lage ist, Flüchtlinge aus Südafrika zu unterstützen.

Nach allem, was die Ngakanes – ebenso wie andere südafrikanische Neger in der Republik im südlichsten Teil Afrikas – durchlitten haben, setzen sie selbstverständlich die allergrößten Hoffnungen auf England. Sie werden es genießen, daß sie hier – anders als in ihrer Heimat – zum Beispiel in jeden Zug und Omnibus einsteigen können, den sie benutzen möchten. Weiße werden sich auch nicht scheuen, mit ihnen zu sprechen. Gerade sie werden aufgrund des Ruhmes von Vater Luthuli Freundlichkeiten erfahren. Und sie werden außerdem mancherlei beobachten können, was ihnen bisher fremd war. In den Londoner Autobussen werden sie vorwiegend Farbige als Schaffner antreffen, allerdings keine Afrikaner, sondern westindische Neger. Albert John Luthuli hatte viele Freunde in der britischen *Labour-Party*. In deren Hauptquartier im „*Transport House*" werden die Ngakanes farbige Sekretärinnen antreffen. Falls sie allerdings am Smits Square das gegenüberliegende Parteihaus besuchen sollten, in dem die *Conservative Party* ihren Sitz hat, werden sie keine farbigen Sekretärinnen entdecken, sondern höchstens Farbige, die Handlangerdienste leisten. Das wird die Ngakanes daran erinnern, daß der rechte Flügel der Konservativen Partei Großbritanniens von dem gefährlichen Rassisten Enoch Powell beherrscht wird, der möchte, daß alle Farbigen aus Großbritannien ausgewiesen werden. Denn so, wie sich Hitler ein „judenreines Deutschland" wünschte, so phantasiert Powell von einem „negerreinen Großbritannien". Die Ngakanes werden mit Bedauern feststellen, daß ein Kollege von ihnen, der westindische Arzt Dr. David Pitt, bei den Wahlen in diesem Frühjahr vergeblich versucht hat, einen Sitz im Parlament zu erringen. Dafür werden sie beobachten, daß im *House of Parliament*

Farbige Botendienste leisten oder in der Küche beschäftigt werden. Das werden sie mit Bedauern konstatieren, und sie werden an ähnliche Situationen in ihrer südafrikanischen Heimat denken. Sie werden in den nächsten Monaten auch mit einer anderen Frage konfrontiert werden, die noch lange die englische Öffentlichkeit beschäftigen wird, nämlich mit der Frage, ob die britische Regierung Waffen nach Südafrika liefern soll oder nicht. Eine Frage, die heute fast jeden Engländer beschäftigt und die Nation wieder einmal in zwei Parteien spaltet. Selbstverständlich werden die Ngakanes jede Gelegenheit wahrnehmen, um gegen Waffenlieferungen nach Südafrika zu protestieren. Sie werden sich freuen, daß die meisten englischen Bischöfe Premierminister Edward Heath schärfstens kritisieren, weil er überhaupt nur erwogen hat, sich in diesen Waffenhandel einzulassen. Allerdings werden die Ngakanes zu ihrer Betrübnis zu hören bekommen, daß die Labour-Regierung unter Harald Wilson schon bereit war, Waffen nach Südafrika zu senden.

Nicht nur unter Weißen werden die Ngakanes Freunde gewinnen, sondern auch unter Nicht-Weißen. In Großbritannien leben heute weit über eine Million Farbige, die sich durch Geburtenüberschuß in den nächsten Jahren mehr als verdoppeln werden. Großbritannien hat nun also auch sein Rassenproblem! Die Beamten der verschiedenen Institutionen, die sich mit den Andersrassigen zu beschäftigen haben, werden versuchen, die Ngakanes nicht nur besonders freundlich zu behandeln, sondern ihnen ein rosiges Bild zu malen. John Little, der Direktor des *Race Relation Board*, wird ihnen sagen, eine Situation wie in den Vereinigten Staaten würde hier in Großbritannien nie zu erwarten sein, womit er gewiß nicht unrecht hat. Aber generell ist eben die Lage der Farbigen in England doch nicht zufriedenstellend. Es kann ihnen passieren, daß ihnen als Afrikanern diffamierende Worte nachgerufen werden oder daß man sie auf der Straße sogar anspuckt. Vielleicht werden auch die Ngakanes Monate brauchen, bis sie eine Wohnung finden – weil sie eben Farbige sind. Wenn sie Versicherungen abschließen wollen, werden sie feststellen müssen, daß sie als farbige Einwanderer höhere Versicherungsprämien zu zahlen haben als Weiße.

All das wird bewirken, daß sie sich nicht befreit fühlen von jenem Druck, dem sie seit ihrer Geburt in ihrer Heimat ausgesetzt waren. Und deshalb werden sie sehr viel nachdenken über das, was der Vater beziehungsweise Schwiegervater Albert John Luthuli zeitlebens gelehrt und praktiziert hat. Sie werden sich fragen: War es richtig, daß der Vater seiner Familie und seinen Millionen Anhängern den gewaltlosen Widerstand beizubringen versuchte, oder war es richtiger, was Luthulis Gegner lehrten und heute noch lehren, nämlich daß jene Gewalt, die die weißen Afrikaner in der Republik, die überhaupt alle Rassisten in der ganzen Welt anwenden, nun gleichfalls mit Gewalt zu beantworten ist? Eine endgültige Antwort werden sie kaum erhalten. Konservativ christlich erzogen, werden sie versuchen, sich Klarheit zu schaffen, indem sie sich erneut mit dem Christentum auseinandersetzen. Wenn sie zurückdenken an die Christen in ihrer Heimat, werden sie ohne große Hoffnung sein; denn die Apartheidspolitik in der Südafrikanischen Republik findet hier nur zu viele Helfer in kirchlichen Kreisen, während es nur ein kleinerer Prozentsatz ist, der die Rassenpolitik der Buren ablehnt. Die Ngakanes werden begeistert sein zu erfahren, daß der Ökumenische Rat der Kirchen im Rahmen seines Fünf-Jahres-Programms zur Bekämpfung des Rassismus einen ersten Betrag von rund 740000 DM für 19 Organisationen bereitgestellt hat, die für die Gleichberechtigung aller Rassen kämpfen. Es wird die Ngakanes natürlich nicht überraschen, daß der Südafrikanische Kirchenrat darüber empört ist. Es ist zu wünschen, daß sie trotz all ihrer Erfahrungen in England nicht irre werden, weiterhin an das zu glauben, was Albert John Luthuli als Quintessenz seiner Lebenserfahrungen der Welt darlegte und wofür ihm schließlich nach dem Sekretär der Vereinten Nationen Ralph J. Bunche und nach dem Baptistenpfarrer Martin Luther King als drittem Pazifisten schwarzer Hautfarbe im Jahre 1961 der Friedensnobelpreis verliehen worden ist.

Der Präsident des Nobelkomitees, Gunnar Jahn, erklärte in seiner Laudatio in Oslo, warum man beschlossen habe, gerade diesen Mann auszuzeichnen. Jahn sagte über Luthuli: „Sein Wirken wird durch eine feste und überzeugende Methode bestimmt: Niemals unterlag er der Versuchung, Gewalt beim Kampf für sein Volk anzuwenden. Sein fester und in seiner Überzeugung so tief verankerter Entschluß konnte niemals erschüttert werden: Zu Gewalt und Terror darf man keine Zuflucht nehmen. Haß gegenüber den Weißen hat er niemals empfunden, und er hat auch nie dazu aufgerufen." Jahn erinnerte daran, daß der Kampf Luthulis innerhalb der Grenzen seines eigenen Landes geführt wurde, aber die von Luthuli erhobenen Forderungen seien doch von weiterreichender Bedeutung: „Er bringt all denen eine Botschaft, die dafür arbeiten und sich darum bemühen, den Menschenrechten innerhalb der verschiedenen Nationen der Welt und auch auf internationaler Ebene Achtung zu verschaffen. Sollte dennoch der Tag kommen, an dem der Kampf der Nicht-Weißen in Südafrika für ihre Freiheit in blutige Schlächtereien ausartet, wird Luthulis Stimme nicht mehr zu hören sein. Dann aber sollten wir uns daran erinnern, daß sein Weg aufrecht und klar war. Blutvergießen war nicht sein Wille."

Wir wollen uns zumindest kurz daran erinnern, wie Luthulis Leben verlief. Wann er geboren ist, steht nicht genau fest, denn damals gab es keine amtliche Geburtenregistrierung. Er dürfte um 1898 in Rhodesien geboren sein, wo sein Vater als Evangelist und Dolmetscher in einer Mission der Sieben-Tages-Adventisten tätig war. 1908 siedelte die Familie Luthuli nach Natal über, und der Knabe verbrachte die ersten Schuljahre in Groutville, ein kleiner Ort, der bis zu seinem Tod sein Wohnsitz blieb. 1910 wurde die Union von Südafrika gegründet, und zwei Jahre später schon erfolgte die Konstituierung des Afrikanischen Nationalkongresses, dessen Präsident Luthuli im Jahre 1952 werden sollte.

Die Eltern ließen ihren Sohn zum Lehrer ausbilden, und er ging diesem Beruf mit großer Begeisterung nach. Luthuli wußte schon früh, daß eine rechte Erziehung das Allernotwendigste für alle Afrikaner sei. Nachdem er als Lehrer bereits aktiv gewesen war, nahm er noch an Fortbildungskursen für Lehrer teil, weil er an sich die größten Ansprüche stellte. 1927 heiratete Luthuli Fräulein Nokukhanya Bhengu. Luthuli war in den afrikanischen Kreisen der Union als Pädagoge hochgeschätzt und wurde deshalb 1933 zum Präsidenten der Afrikanischen Lehrervereinigung gewählt. Drei Jahre später erfolgte seine Ernennung zum Chief des Umvoti-Missionsreservates. Luthuli war der Überzeugung, daß eine gute Erziehung im Einklang stehen müsse mit den Grundsätzen des evangelischen Christentums. Auch als militanter Christ genoß er immer mehr Hochachtung, und er wurde deshalb 1938 als Delegierter zur Internationalen Missionskonferenz in Madras geschickt. In Indien wurde Luthuli erneut mit dem Rassendilemma konfrontiert, und er entschied nunmehr, auch politisch tätig zu werden. 1945 schloß er sich dem Afrikanischen Nationalkongreß an. Nordamerikanische Christen waren auf den afrikanischen Lehrer und Politiker aufmerksam geworden und luden ihn zu einer Vortragsreise in die USA ein. Hier traf er nicht nur mit weißen Christen zusammen, sondern auch mit nordamerikanischen Negern; er hielt Vorträge in Negerkirchen, Negerschulen und Negerhochschulen und konnte Erfahrungen darüber sammeln, wie sich die nordamerikanischen Neger in ihrem Kampf um die Befreiung von der rassischen Unterdrückung verhielten. Seine reichen asiatischen und nordamerikanischen Erfahrungen wurden immer wieder im Afrikanischen Nationalkongreß der Union diskutiert, und er beeinflußte das Aktionsprogramm, das der Afrikanische Nationalkongreß 1949, also bald nach seiner Rückkehr aus den USA, beriet und realisierte.

1950 wurde ein gefürchteter Fürsprecher der Apartheid, nämlich Dr. Hendrick F. Verwoerd, Minister für Eingeborenenangelegenheiten, und immer mehr neue Gesetze, die die Bewegungsfreiheit der farbigen Südafrikaner einschränkten, wurden erlassen. Eines der ersten Opfer der neuen Gesetze wurde Luthuli selber; er wurde von der faschistoiden Regierung aus seinem Häuptlingsamt entfernt. Die Antwort des Afrikanischen Kongresses war, daß er Luthuli zum Präsidenten wählte. Die Regierung in Pretoria war über diese Herausforderung empört und ächtete Luthuli zum ersten Male, das heißt, er durfte einige Monate nicht mehr öffentlich reden und Groutville nicht verlassen. Ein Jahr später erfolgte die zweite Ächtung Luthulis. 1955 wurde Luthuli verhaftet und ein Jahr später in einen Hochverratsprozeß verwickelt. Die dritte Ächtung Luthulis erfolgte 1959. Ein Jahr später wurde er wiederum verhaftet. Luthuli hatte mit vielen anderen gegen die Paßgesetze protestiert und öffentlich seinen Paß verbrannt. Nach seiner Freilassung aus seiner neuen Haft wurde wiederum seine Bewegungsfreiheit eingeschränkt, und es erfolgte eine abermalige Verbannung nach Groutville.

Inzwischen beschäftigte sich die Weltöffentlichkeit mit dem Wirken des christlichen Freiheitskämpfers, und es war wahrhaftig ein weiser Entschluß des Norwegischen Nobelkomitees, ihm den Friedensnobelpreis zu verleihen.

Albert John Luthuli hat selbst sein ebenso dramatisches wie überaus tapferes Wirken in einer Autobiographie dargestellt, die in deutscher Sprache unter dem Titel „Mein Land, mein Leben"[1] erschienen ist. Zum Wertvollsten, das von ihm vorliegt, gehört fraglos seine Nobelpreisrede, die er in Oslo in Anwesenheit von König Olav V. hielt. Sie ist im übrigen eine Dokumentation seines Mutes. Die Südafrikanische Regierung war begreiflicherweise empört, daß Luthuli diesen Preis erhielt, und zögerte nicht, das Friedenskomitee und alle anderen Organisationen und Persönlichkeiten, die dazu beigetragen



[1] Verlag Chr. Kaiser, München 1963

hatten, daß Luthuli den Preis bekam, in übelster Weise zu beschimpfen. Zunächst war sogar die Rede davon, Luthuli zur Verweigerung der Annahme des Preises zu zwingen – so etwa, wie die Sowjetunion Boris Pasternak zwang, den Nobelpreis für Literatur nicht anzunehmen. Aber die Einmütigkeit der Weltöffentlichkeit veranlaßte dann doch die Regierung der Südafrikanischen Republik, dem abgesetzten Zulu-Chief nicht allein die Annahme des Preises zu gestatten, sondern ihm sogar einen neuen Paß zu geben, mit dem er mit seiner Frau und seiner Tochter Albertina nach Oslo reisen konnte.

Albert John Luthuli erklärte in seiner Preisrede, was ihn veranlaßt hatte, ein leidenschaftlicher Kämpfer für die Befreiung der südafrikanischen Farbigen vom Joche der Apartheid zu werden: „Auch ich konnte, als Christ und als Patriot, nicht untätig zusehen, wie man systematisch versuchte, in fast allen Lebensbereichen das Göttliche im Menschen zu erniedrigen oder eine Grenze festzulegen, über die hinaus es dem Menschen in seiner schwarzen Gestalt nicht erlaubt sein sollte, sich zu bemühen, seinem Schöpfer nach besten Kräften zu dienen. Es war mir als einem Christen einfach nicht möglich, neutral zu bleiben in einer Situation, in der die Gesetze des Landes Gott praktisch einen Vorwurf daraus machen, farbige Menschen erschaffen zu haben."

Dies war eine notwendige Äußerung, die auch nicht überhört wurde. Man erinnerte sich daran, daß der Preisträger schon früher häufig gesagt und geschrieben hatte „Unsere Bewegung basiert auf christlicher Philosophie, aber die Kirche ist uns feindlich gesinnt." Es ist wichtig, daß gerade Christen immer wieder darauf hinweisen, in welchem Maße die Kirchen mit daran schuld sind, daß schließlich im 20. Jahrhundert das friedliche Zusammenleben der Rassen eines der brisantesten Themen geworden ist, die manches Volk in der Welt heute aufspalten und die zu immer neuen Konflikten führen – Konflikte, deren Ende nicht abzusehen ist, wie zum Beispiel die heutige Situation in Großbritannien beweist, mit der nun die Tochter und der Schwiegersohn sowie deren Kinder konfrontiert werden, nachdem sie als Flüchtlinge vor der Apartheid Südafrika verlassen haben.

Auch was Luthuli vor neun Jahren über die Situation in der Südafrikanischen Republik ausführte, hat heute leider noch Gültigkeit, ja es ist hinzuzufügen, daß gegenwärtig die Situation sogar noch krasser ist als in jenem Jahr, da der Zulu-Chief den Friedensnobelpreis erhielt. Hier seine bildhafte Charakteristik jener Rolle, die die schwarze Majorität unter dem

Druck der weißen Minorität zwangsweise zu spielen hat: „Dieses Land ist ein Museumsstück in unserer heutigen Zeit, ein Überbleibsel aus der finsteren Vergangenheit der Menschheit, Relikt einer Zeit, die auf der ganzen übrigen Welt vergangen ist oder im Sterben liegt. Hier aber, in Südafrika, verehrt man den Rassenkult und die Überlegenheit der Weißen wie eine Gottheit. Nur wenigen gelingt es, sich von diesem Wahn nicht anstecken zu lassen, und viele weiße Kinder werden dazu erzogen, fest daran zu glauben, daß jeder Weiße selbstverständlich überlegen, tüchtig, klug, fleißig und fähig sei und daß, genauso fraglos und selbstverständlich, jeder Schwarze minderwertig, faul, dumm, bösartig und unfähig sei. Ausgehend von dem Mythos, daß ‚der Geringste unter den Weißen immer höher stehe als der Höchste unter den Schwarzen', behauptet man, daß alles im ganzen Land, was irgendeinen Wert habe, von den Weißen geschaffen worden sei, Südafrikas Städte, seine Industrie, seine Bergwerke und seine Landwirtschaft, und daß daher auch allein die Weißen befähigt und berechtigt seien, dies alles zu besitzen, zu leiten und zu kontrollieren, während die Schwarzen nur vorübergehend in den Städten geduldet werden könnten, nur für untergeordnete körperliche Arbeit geeignet seien und unfähig, an der politischen Macht teilzuhaben. Der südafrikanische Premierminister Dr. Verwoerd, damals Minister für Bantu-Angelegenheiten, kam, als er eine Erklärung über die Politik seiner Regierung hinsichtlich der Regelung des Schulwesens für Afrikaner abgab, zu folgender Feststellung: ‚Oberhalb des Niveaus bestimmter Formen körperlicher Arbeit ist für ihn (den Afrikaner) in der europäischen Gemeinschaft kein Platz.'"[2]

Luthulis Tochter und Schwiegersohn, die jetzt versuchen werden, in London mit Menschen zusammenzukommen und zusammenzuarbeiten, die sie nicht diskriminieren, weder im Privatleben noch wenn sie ihrem Beruf als Ärzte nachgehen, werden festzustellen haben, daß es in diesem Commonwealth-Land vor allem immer wieder fortschrittliche Christen sind, die mit Unerschrockenheit den unablässigen Versuch machen, die Bürger Großbritanniens zum Umdenken zu bewegen, wenn es auch hier nach wie vor Christen gibt, die entweder der Frage ausweichen oder sogar im Einklang stehen mit den Buren Südafrikas. Luthuli erinnerte in seiner Osloer Rede daran, daß schon in seinen Kampfjahren in Süd-

[2] Vgl. R. Italiaander, „Die Friedensmacher", M. L. King, R. J. Bunche, A. J. Luthuli, Kassel 1965

afrika die Christen in Anhänger und Gegner der Apartheid aufgeteilt waren. Er sagte: „Während mehrere aufeinanderfolgende Regierungen der damaligen Zeit wenig oder gar nichts unternahmen, um das harte Los der Schwarzen zu lindern, die wehrlos den Sklaventreibern ausgeliefert waren, traten David Livingstone, John Philip und andere furchtlose Gottesstreiter ungeachtet außerordentlicher Widerstände für soziale Gerechtigkeit ein. Es ist übrigens nicht uninteressant, daß die Namen, die ich soeben erwähnte, bei einigen Südafrikanern noch heute gleichbedeutend sind mit der denkbar schlimmsten Ketzerei. Und so hat sich hier in Südafrika auch der Geist der Sklaverei bis zum heutigen Tage lebendig erhalten in der Form der Zwangsarbeit, in den Straflagern, den sogenannten *‚farm prisons'*. Doch auch die Tradition Livingstones und Philips lebt weiter, wachgehalten und fortgeführt durch einige wenige Männer des gleichen Geistes. Man muß gerechterweise anerkennen, daß es, selbst unter den gegenwärtigen Verhältnissen, die christlichen Missionen waren, die bei der Schaffung einer Sozialfürsorge für Afrikaner Pionierarbeit geleistet haben. Wenn wir auf diesem Gebiet Fortschritte erzielt haben, so kaum infolge, sondern vorwiegend trotz der Regierung. In diesem Punkte scheint sich die Kirche Südafrikas – in der Art, wie ihre Diener ihren Dienst unter uns ausüben – eines größeren und umfassenderen Auftrags bewußt zu werden, wenn auch ein wenig spät. Die Kirche beginnt Ernst zu machen mit den Worten ihres Begründers, welcher sagte: ‚Ich bin gekommen, daß die Menschen des Lebens sollten teilhaftig werden und hätten seiner die Fülle.'" Luthuli schloß diesen Teil seiner Rede mit den Worten: „So ist die Kirche in Südafrika aufgerufen, mitzuarbeiten an der Höherentwicklung des Menschen, und zwar hier und jetzt und nicht nur im Jenseits."

Seitdem Luthuli diese Worte in Oslo sprach, ist sich die christliche Kirche tatsächlich des höheren Auftrages bewußt geworden. In Südafrika sitzt nun auch mancher weiße Christ im Gefängnis, weil er sich nicht einverstanden erklärte mit dem, was die Regierung gegen die Farbigen unternimmt oder gegen ihr Interesse unterläßt. Über Südafrika hinaus sind aber auch in anderen Ländern die Christen tätig geworden, um im Namen Jesu antihumane Tendenzen zu bekämpfen. Aus Nordamerika sind die Baptisten Martin Luther King und sein Nachfolger Ralph Abernathy zu nennen; aus Lateinamerika die Katholiken Camillo Torres und Helder Camara. Zu denjenigen, die gewissermaßen das Erbe Luthulis in Südafrika angetreten haben, gehört der jetzige Präsident von Sambia, Kenneth David Kaunda. Hier muß aber auch jenes Mannes aus Moçambique gedacht werden, der – wie Martin Luther King und Camillo Torres – ermordet wurde, nämlich Eduardo Chivambo Mondlane. Aus Europa wäre ihnen kaum ein derartiger entschiedener Pazifist gegenüberzustellen, was gewiß ebenso unerfreulich wie vielleicht auch bezeichnend ist. Das Christentum befindet sich höchstwahrscheinlich auf unserem Kontinent, von dem aus es die Welt zu durchdringen suchte, in einer größeren Krise als auf anderen Erdteilen. Schon hat Lord Donald Soper, jener Londoner Pfarrer, der seit 1927, also seit 43 Jahren, jeden Mittwoch mittags vom Tower Hill aus unter freiem Himmel zu Hunderten von Zuhörern über Gegenwartsfragen spricht, gesagt und geschrieben: „Die Zeit ist wohl nicht fern, da Europa von Asien, Afrika oder Lateinamerika aus missioniert werden muß."

Wie aber ist dem rassischen Dilemma zu entfliehen? Wie kann endlich das verwirklicht werden, wofür Persönlichkeiten wie Albert John Luthuli, der am 21. Juli 1967 nach einem Verkehrsunfall starb, kämpften und lebten? Was er als Erzieher gelernt hatte und später selber lehrte, gilt noch heute: Die Erziehung zum Pazifismus – und die Anerkennung der Menschenrechte ohne Rücksicht auf Rasse, Religion, Nation gehört dazu – muß in der Schule beginnen. Wo auch immer Menschen verschiedener Hautfarbe zusammenleben, müssen sie es unter allen Umständen vermeiden, daß die einen oder anderen gewissermaßen in einem Getto existieren. Abgeschieden sein von anderen heißt: das Dasein von Diskriminierten leben. Für ältere Menschen, die mit Vorurteilen aufgewachsen sind, ist es nachweisbar schwierig, umzulernen; denn nichts ist problematischer, und das heißt auch mühsamer, als Vorurteile zu beseitigen. Deshalb gilt heute für alle Nationen der Erde nur eine Regel: Schulen zu schaffen, in denen die Kinder jeder Rasse und jeder Religion gemeinsam aufwachsen, damit sie das Gefühl bekommen: Der andere ist wie ich. Nur dann wird eine Menschheit heranwachsen, die sich nicht mehr für Fragen der Hautfarbe und Abstammung interessieren muß, Fragen, die das Zusammenleben in einem unwahrscheinlichen Maße belasten oder sogar unmöglich machen.

Es gibt im 20. Jahrhundert viele Möglichkeiten, Pazifist zu sein. Eine vordringliche Notwendigkeit ist, den Rassismus unnachgiebig zu bekämpfen, wo immer er zutage tritt.

# Martin Luther King

Thilo Koch

Es ist ein heißer Tag in Atlanta, ein Sonntag. Eine ältere Negerin bittet mich, auf der *„porch"* einen Augenblick zu warten. Die *„porch"*, das ist die für das amerikanische Einfamilienhaus obligatorische große Veranda vorm Haus, mit Fliegendraht ringsum bespannt, sonst aber offen, damit jeder kühlende Hauch Zugang findet. Ich setze mich auf einen der einfachen Schaukelstühle, an der Wand mir gegenüber hängt ein Bild des *Mahatma Gandhi*, ein billiger Druck unter Glas. Der Befreier Indiens trägt die runde Nickelbrille auf der Nase und scheint zu schlafen. Ich warte hier auf – ja, darf man sagen: auf den Befreier des schwarzen Amerikas? Ich warte auf *Martin Luther King*.

„Dr. King schläft noch", sagt *Coretta King*, seine Frau, als sie mich begrüßt. „Er ist erst spät in der Nacht aus Birmingham gekommen. Sie hörten die Nachricht? Man warf Bomben; es gab wieder Tote."

„Sorgen Sie sich nicht sehr um Ihren Mann?"

Sie lächelt: „Nein, sein Leben liegt in Gottes Hand. Ich bin ganz ruhig. Er muß es tun."

An Frau Kings Rock hängt ein kleiner milchkaffeebrauner Junge mit dunklen Kulleraugen. „*Martin Luther King III.*", stellt sie ihn vor und fügt hinzu: „Er wird hoffentlich die Freiheit sehen, die Freiheit für alle Amerikaner."

Es ist das Jahr 1963. Martin Luther King steht auf dem Höhepunkt seines Ruhmes. Seine ganze Familie wird unvermeidlich immer mehr in die Showseite seiner Arbeit hineingezogen; alle Kings, jung und alt, agieren fast ständig auf einer unsichtbaren Bühne. So bilden sich formelhafte Redewendungen, Klischees, von denen Frau *Coretta* nicht frei ist – auch der *Reverend* selber nicht, obwohl er gewiß einer der sprachmächtigsten Amerikaner seiner Epoche war. Allerdings war er eher ein Redner als ein Schreiber, ein Prediger eigentlich, mit Zügen, die an die Propheten des Alten Testaments erinnerten; ein Mann des großen Pathos sehr oft – allerdings keines leeren, sondern eines erfüllten Pathos –, dann wieder ein Denker und Taktiker von großer Nüchternheit, ja Kühle.

Er hatte charismatische Ausstrahlung – aber eigentlich nur, wenn er redete, predigte. Wie er an diesem Sonntagvormittag in *Atlanta*, im Alter von vierunddreißig Jahren, vor mir steht, wirkt er recht durchschnittlich – klein fast, ohne Lächeln, ohne Verbindlichkeit, in sich gekehrt, betont korrekt gekleidet, bürgerlich und dezent, ein Hauch elegant vielleicht sogar. Er sah gut aus, wie man so sagt, und es gibt vorzügliche Fotos von ihm, die seinen Dynamismus, sein Grüblertum, seinen Glauben, seinen oft bewiesenen Mut, ja seine Todesverachtung stärker zum Ausdruck bringen, als das der lebendige Mann selber konnte. Hatte man ihn vor sich – im persönlichen Gespräch, auf der Kanzel, an der Spitze eines Demonstrationszuges, vor der Kamera –, dann wirkte er eher unscheinbar, *just like the guy next door*. Bus-Schaffner hätte er sein können oder der Neger im *Drugstore* oder auch ein Straßenarbeiter mit dem Preßlufthammer, ein schwarzer Korporal der *US-Marines* in schußfester Weste, das Maschinengewehr auf der Schulter.

Ich will damit sagen, er war kein „geistiger Typ", kein intellektueller „Eierkopf", sah nicht aus wie die Heiligen auf den Bildern der Nazarener. Martin Luther King stand mit beiden Beinen auf der Erde, war ein Kämpfer, hatte eher etwas Bulliges – man hätte sich nicht gewundert, ihn in einem Boxring zu sehen. Sicherlich war er nicht frei von Eitelkeit, kannte auch wohl die Versuchung des Hochmuts und der Ungeduld. Wenn sein Denken und Handeln immer wieder um die Aufgabe der Nächstenliebe kreisten, dann mußte er auch wohl selber um die Geduld und die Selbstlosigkeit ringen, die wir brauchen, um im Nächsten, sogar im Feinde, unseren Mitmenschen zu sehen, den wir lieben sollen, unseren Bruder, wie King immer wieder ganz einfach sagt.

Das Gandhi-Bild hing nicht zufällig in der *„porch"* seines Hauses. Er sagte einmal: „Als ich tiefer in die Philosophie Gandhis eindrang, nahmen meine Zweifel an der Macht der Liebe allmählich ab, und ich erkannte zum erstenmal, was sie auf dem Gebiet der Sozialreform ausrichten konnte. Ehe ich Gandhi gelesen hatte, glaubte ich, daß die Sittenlehre Jesu nur für das persönliche Verhältnis zwischen einzelnen Menschen gelte." Und an anderer Stelle: „Christus steuerte Geist und Motivation bei, Gandhi die Methode."

Anders als der *Mahatma* kam King keineswegs aus der für eine passivistische Lebenshaltung prädestinierenden Sphäre des Hinduismus. Er war ein Amerikaner – gewiß ein Amerikaner des Südens, ein schwarzer Amerikaner, aber doch ein Amerikaner, ein Kind der amerikanischen Gesellschaft, ihren auf Leistung, Aktivität, die Pflicht zu guten Werken abgestellten Wertordnungen verbunden, ja weitgehend unterworfen. Sein Vater ist Baptistenpfarrer, wie er selbst es war. Martin Luther King war ein amerikanischer Christ, ein Theologe – ein schwarzer amerikanischer Christ und Theologe, und das bedeutet: er hatte ein näheres, vielleicht auch sinnlicheres, naiveres Verhältnis zu seinem Glauben, ein eher persönliches zu Jesus. Martin Luther King war trotz seines fast robusten Äußeren kein simpler Mann. Man darf sagen, er wurde geradezu heimgesucht von Ahnungen, Träumen, und er liebte es, davon zu sprechen. Oft gewinnen seine Texte ihr eigentümliches Leben unmittelbar daraus. *„I have a dream"*, beginnt eine seiner wirksamsten Botschaften, und es war ein *american dream*, ebenso wie es ein christlicher Traum war.

An jenem Sonntag in Atlanta, seiner Heimatstadt, wo er 1929 geboren wurde und wo ich ihn 1963 in seinem Haus besuchte, saß ich später im Gottesdienst der *Ebenezer Kirche* in der *Auburn Street*, und Martin Luther King predigte. Auch hier bezieht er sich auf einen Traum, den berühmten Traum der Pilgerväter, der Auswanderer aus Europa, die in der Neuen Welt eine bessere Welt, eine menschlichere Welt errichten wollten. Sie kamen freiwillig, zum Teil als Vertriebene und Flüchtlinge ihrer Heimatländer – aber doch als freie Menschen. Martin Luther Kings Vorfahren kamen in Ketten, als Sklaven. Er begann: „Der amerikanische Traum ist nicht vollendet, solange dem amerikanischen Neger Freiheit und Gleichheit vorenthalten werden." King spricht frei, ohne Konzept, ohne jede Notitz. Er verfügt über alle Register der Rhetorik, liebt den beschwörenden Refrain. Diesmal ist das der Satz: *„Get it over to your child"*, vermittle es deinem Kinde. Nächstenliebe ist gemeint. Und manchmal fügt er hinzu: *„Get it over early"*, tu es früh, rechtzeitig. Das setzt er schwingend, in einem Rhythmus sondergleichen immer wieder ein wie das Thema in einer *jazz jam session*. Die Zuhörer gehen mit, sie rufen *„yes Sir"* zu ihm hinauf oder *„yea man"* – es ist ein Oratorium der Kommunikation. Er sagt: „Ich kam gestern abend aus Birmingham, um meine Frau, meine vier Kinder übers Wochenende zu sehen und um einmal zu schlafen. Meine Nächte in Alabama waren oft nur zwei Stunden lang. Es ist nicht leicht, Tausende von Demonstranten zurückzuhalten, wenn unser Prinzip der Gewaltlosigkeit durch Gewaltsamkeiten auf eine so harte Probe gestellt wird. Ein Reporter der Zeitschrift *Newsweek* sagte mir, ‚ich habe Oxford Mississippi mitgemacht und Albany, Little Rock und viele der üblen Dinge; Birmingham war am schlimmsten'. Die Frau meines Assistenten wurde zusammengeschlagen, liegt im Krankenhaus. Sie hat vier Kinder. Es sind finstere Tage, wenn Männer Frauen niederschlagen. Ich muß zurück nach Birmingham. Letzte Nacht fielen dort Bomben. Das Haus meines Bruders und das Motel, wo wir unser Hauptquartier haben, wurden getroffen. Wir werden weiter demonstrieren und singen und beten. Wir werden alles tun, um die getroffene Übereinkunft mit der weißen Bürgerversammlung von Birmingham einzuhalten. Es kommt darauf an, die Extremisten auf beiden Seiten zurückzuhalten. Amerika muß verstehen lernen, daß es sich selbst schlägt, wenn es uns schlägt. Alle Menschen sind Brüder, alle Amerikaner sind eine Nation, schwarz oder weiß."

Martin Luther King hatte, wie gesagt, Träume. Er hatte es sich jedoch keineswegs träumen lassen, einmal Führer der Bürgerrechtsbewegung des *american negro* zu werden, ein Mann der Öffentlichkeit, ein Friedensnobelpreisträger, ein Märtyrer. Er war ein guter Student gewesen, hatte die deutschen oder deutsch-amerikanischen Philosophen und Theologen gelesen: Hegel, Tillich, Heidegger, Niebuhr. Das Leben und die Arbeit des Baptisten *Walter Rauschenbusch* (1861–1918) machten besonderen Eindruck auf ihn – das christlich-soziale Programm Rauschenbuschs, seine praktische Sozialarbeit, seine Zeitschrift für Arbeiter, sein Glaube an eine Wiedergeburt in Christus.

Hegels Dialektik faszinierte ihn so sehr, daß er gern im Geiste von Hegels „Rhythmus der Begriffe" dachte, sprach und schrieb. Er stellte die Dialektik – ähnlich wie Marx, aber mit anderer Zielsetzung – „vom Kopf auf die Füße". Er handelte, ja taktierte nach dem dialektischen Dreischritt in den zwischenmenschlichen Beziehungen, den negativen sowohl (Haß) wie den positiven (Liebe). Der Eskalation der Gewalt setzte er die Eskalation des passiven Widerstandes in Form eines organisierten Ungehorsams dialektisch entgegen. So wollte er einen Prozeß in Bewegung bringen, bei dem eine „Macht von unten" die friedliche Synthese einer neuen Gesellschaft gewaltlos erkämpfen sollte. In Kings Denken nahm die Mittel-Zweck-Relation einen wichtigen Platz ein. Es war bezeichnend, daß für ihn auch der beste Zweck niemals schlechte Mittel heiligen konnte, die angeblich notwendig waren, diesen Zweck zu erreichen. Seine These lautete: In der Art des Mittels liegt schon der Zweck, das heißt, das Mittel des gewaltlosen Ringens um Recht, Freiheit, Frieden ist in sich schon ein Element der Ziele: Recht, Freiheit, Frieden.

Martin Luther King war weder ein origineller noch ein originärer Denker. Seine Leistung bestand im Finden und Erfühlen von Gedanken, die der Aufgabe dienlich sein konnten, der er sich mehr und mehr verschrieb. Es gibt keine geschlossene Theorie der Gewaltlosigkeit von Martin Luther King – etwa als Gegenstück zur Theorie der Herrschaft des Fürsten von Machiavelli oder zur Revolutionstheorie Lenins. Mit solchen Rangvorstellungen würde man ihn überfordern und verkennen. War der Referend aus Atlanta also eher ein Mann der Tat, ein Praktiker und Taktiker?

Es sah bei den Aktionen in Albany und in Selma noch keineswegs so aus. Die Polizei wurde spielend mit den Demonstrationen fertig, die schlecht vorbereitet und kaum koordiniert waren. King und seine wenigen Helfer verfügten zunächst noch nicht über das, was im kommunistischen Apparat Kader genannt wird. Außerdem stand den wenigen aktiven Negern eine nicht faßbare passive Masse gegenüber, die sich seit Jahrhunderten in ihr Schicksal ergeben hatte. Kings Selbstkritik nannte ferner vor allem das zu unkonzentrierte Vorgehen als Ursache für die ersten Fehlschläge. Später entwarfen er und seine Mitstreiter sogenannte Projekte – wie zum Beispiel 1963 das erfolgreiche „Projekt C" für Birmingham im Staat Alabama –, bei denen alle Kräfte an einem Punkte massiert angesetzt wurden.

Bedenkt man, daß King erst 1955 begann, an einen planvollen passiven Widerstand in einigen Orten einiger Südstaaten zu denken, dann hat er in erstaunlich kurzer Zeit erstaunlich viel in Bewegung gesetzt. Er war der Mann der Stunde. Hierin liegt wohl eine der Hauptursachen seiner rasch wachsenden Bedeutung und Popularität. Entscheidend kam ihm der *good will* der Ära Kennedy entgegen. Nicht zufällig hielt King einen der ehrlichsten und eindrucksvollsten Nachrufe auf den ermordeten Präsidenten. Martin Luther King erkannte in einer Schlüsselsituation – es war der Busboykott 1955 in Montgomery –, daß hier eine Berufung für ihn, auf ihn wartete. Er nahm sie an, diese Berufung, zögernd zwar, aber in fester Überzeugung. Dann ritt er die Welle, die ohnehin anrollte, und gab ihr – zusammen mit anderen Führern der Bürgerrechtsbewegung – Form und Richtung. Beharrlichkeit, Verhandlungsgeschick, Mut, Unbeirrbarkeit und immer wieder seine Rednergabe führten ihn an die Spitze einer Entwicklung, die über die Grenzen der USA hinaus historisch genannt werden muß. Diese Entwicklung brach mit seinem Tode nicht ab; sie geht weiter. Spektakuläre Gewalttätigkeiten kommen leichter auf die Titelblätter der Zeitungen als der leise und oftmals scheinbar langweilige Fortschritt in der Gesetzes- und Verwaltungsarbeit, der Ausbildung und Umschulung von Arbeitskräften, der besseren Bildung von immer mehr farbigen Amerikanern. Das ist nur ein Teil der Wirklichkeit, ja – aber doch ein nicht zu übersehender Teil.

Die gängige Frage, ob Martin Luther King scheiterte – und zwar noch zu Lebzeiten scheiterte –, ist zu vordergründig gestellt. Welchen Maßstab soll man da zur Hand nehmen, um sie zu beantworten? Nach den Handbüchern des Guerillakampfes war er ein Träumer und Schwätzer. Politisch betrachtet, brachte er eine Bewegung in Fluß und in Form, die dem amerikanischen Neger größere Rechte und insgesamt auch mehr Sympathie und Verständnis eintrug – zu Hause und in der Welt. Er artikulierte das Schicksal und die Hoffnungen seines Volkes, und ihm bot sich dafür ein Forum wie zuvor noch keinem amerikanischen Neger. Am 11. Dezember 1964 hielt er in Oslo bei der Entgegennahme des Friedensnobelpreises eine seiner großen Reden. Darin sagte er:

„Es ist das Interesse der Bürgerrechtsbewegung der Vereinigten Staaten, deutlich zu machen, daß die Forderung nach Würde, Gleichheit, Arbeitsstellen und Bürgerrecht nie aufgehoben oder verwässert oder verschoben werden wird. Wenn dies Widerstand und Konflikt bedeutet, werden wir nicht zurückschrecken. Man kann uns nicht einschüchtern. Wir fürchten uns nicht mehr.

Das Wort, das den Geist und die äußere Gestalt unseres Unternehmens zusammenfaßt, heißt Gewaltlosigkeit, und es ist zweifellos diese Gewaltlosigkeit, die es angemessen erscheinen ließ, jemandem, der mit Kampf identifiziert wird, einen Friedenspreis zu verleihen. Grob gesprochen bedeutet Gewaltlosigkeit im Kampf um das Bürgerrecht, daß man nicht von Waffen Gebrauch macht. Es bedeutet, daß man mit Sitten und Gesetzen, die institutionelle Aspekte der Diskriminierung und der Versklavung sind, nicht zusammenarbeitet. Es bedeutet weiterhin vermehrt direkte Teilnahme der Massen im Protest, während indirekte Methoden meistens keine Massen brauchen.

Gewaltlosigkeit bedeutet auch, daß mein Volk im qualvollen Kampf der vergangenen Jahre Leiden auf sich nahm, statt sie anderen zuzufügen. Sie sucht keinen Sieg über irgend jemanden. Sie hat es sich zum Ziel gesetzt, die amerikanische Gesellschaft zu befreien und an der Selbstbefreiung aller Völker teilzunehmen.

Gewalt als ein Mittel, Rassengleichheit herbeizuführen, ist unpraktisch und unmoralisch. Das soll nicht heißen, ich hätte vergessen, daß die Gewalt oft vorübergehenden Erfolg hat. Viele Nationen haben ihre Unabhängigkeit mit einer Schlacht gewonnen. Aber trotz vorübergehender Siege bringt die Gewalt nie bleibenden Frieden. Sie löst keine sozialen Probleme; sie schafft nur neue und kompliziertere. Die Gewalt ist unpraktisch, weil sie, einer abwärtsführenden Spirale gleich, in allgemeiner Zerstörung endet. Sie ist unmoralisch, weil sie lieber die Demütigung des Opponenten sucht als sein Verständnis: Sie zerstört, statt zu bekehren. Die Gewalt ist unmoralisch, weil sie durch Haß statt durch Liebe gedeiht. Sie zerstört die Gemeinschaft und macht die Brüderlichkeit unmöglich. Sie läßt die Gesellschaft in einem Monolog, statt sie zu einem Dialog zu führen.

Tatsächlich versucht die Gewaltlosigkeit, die geistige und moralische Invalidität, von der ich früher sprach, zu heilen. Sie versucht, moralische Ziele durch moralische Mittel sicherzustellen.

Ich glaube an diese Art des Vorgehens, weil es die einzige Möglichkeit ist, eine zerbrochene Gemeinschaft wiederherzustellen. Es ist eine Methode, die das gerechte Gesetz zu gewinnen sucht, indem es an die große anständige Mehrheit appelliert, deren Gewissen durch Blindheit, Furcht, Stolz und Unvernunft eingeschläfert worden ist.

Die gewaltlosen Widerstandskämpfer können ihre Botschaft in den folgenden einfachen Worten zusammenfassen: 

Wir treffen direkte Maßnahmen gegen die Ungerechtigkeit trotz des Versagens der Regierung und anderer offizieller Institutionen, die zuerst handeln sollten. Wir gehorchen keinen ungerechten Gesetzen und beugen uns keinem ungerechten Vorgehen. Wir tun dies friedlich, offen und heiter, denn wir wollen überzeugen. Wir wählen die Gewaltlosigkeit, weil wir die Gesellschaft in Frieden wollen. Wir versuchen, mit Worten zu überzeugen; aber wenn unsere Worte versagen sollten, werden wir durch Taten zu überzeugen suchen. Wir sind stets zum Gespräch und zu einem fairen Kompromiß bereit, aber wenn nötig, sind wir auch bereit, zu leiden oder sogar unser Leben aufs Spiel zu setzen, damit unser Tod der Zeuge unserer Wahrheit werde.

In den vergangenen zehn Jahren haben unbewaffnete Männer und Frauen der Vereinigten Staaten für die moralische Wirksamkeit der Gewaltlosigkeit Zeugnis abgelegt. Sie brachten unsere ganze Nation zurück zu den großen Brunnen der Demokratie, die von unseren Gründervätern tief in die Konstitution und in die Unabhängigkeitserklärung hineingegraben wurden. Eines Tages wird ganz Amerika auf ihr Verdienst stolz sein."

Es ist bezeichnend, daß Martin Luther King stets seinen Glauben an die amerikanische Nation bewahrt, daß er, wenn man so will, konservativ an das amerikanische Gewissen appelliert, indem er auf die heiligen Güter und Versprechen dieser Nation hinweist. Aber hat Amerika ihm das gedankt? Wird dieser Amerikaner von den Amerikanern ähnlich verehrt wie der Inder Gandhi von den Indern? Nun, der Vergleich zwischen dem Dr. King und dem Mahatma Gandhi führt ohnehin nicht allzu weit. Ein solcher Vergleich darf von vornherein nicht außer acht lassen, daß es eine Sache ist, einen Gegner gewaltlos zu bekämpfen, der ohnehin auf dem Rückzug ist, und eine andere Sache, die Taktik des gewaltlosen Widerstandes gegenüber einem unerschütterten Gegner anzuwenden. Die britische Kolonialmacht war schon fast auf dem Rückzug, als Gandhi und *Nehru* in die Gefängnisse gingen (Nehru übrigens, als er später selbst die Macht in den Händen hielt, verfuhr durchaus nicht immer gewaltlos). Martin Luther King kämpfte an der Spitze einer kleinen Minderheit amerikanischer Neger, die ein Zehntel der Bevölkerung ihres Landes ausmachen, gegen eine übermächtige *american society*, die von Weißen und Reichen bestimmt wird, ein nicht nur kräftiges, sondern übersteigertes Selbstbewußtsein demonstriert und nirgendwo erkennen läßt, daß sie etwa den farbigen Teil der Nation in eine Freiheit außerhalb dieser Nation entlassen wollte oder könnte.

Zum besseren Verständnis des Beitrages von Martin Luther King zur Revolution ohne Gewalt ist es erforderlich, noch etwas genauer die soziale, politische und psychologische Situation zu sehen, in der er arbeitete. King kam aus einer Gemeinde mit starkem schwarzen Bevölkerungsanteil. Atlanta ist eine große, aufstrebende Stadt im Staate Georgia mit relativ vielen Arbeitsplätzen, relativ vielen auch für schwarze Amerikaner. Ich habe im Vorort *Collier Hights* sogenannte *black millionaires*, schwarze Millionäre, getroffen, die in dem Versuch einer totalen Anpassung an die kapitalistischen Spielregeln ähnlich erfolgreich waren wie ihre weißen Mitbürger der oberen Mittelklasse. Auch sie freilich lebten für sich, unter sich, schickten ihre Kinder in eine vorzügliche Schule, in der nur schwarze Schüler von schwarzen Lehrern unterrichtet wurden. Die Schule erhielt die gleichen Bundes- und sonstigen Zuschüsse wie eine vergleichbare weiße Schule. Hier wurde praktiziert, wogegen King kämpfte: die scheinbar humane, liberale Devise *equal but seperate*, gleich aber getrennt. King forderte Integration, völlige Integration des amerikanischen Negers in die Gesellschaft des weißen Amerika. Dadurch geriet er immer verhängnisvoller zwischen die Mühlsteine der weißen Rassisten und der schwarzen Rassisten, die eine eigene Nation von Afrikanern auf amerikanischem Boden wollen oder zumindest schwarze amerikanische Gemeinden mit Selbstverwaltung, also eine Art Apartheid.

King forderte den amerikanischen Neger auf, fleißig zu lernen, um einen höheren sozialen Standard zu erreichen, mehr Selbstbewußtsein zu entwickeln, um sich dem Weißen nicht länger sklavisch unterlegen zu fühlen – immer aber mit dem Ziel der Integration, der Verschmelzung von Schwarz und Weiß. Die *Black-Power-Leute*, die King immer mehr beiseite schoben, empfinden diese Politik als Anbiederung, züchten eine Verachtung der Weißen heran, eine Art Echo oder Reflex auf die jahrhundertelange Verachtung der schwarzen Rasse durch die weiße. „Integration", sagte mir ein junger Mitstreiter Kings einmal, „wieso Integration? Sollen wir ein Schiff besteigen, das zum Untergang verurteilt ist?" In dieser Bemerkung drückt sich eine neue Arroganz des „armen Farbigen" gegenüber dem „reichen Weißen" aus, dessen Zeit globaler Vorherrschaft abgelaufen sei. Diese Arroganz ist weltweit überall außerhalb Europas zu beobachten. Hier reicht die „schwarze Gewalt" der „gelben Gefahr" brüderlich die Hände.

Eine Beurteilung der *non-violent-resistance* des Martin Luther King wird sich nicht frei machen können von dem

Hintergrund des historisch-psychologischen Verhältnisses zwischen Weiß und Farbig überhaupt. Versucht ein Weißer diese Beurteilung – wie es hier in meinem Falle geschieht –, dann ist nach der Voreinstellung dieses weißen Beurteilers zu fragen. Wie kompensiert er seine Schuldgefühle gegenüber Negern, Asiaten, amerikanischen Ureinwohnern? Frei von diesem Schuldkomplex ist kein Weißer; es fragt sich nur, wie er ihn verarbeitet. Ich sehe drei Hauptmöglichkeiten: erstens, die Indifferenz oder Verdrängung; zweitens, die Aggression oder den Wunsch nach Trennung, wo Vernichtung und Unterdrückung nicht möglich sind (Apartheid); drittens, das Streben nach Wiedergutmachung oder zumindest Mitleid.

Wenn in meinem Fall der Analysierer sich analysiert, käme es wohl darauf hinaus, daß ich zunächst ganz in die Gruppe drei gehörte, allmählich aber realistischer, das heißt kühler und unbefangener urteile, weil ich durch persönliche Anschauung lernte, daß zum Beispiel Neger keineswegs schon deshalb bessere Menschen sind, weil sie eine dunklere Hautfarbe haben und so viel leiden mußten. Ich sah auf *Haiti*, einem der ältesten Negerstaaten, das Terrorregime eines sadistischen Diktators namens *Duvalier* am Werk; da unterdrücken, foltern, schlagen, verfolgen Schwarze Schwarze – und das schon hundertfünfzig Jahre lang, und die Masse der vier Millionen Haitianer lebt in steinzeitlicher Zurückgebliebenheit. Ich bekam in *Nigeria* einen Eindruck davon, zu welch gefühlloser Grausamkeit Afrikaner untereinander fähig sind – der Biafrakrieg war und ist ein Völkermord am Stamme der *Ibos*.

Was hat das mit King zu tun? Nun, der Kern seiner Philosophie der Gewaltlosigkeit war die Einsicht, daß mehr Freiheit und Gerechtigkeit für alle Menschen letzten Endes nur zu erreichen ist, wenn der Teufelskreis aus Schuldgefühlen auf der einen Seite und Angstgefühlen auf der anderen durchbrochen wird. Die Liebe hatte für King die Funktion, als Nächstenliebe, ja als Feindesliebe die Doppel-Eskalation von Schuld- und Angstkomplexen aufzuhalten, abzubauen und einen modus vivendi menschlicher Solidarität vorzubereiten.

*Black Power* – und noch extremer die *Black-Panther-Bewegung* – ist der Rückfall in den politischen Darwinismus. Die „Panther" handeln nach dem Dschungelgesetz vom Kampf ums Dasein. King, das war für sie humanitäre Gefühlsduselei. Gewalt beantworten sie mit Gewalt, ja sie entfesseln von sich aus Gewalt, weil der Kern ihrer Strategie Terror ist, das Erzeugen von Schrecken. Sie sind das passende Gegenstück zur *Birch Society* und *George Wallace*. Aggression prallt auf Aggression. Die weiße Aggression ist Ausdruck weißer *Schuld*gefühle, die schwarze Aggression ist Ausdruck schwarzer *Angst*gefühle. Wo immer sich heute weiße Polizei und schwarze Panther Feuergefechte liefern, da wird Martin Luther King noch einmal getötet.

Wie es zum Schlagwort *Black Power* und zur *Black-Power-Bewegung* kam, schilderte Martin Luther King einmal selbst. Der Bericht ist aus dem Jahr 1966 und betrifft den *Meredith*-Freiheitsmarsch durch Mississippi. *James Meredith* war ein Student, um den es einmal zu schweren Kämpfen an der Staatsuniversität von Mississippi *„Ole Miss"* bei Oxford gekommen war. Ich war Zeuge der letzten Phase dieser Auseinandersetzungen, bei denen Präsident John F. Kennedy und sein Justizminister Robert F. Kennedy 25 000 Soldaten einsetzten, um das Recht eines einzigen Negers zu garantieren, an der Universität seines Heimatstaates zu studieren. Ich lernte Meredith als kleinen, stillen jungen Mann kennen, der als erster Schwarzer Einlaß in die „Ole Miss" begehrte. Er konnte später sein Studium erfolgreich beenden, einer der vielen stillen Siege des „organisierten Ungehorsams" mit dem Ziele gewaltlose Integration. James Meredith machte 1966 einen einsamen Protestmarsch durch Mississippi. Dabei wurde er angeschossen. Martin Luther King beschloß daraufhin, einen großen allgemeinen Marsch der Neger durch den schwarzen und rückständigen Bundesstaat zu organisieren. King berichtet:

„Als wir in der drückenden Hitze die kurvenreiche Straße hinuntergingen, wurde viel geredet, und es wurden viele Fragen aufgeworfen. ‚Ich bin nicht mehr für diesen Gewaltlosigkeitskram', schrie ein jüngerer Aktivist. ‚Wenn einer von diesen verdammten weißen Mississippi-Proleten mich anfaßt, schlage ich ihn tot', schrie ein anderer.

Später entspann sich ein Gespräch über die Beteiligung am Marsch. ‚Es muß ein rein schwarzer Marsch sein', sagte ein Marschierer, ‚wir haben es nicht mehr nötig, daß falsche weiße Freunde und Liberale in unsere Bewegung eindringen. Dies ist unser Marsch.'

Am Nachmittag machten wir eine Pause, um ‚*We shall overcome*' zu singen. Der Gesang ertönte mit all der ursprünglichen Inbrunst und der ruhigen Kraft, die für dieses schöne Lied immer bezeichnend waren. Aber als wir zu der Strophe kamen, die von ‚Schwarz und Weiß gemeinsam' spricht, verstummten die Stimmen einiger Marschierer. Ich fragte sie später, warum sie diesen Vers nicht singen wollten. Die Antwort lautete: ‚Dies ist ein neuer Tag, wir singen diese Worte nicht mehr. Das ganze

Lied müßte eigentlich nicht mehr gesungen werden. Nicht *We shall overcome* (Wir werden überwinden), sondern *We shall overrun* (Wir werden überrennen).'

Als ich all diese Bemerkungen hörte, klangen die Worte in meinen Ohren wie merkwürdige Musik aus einem fremden Land. Mein Gehör war nicht auf den Ton dieser Bitterkeit gestimmt. Ich glaube, ich hätte nicht überrascht sein dürfen. Ich hätte wissen müssen, daß in einer Atmosphäre, in der falsche Versprechungen die Realität jedes Tages sind, in der unerfüllte Träume die Wirklichkeit jeder Nacht sind, in der Akte ungestrafter Gewalt gegen Neger ein ‚*way of life*' sind, die Gewaltlosigkeit schließlich ernstlich in Frage gestellt werden mußte. Ich hätte daran denken müssen, daß Enttäuschung Verzweiflung und Verzweiflung Bitterkeit erzeugt und daß das eine an der Bitterkeit sicher ist – ihre Blindheit. Bitterkeit ist nicht fähig, einen Unterschied zwischen einigen und allen zu machen. Wenn einige Angehörige der überlegenen Gruppe, besonders diejenigen, die an der Macht sind, in ihrem Verhalten und ihrer Handlungsweise Rassisten sind, dann klagt die Bitterkeit die ganze Gruppe an.

An jenem ersten Tage kehrten wir nach dem Ende des Marsches alle nach Memphis zurück und verbrachten die Nacht in einem Negermotel, da wir uns noch nicht die Zelte besorgt hatten, die uns in allen folgenden Nächten auf unserem Wege als Obdach dienen sollten. Im Motel wurde die Aussprache fortgesetzt. Ich beschloß, meine Brüder geduldig zu bitten, den bewährten Grundsätzen unserer Bewegung treu zu bleiben. Ich begann mit einem Plädoyer für die Gewaltlosigkeit. Dies brachte sofort einige unserer Freunde von den *Deacons for Defense* (Apostel der Selbstverteidigung) auf den Plan, die behaupteten, daß Notwehr unumgänglich sei und daß deshalb Gewaltlosigkeit nicht zur Bedingung für die Beteiligung gemacht werden dürfte. Ihrer Ansicht schlossen sich einige Aktivisten von CORE und SNCC an.

Ich versuchte ihnen klarzumachen, daß ich, ganz abgesehen von meiner grundsätzlichen Ablehnung der Gewalt, mir keinen ungangbareren und unheilvolleren Weg denken könne, als daß einige von uns in falscher Einschätzung der Lage in Mississippi eine gewaltsame Auseinandersetzung vom Zaun brächen. Wir hätten weder die Hilfsmittel noch die Technik, um zu siegen. Überdies, so versicherte ich, würden viele Weiße in Mississippi von der Regierung an abwärts sich über nichts so freuen wie über Gewalttaten von uns, um sie als Vorwand für die Vernichtung von Massen von Negern innerhalb und außerhalb des Marsches zu benutzen. Schließlich behauptete ich, daß der Streit über die Frage der Notwehr überflüssig sei, da nur wenige Menschen meinten, daß Neger als einzelne sich gegen einen Angriff nicht verteidigen dürften. Die Frage sei nicht, ob man seinen Revolver gebrauchen solle, wenn das eigene Heim angegriffen würde, sondern ob es taktisch klug sei, als Teilnehmer einer organisierten Demonstration einen Revolver zu gebrauchen. Wenn sie die Fahne der Gewaltlosigkeit sinken ließen, sagte ich, werde die Ungerechtigkeit von Mississippi nicht bloßgestellt, und die moralische Frage trete nicht klar hervor.

In den folgenden Tagen wurden die Debatten und Aussprachen fortgesetzt; aber sie wurden gewöhnlich in den Hintergrund gedrängt durch die Begeisterung, die von den großen Massen ausging, die uns in jeder Stadt begrüßten. Wir waren ungefähr zehn Tage marschiert, als wir auf dem Wege nach Greenwood durch Grenada kamen. Stokely verbarg seine zunehmende Ungeduld, nach Greenwood zu kommen, nicht. Das war ein Gebiet des SNCC in dem Sinne, daß diese Organisation dort in dem unruhigen Sommer 1964 mutig gearbeitet hatte.

Als wir uns der Stadt näherten, kamen große Mengen alter und neuer Freunde auf die Straße, um uns zu begrüßen. Bei einer riesigen Massenversammlung, die abends in einem Park stattfand, bestieg Stokely die Rednertribüne. Nachdem er die Zuhörer mit einem mächtigen Angriff auf die Rechtsprechung in Mississippi aufgepeitscht hatte, verkündete er: ‚Was wir brauchen, ist *Black Power!*' Willie Ricks, der feurige Redner der SNCC, sprang auf das Podium und schrie: ‚Was wollt ihr?' Die Menge brüllte: *‚Black Power!'* Immer wieder schrie Ricks: ‚Was wollt ihr?', und die Antwort *‚Black Power'* wurde lauter und lauter, bis sie einen ekstatischen Ton erreicht hatte.

So wurde Greenwood der Schauplatz für die Geburt des Slogans *‚Black Power'* in der Bürgerrechtsbewegung. Das Wort war schon lange vorher von Richard Wright und anderen gebraucht worden; aber bis zu diesem Tage war es noch niemals als Slogan der Bürgerrechtsbewegung benutzt worden. Für Menschen, die so lange von der weißen Macht niedergetreten und gelehrt worden waren, daß Schwarz erniedrigend sei, hatte es eine prompte Anziehungskraft."

Soweit dieses Zitat aus einem Bericht von Martin Luther King über den Meredith-Freiheitsmarsch in Mississippi 1966.

*Stokeley Carmikel* und *Rap Brown* bewegten sich von nun an nicht nur weg von Martin Luther King und vorwärts zur 

Bejahung der Gewalt als notwendigem Mittel der Befreiung des amerikanischen Negers; sie bewegten sich auch nach links, übernahmen marxistisch-leninistische Theorien der Revolution. Was zunächst neben, dann gegen, später nach King und über ihn hinaus sich entwickelte, war die Umwandlung eines Rassenkampfes in einen Klassenkampf, oder wohl richtiger: die Eingliederung des amerikanischen Rassenkampfes in den weltweiten Klassenkampf von Arm gegen Reich, Farbig gegen Weiß.

Martin Luther King war sich der Tatsache bewußt, daß es sich bei seinem Kampf nicht nur um einen Rassenkonflikt handelte. Ökonomische und soziale Ursachen wogen und wiegen mindestens ebensoschwer. Hierzu nur vier Fakten: im Durchschnitt verdient der schwarze Amerikaner halb so viel wie der weiße Amerikaner und verliert doppelt so schnell seinen Arbeitsplatz; er hat eine geringere Lebenserwartung, und er ist viel anfälliger für Rauschgift. Die Gründe: schlechtere Ernährung und Behausung, schlechtere Schul- und Berufsausbildung, uralte Minderwertigkeitskomplexe, Gefühle der Angst und Hoffnungslosigkeit. Sind schlechtere Anlagen im Spiel? Neuere Untersuchungen über den *‚I. Q.'*, den Intelligenzquotienten, ergaben nur geringfügige Unterschiede bei Personen verschiedener Rasse und gleicher Bildung. King sah diese Fakten und ihre Bedeutung. In seinem Buch *„Why We Can't Wait"* heißt es:

„Der Neger kämpft heute nicht für abstrakte, unbestimmte Rechte, sondern für die korrekte und unmittelbare Verbesserung seines *way of life*. Was nützt es ihm, daß er in der Lage ist, seine Kinder auf eine integrierte Schule zu schicken, wenn das Familieneinkommen nicht ausreicht, ihnen Schulkleider zu kaufen? Was gewinnt er durch die Erlaubnis, in eine integrierte Umgebung zu ziehen, wenn er sich dies nicht leisten kann, weil er arbeitslos ist oder eine niedrig bezahlte Arbeit ohne Zukunft hat? Welchen Nutzen hat für einen Neger die Feststellung, daß er in integrierten Restaurants bedient oder in integrierten Hotels aufgenommen werden kann, wenn er an die Art finanzieller Knechtschaft gebunden ist, die ihm nicht erlaubt, Urlaub zu nehmen oder auch nur seine Frau zum Essen auszuführen? Neger müssen nicht nur das Recht haben, jede Einrichtung zu betreten, die für die Öffentlichkeit da ist, sondern sie müssen auch derart in unser Wirtschaftssystem integriert werden, daß sie sich die Ausübung dieses Rechts leisten können. Der Kampf um Rechte ist im Grunde ein Kampf um Möglichkeiten. Indem er nach etwas Besonderem fragt, sucht der Neger nicht Wohltätigkeit. Er will nicht auf den Wohlfahrtslisten versauern. Er will nicht eine Arbeit bekommen, die er nicht bewältigen kann. Er möchte aber auch nicht gesagt bekommen, daß es keinen Platz gibt, wo er dazu ausgebildet werden kann, sie zu bewältigen. Es muß also mit gleicher Chance die praktische realistische Hilfe einsetzen, die ihn instand setzt, diese Chance zu nutzen . . . Einem Menschen ein paar Schuhe zu geben, der noch nicht zu gehen gelernt hat, ist ein grausamer Scherz."

Martin Luther King hat entscheidenden Anteil am Zustandekommen der beiden Bundesgesetze, die dem amerikanischen Neger völlige Gleichberechtigung garantieren. Der *Civil Rights Act*, das Bürgerrechtsgesetz, wurde auf Veranlassung Präsident Kennedys entworfen und dem Kongreß zugeleitet; Präsident Johnson setzte 1964 seine Verabschiedung durch, u. a. mit dem Hinweis auf den Tod seines Vorgängers. Das Wahlgesetz von 1965 erklärt die Benachteiligung von Negern bei demokratischen Wahlen für ungesetzlich. Gewiß, Gesetze stehen zunächst nur auf dem Papier. Ihre positive Anwendung zugunsten der Diskriminierten entscheidet. Fortschritte gibt es. Die Bundesjustiz in Washington, an der Spitze der *Supreme Court*, greift immer wieder zugunsten der Neger ein, wenn sie ihr Recht in der Gemeinde oder im Bundesland nicht durchsetzen können. Nachteilig wirkt sich die allgemeine Krise aus, in der die Vereinigten Staaten stecken. Sie kann bezeichnet werden mit Worten wie Vietnam, Gewaltverbrechen, Arbeitslosigkeit, Inflation, Studentenrevolte, Luft- und Wasserverschmutzung, Verkehrschaos, Bevölkerungsballung, ungerechte Besitzverhältnisse, Zweifel an der nationalen Integrität.

Von dieser Krise ist der Rassenkonflikt nurmehr ein Teil. Diese Krise überspielt den Rassenkonflikt, zieht ihn in ihren Sog und verschärft ihn damit. Brutalität gegenüber dem Neger ist nichts so Schockierendes mehr, wenn Brutalität im Vietnamkrieg zum schmutzigen Alltagshandwerk des Guerillakrieges gehört und wenn die USA mit der Zahl von zivilen Gewaltverbrechen mit tödlichem Ausgang weit an der Spitze aller zivilisierten Nationen der Welt liegen. Die Verrottung der Stadtkerne trifft die farbige Bevölkerung Amerikas am härtesten, da vor allem sie in den Slums haust. Bilden sich zwei oder mehrere Gesellschaften innerhalb der amerikanischen Nation heraus, die miteinander Bürgerkrieg führen? Treibt alles einer „Vietnamisierung" der Vereinigten Staaten im Inneren entgegen?

Es gibt Anzeichen dafür. Aber es gibt auch andere Anzeichen. Noch immer haben radikale Präsidentschaftskandidaten keine Chance. Die Constitution wird geachtet. Das Militär untersteht ziviler politischer Kontrolle. Wirtschaft und Technik stürmen vorwärts. Für Erziehung und gegen Umweltschäden werden Milliardenbeträge bereitgestellt. Vor allem aber: die offene Diskussion, die gründliche Selbstkritik werden nicht mehr verstummen. Eine junge Generation stellt ihre Fragen und sucht nach neuen Antworten. Dieses verunsicherte Amerika ist erneuerungsbereit und verfügt über große materielle und psychische Reserven.

Zu dem Prozeß der peinlichen Selbsterforschung, der ehrlicheren Suche nach den wahren Ursachen der amerikanischen Krise hat Martin Luther King ganz wesentlich beigetragen. Man kann sagen, er war ein Revisionist, der mit den liberalen Kräften des Systems, das er vorfand, paktierte und kooperierte. Er fürchtete und verabscheute die militante Revolution. Er hielt Gewalt für hoffnungslos gestrig, da sie am Wesen menschlicher Konflikte vorbeigeht. Er wollte die zwanzig Millionen farbiger Amerikaner in die Gesellschaft der insgesamt zweihundert Millionen Amerikaner einverleiben, in eine spätkapitalistische Gesellschaft, deren Christentum weitgehend nur noch Lippenbekenntnis ist und Alibifunktion hat. Martin Luther King sah das sehr klar; aber er traute es seinem Glauben zu, daß dieser Glaube Amerika verändern werde – Amerika und eines Tages die Welt.

Ein spontanes Manifest dieses Glaubens sind Worte, die Martin Luther King sprach, knapp vierundzwanzig Stunden bevor er ermordet wurde. „Als ich nach Memphis kam, wurde mir von den Drohungen erzählt und davon, was mir einige unserer kranken weißen Brüder zufügen wollten. Gut, ich weiß nicht, was jetzt geschehen wird. Schwierige Tage liegen vor uns. Aber mich trifft das nicht. Denn ich habe auf dem Berge gestanden. Mir soll es recht sein. Wie jeder Mann, so würde auch ich gern ein langes Leben leben. Lange zu leben ist schon etwas. Doch das berührt mich im Augenblick wenig. Ich möchte den Willen Gottes erfüllen. Er hat mich auf den Berg geführt, und ich habe oben hergeblickt und ich habe das gelobte Land gesehen. Mag sein, daß ich nicht zusammen mit euch dorthin gelange. Aber heute abend will ich euch sagen, daß wir als ein Volk das gelobte Land erreichen werden. Ich bin heute abend glücklich. Mich bedrückt nichts. Ich fürchte mich vor keinem Menschen. *My eyes have seen the glory of the coming of the Lord.*"

# Abraham Johannes Muste

Theodor Ebert

Die Zahl der Kriegsdienstverweigerer hat sich in der Bundesrepublik seit dem Beginn der Studentenrevolte im Sommer 1967 und seit der Verabschiedung der Notstandsgesetze verdoppelt und verdreifacht. Gibt es darum heute auch mehr Pazifisten in der Bundesrepublik? Lehnen diese Verweigerer die militärische Gewaltanwendung als Mittel der Politik grundsätzlich ab? Oder ist ihre Absicht zunächst nur, sich den innen- und außenpolitischen Handlangerdiensten des spätkapitalistischen Systems zu entziehen?

Einige versuchen nachweislich, die Kriegsdienstverweigerung nur als eine Taktik im revolutionären Kampf für den Sozialismus zu begreifen. Sie bestreiten die Notwendigkeit einer eigenständigen pazifistischen Bewegung mit der Betonung ausschließlich gewaltfreier Methoden beim Kampf um Frieden und Gerechtigkeit. Sie bezeichnen den herkömmlichen Pazifismus als bürgerlich und egozentrisch und setzen die pazifistische Theorie der Gewaltlosigkeit mit Passivität und peinlich genauer Beachtung der herrschenden Gesetzgebung gleich. Quellen ihrer Kritik sind zum Teil Texte der amerikanischen Neuen Linken.

Am schärfsten ist diese Kritik an der individuellen, mit Gewissensnot begründeten Kriegsdienstverweigerung wahrscheinlich von Christopher Cauldwell in dem Aufsatz „Kampf dem Pazifismus" formuliert worden, der im September 1970 in der Zeitschrift „Zivil", dem Mitteilungsblatt des Verbandes der Kriegsdienstverweigerer, veröffentlicht wurde, um eine Diskussion über das Selbstverständnis des modernen Pazifismus zu provozieren. Cauldwell sieht die Ursache der gegenwärtigen und zukünftigen Kriege in dem auf rücksichtsloses Profitstreben angelegten kapitalistischen Wirtschaftssystem; die Imperialismus-Kritiker unter den deutschen Kriegsdienstverweigerern werden ihm darin zustimmen. Seine Schlußfolgerung lautet: „Die einzige Alternative zur bürgerlichen Wirtschaft ist die proletarische Wirtschaft, das heißt Sozialismus, und eben deswegen ist jemand entweder Diener des kapitalistischen Systems oder er ist ein proletarischer Revolutionär. Die Tatsache, daß jemand passiv an der kapitalistischen Gesellschaft teilnimmt, also nicht selber den Knüppel schwingt oder die Kugel abfeuert, macht seine Position nur ekliger, genauso wie der Hehler mieser ist als der Dieb, und der Kuppler mieser als die Dirne. Man läßt andere die dreckige Arbeit tun und profitiert selbst von deren Diensten. Vielleicht nimmt der bürgerliche Pazifist den gemeinsten Platz in jeder nur denkbaren Gesellschaft ein . . . Er sitzt auf dem Arbeiter, und wenn der Kapitalist diesen tritt, ermahnt er ihn, ruhig zu liegen." Cauldwell bestreitet die Möglichkeit einer gewaltfreien pazifistischen Position. Für ihn lautet die Frage an jeden Kriegsdienstverweigerer: „Unter welches Banner der Gewalt will er sich stellen? Unter die Gewalt des Kapitalismus oder unter die, welche da ist, diese zu bekämpfen und die Gewalt zu beenden."

Der moderne Pazifismus als eine eigenständige Bewegung wäre tot, wenn es ihm nicht gelänge, in seiner Praxis zu beweisen, daß es nicht nur die von Cauldwell formulierte Alternative „Repressive Gewalt oder revolutionäre Gewalt?" gibt, sondern die Möglichkeit des gewaltfreien Einsatzes für den konstruktiven Frieden einer egalitären, kooperativen Fundamentaldemokratie ohne Ausbeutung und Zwang – also einen dritten Weg zu einem Sozialismus mit humanem Gesicht.

Ob es aber diesen Weg gibt, kann in keiner theoretischen Diskussion entschieden werden. Hier zählt allein das praktische

Experiment. Unter den Pazifisten war einer der ausdauerndsten und waghalsigsten Experimentatoren Abraham Johannes Muste, den das amerikanische Nachrichtenmagazin „TIME" Anfang der sechziger Jahre einmal als Amerikas Pazifisten Nr. 1 bezeichnete. Wer aber in Muste den bedeutendsten Repräsentanten des amerikanischen Pazifismus sieht, der muß sich auch erinnern, daß dieser Mann nicht nur calvinistische Theologie studiert hat und Generalsekretär des amerikanischen Zweiges des Internationalen Versöhnungsbundes war, sondern auch Organisator zahlreicher Streiks, Leiter einer gewerkschaftlichen Kaderschule und zeitweilig Generalsekretär der Trotzkistischen Arbeiterpartei Amerikas.

Muste ist in seinem Leben alle drei Wege gegangen, den des bürgerlichen, gewaltlosen Pazifisten, den des gewaltsamen Revolutionärs und den dritten Weg des gewaltfreien Aufständischen. Diese Entwicklung war für ihn ein dialektischer Prozeß, in dem jede Position einen berechtigten Widerspruch zur vorhergehenden darstellte. Er blieb sich des Fortgangs dieses Prozesses immer bewußt und wurde nie zum eifernden Konvertiten. Rückblickend konnte er sagen: „Ich habe nie mit Bitterkeit oder Verachtung an das gedacht, was hinter mir lag. Ganz gewiß dachte ich mit solchen Gefühlen nicht an Menschen, deren Ansichten ich nicht länger teilte, wahrscheinlich, weil ich fühlte, daß das Alte einmal Teil von mir war. Warum sollte ich es dann verleugnen oder denunzieren?"

Das erste Experiment, mit dem er sich in Widerspruch zu seiner Umwelt setzte, begann er 1914, dem Jahr des Ausbruchs des Ersten Weltkrieges. Er war damals Pfarrer einer protestantischen Gemeinde in Newtonville, einem Randbezirk Bostons. Unter dem Einfluß der Schriften amerikanischer Quäker begann er die Lehre vom „bellum iustum", dem gerechten Krieg, in seinen Predigten anzuzweifeln. Warum sollte die christliche Lehre von der Nächstenliebe nur für die Beziehungen zwischen Individuen, nicht aber für die Beziehungen zwischen sozialen Gruppen und Nationen gelten? Er empfand den Anspruch der Bergpredigt als eine unausweichliche Aufforderung zum sozialen Experiment.

Martin Luther King hat in einem Bericht über seinen persönlichen Weg zur gewaltfreien Aktion die Anlage dieses Experimentes geschildert und als sein entscheidendes Element die Nächstenliebe bezeichnet, für welche er den weniger emotional belasteten griechischen Begriff „Agape" verwandte. Da sich Martin Luther King in diesem Bericht auch als einen Schüler Mustes bezeichnet, ist es wohl zulässig, Kings spätere 

Überlegungen auch dem jungen protestantischen Pfarrer A. J. Muste aus Newtonville zu unterstellen.

„Agape bedeutet verstehender, erlösender guter Wille allen Menschen gegenüber. Sie ist eine überströmende Liebe, die völlig freiwillig, unmotiviert, grundlos und schöpferisch ist. Sie wird nicht durch irgendeine gute Eigenschaft oder Leistung ihres Objekts ausgelöst. Sie ist die Liebe Gottes, die im Herzen der Menschen wirkt.

Agape ist eine uneigennützige Liebe, in der der Mensch nicht sein Bestes sucht, sondern ‚was des andern ist' (1. Kor. 10, 24). Sie macht keinen Unterschied zwischen würdigen und unwürdigen Menschen oder zwischen irgendwelchen Eigenschaften, die die Menschen besitzen. Sie liebt die anderen um ihretwillen und sieht in jedem Menschen, dem sie begegnet, den Nächsten. Daher macht sie auch keinen Unterschied zwischen Freund und Feind. Sie wendet sich beiden zu. Wer einen Menschen nur seiner Freundlichkeit wegen liebt, liebt ihn mehr um des Vorteils willen, den er aus der Freundschaft zieht, als um seinetwillen. Wenn wir also sicher sein wollen, daß unsere Liebe uneigennützig ist, müssen wir den Nächsten lieben, der unser Feind ist, und von dem wir nichts Gutes, sondern nur Feindseligkeit und Verfolgung erwarten können.

Agape ist keine schwache, passive Liebe. Sie ist eine tätige Liebe, eine Liebe, die danach trachtet, Gemeinschaft zu schaffen und zu erhalten, auch wenn man sie zerstören will. Sie ist bereit, Opfer zu bringen und alles zu tun, um die Gemeinschaft wieder herzustellen. Sie bleibt deshalb nicht bei der ersten Meile stehen, sondern sie geht auch die zweite Meile. Sie ist bereit, nicht siebenmal, sondern siebenzigmal siebenmal zu vergeben. Das Kreuz ist das ewige Zeichen dafür, wie weit Gott gehen will, um eine zerbrochene Gemeinschaft wiederherzustellen. Die Auferstehung ist ein Symbol des Sieges Gottes über alle die Mächte, die die Gemeinschaft zu verhindern suchen. Der Heilige Geist ist im Verlauf der Geschichte die Realität, die ständig Gemeinschaft schafft. Wer gegen die Gemeinschaft handelt, handelt gegen die ganze Schöpfung. Wenn ich daher Haß mit Haß begegne, vergrößere ich nur die Kluft in der zerbrochenen Gemeinschaft. Ich kann diese Kluft nur so schließen, daß ich Haß mit Liebe begegne. Wenn ich Haß mit Haß begegne, werde ich entpersönlicht, weil sich meine Persönlichkeit nach dem Schöpferwillen Gottes nur innerhalb der Gemeinschaft entwickeln kann."

Als Muste aus dieser Lehre die Schlußfolgerung zog, daß Christen den Kriegsdienst zu verweigern hätten, wurde diese konsequente Auslegung des Neuen Testamentes in seiner Gemeinde zunächst toleriert. Als jedoch die ersten Gefallenen zu beklagen waren, weigerten sich die Hinterbliebenen, den Trost ausgerechnet des Pfarrers anzunehmen, der den neutestamentlichen Auftrag des soldatischen Einsatzes ihrer Söhne bestritten hatte. Im Dezember 1917 mußte Muste sein Pfarramt aufgeben.

Die sozialistischen Kriegsdienstverweigerer von heute mögen sich nun darüber streiten, ob in Amerika und England Zehntausende von Christen im Ersten Weltkrieg den Kriegsdienst verweigert haben, weil sie um ihr individuelles Seelenheil besorgte Kleinbürger waren – oder weil sie eine nicht länger durch Haß und Streben nach Macht und Gewinn gestörte Menschengemeinschaft aufrichten wollten; fest steht, daß dieser durch eine religiöse Schrift motivierte Bourgeois eine gesicherte bürgerliche Position aufgab. Er und seine Frau Anne, mit der er seit acht Jahren verheiratet war, ließen sich hier auf ein Experiment und damit auch auf einen gesellschaftspolitischen Lernprozeß ein.

Es verging nur kurze Zeit, bis das außenpolitische Suchen nach Gemeinschaft auch eine Entsprechung in einem innenpolitischen Engagement fand. In den nächsten zwei Jahren betreute Muste Kriegsdienstverweigerer, predigte in einer Quäker-Gemeinde und lebte in einer pazifistischen Kommune in Boston. Das Ziel dieser Gruppe war, ihr Leben nach den Prinzipien „der Wahrheit, der Gewaltlosigkeit und der Liebe" zu organisieren.

Die Diskussion dieser christlichen Kommune wurde unterbrochen von der Nachricht, daß in der Textilfabrik von Lawrence ein großer Streik ausgebrochen sei. Die ständischen, alteingesessenen Gewerkschaften, die nur für einen geringen Teil der Arbeiter sprachen, lehnten den Streik ab. 30000 Arbeiter zwanzig verschiedener Nationalitäten und vielfach mit unzulänglichen englischen Sprachkenntnissen waren ohne Führung und Organisation. Muste und seine Freunde begannen in Boston, Solidaritätsspenden für die Streikkasse zu sammeln. Als die Polizei Streikende niederzuknüppeln begann, wurde das Organisationsproblem immer dringender. Am Ende der ersten Streikwoche wurde A. J. Muste zum Leiter des Streik-Komitees gewählt. Als er die Arbeiter aufforderte, trotz der Polizei-Brutalitäten Streikposten aufzustellen, und er selbst die Gruppe anführte, wurde er zum ersten, wenn auch nicht zum letztenmal von der Polizei systematisch verprügelt und eine Woche ins Gefängnis gesteckt.

Mehr als hundert Arbeiter wurden mit ihm verhaftet. Die Lage spitzte sich zu, als die Polizei Maschinengewehre aufstellte. Ein Mitglied des Streik-Komitees rief die Arbeiter auf, ihre große Zahl zu nutzen, um die Polizei anzugreifen und die Maschinengewehre auf die Unterdrücker zu richten. Zu Mustes Erleichterung wiesen die anderen Mitglieder des Komitees darauf hin, daß die Maschinengewehre genau diese Reaktion provozieren sollten, um den Streikenden die Sympathisanten zu nehmen. Blieben die Maschinengewehre unbeachtet, seien sie wertlos. Ein Arbeiter sagte trocken: „Mit Maschinengewehren können sie keine Wolle spinnen."

Das besonnene Verhalten der Arbeiter war für Muste der erste Beweis dafür, daß gewaltfreie Kampftechniken für Arbeiter nicht etwas Künstliches, Bourgeoises, von außen Aufgezwungenes sind, sondern die einfachste und plausibelste Methode, einen Konflikt auszutragen. Dieser Eindruck wurde noch dadurch verstärkt, daß sich bald herausstellte, daß der einzige Befürworter gewaltsamer Notwehr ein von dem Fabrikanten bezahlter agent provocateur war. Erst nach 15 Wochen allerdings gab die Gegenseite auf und gewährte die 12 Prozent Lohnerhöhung und die Verbesserung der Arbeitsbedingungen. Schon während des Streiks war Muste zum Generalsekretär der überregionalen Gewerkschaft der Vereinigten Textilarbeiter gewählt worden.

Damit begann für den christlichen Pazifisten die Laufbahn als Arbeiterführer, in der er sich vor allem als Organisator von Streiks bewährte. Um jedoch aus dem Mittelstand kommende charismatische Führer wie Muste entbehrlich zu machen und aus der Arbeiterschaft selbst eine qualifizierte Führungsgruppe zu gewinnen, wurde 1921 das Brookwood Labor College im Staate New York gegründet und Muste die Leitung übertragen. So wichtig er die Lehrtätigkeit – vor allem über die Geschichte der Arbeiterbewegung – und die Erarbeitung von Analysen der Lage einzelner Industriezweige nahm, zu seinen Lehr- und Lernmethoden gehörte weiter auch die „teilnehmende Beobachtung" oder die persönliche Anregung und Organisation von direkten Aktionen.

In den Jahren der Depression und der steigenden Arbeitslosenzahl gewann dieses direkte Engagement für Muste immer stärkere Bedeutung. Ende der zwanziger Jahre hatte er angefangen, die Werke von Marx, Lenin und Trotzki zu lesen. Aus dem Gewerkschaftler wurde der Revolutionär. Er meinte, auch dieses Experiment wieder mit äußerster Konsequenz durchstehen zu müssen; er betrachtete sich nicht länger als

Christ und Pazifist, sondern erklärte: „Ich wähle die Revolution und ich weiß, daß dies auch Gewaltanwendung bedeuten kann."

Der wichtigste Grund für diese Wendung war das Versagen der Kirchen. Sie hatten den Krieg unterstützt und die pazifistischen Pfarrer ausgetrieben. Muste selbst kommentierte rückblickend: „Die Kirchen identifizierten sich mit dem Status quo. Sie waren mittelständisch in der Zusammensetzung und der Aussage. Mit ganz wenigen Ausnahmen schienen sie irrelevant zu sein. Angesichts des Elends und der Verzweiflung der Wirtschaftskrise schienen einzig die Radikalen, die Linken, die Leute, welche sich auf eine marxistische Philosophie beriefen, wirklich etwas zu tun. Sie schlossen die Menschen zur Aktion zusammen; sie wagten den offenen Kampf. Wer nicht indifferent oder verzweifelt war, schloß sich ihnen an." Den vollständigen Einsatz, den Muste eigentlich von Christen erwartet hätte, fand er nur bei den radikalen Marxisten.

Er meinte, ihren Weg erkunden zu müssen. Er suspendierte sein Experiment mit der Bergpredigt, hielt jedoch an dessen Versuchsbedingungen fest. Wenn in seinem bisherigen Experiment der radikale Pazifismus als Wesensmerkmal des Christentums gegolten hatte, dann konnte er nach seiner nunmehrigen Bereitschaft zur Gewaltanwendung sein jetziges Experiment nicht länger christlich nennen. „Ohne Pazifismus konnte ich auch nicht Christ sein", erklärte er. Die Entwicklung einer „Theologie der gewaltsamen Revolution" wäre für Muste ein Widerspruch in sich selbst gewesen.

1933 legte Muste die Leitung des Brookwood Labor College nieder und widmete sich vollständig dem revolutionären Klassenkampf, der Organisation von Arbeitslosen und der Durchführung von Streiks. Das Hauptziel des Streiks war, die alten ständischen Gewerkschaften durch neue Industriegesellschaften zu ersetzen. Man hoffte, dadurch ein Instrument für die revolutionäre Auseinandersetzung mit den Herrschenden zu erhalten. Seit 1928 war der Träger dieser Organisationsarbeit die Conference for Progressive Labor Action gewesen. 1933 bildete Muste aus ihr die American Workers Party, die amerikanische Arbeiterpartei."

Die extremste Zuspitzung erhielt Mustes revolutionäres Engagement, als er 1934 die Fusion der American Workers Party mit den amerikanischen Trotzkisten betrieb und diese im Dezember 1934 zur Workers Party of the United States führte. Die Trotzkisten-Zeitung „The Militant" verkündigte: „Neue Partei startet zu gewaltigem Unternehmen: dem Umsturz der kapitalistischen Herrschaft in Amerika und der Schöpfung eines Arbeiterstaates."

Das Experiment der Muste-Gruppe mit den Trotzkisten brachte seinem Initiator bald eine Reihe bitterer Erkenntnisse. Statt einem großangelegten Klassenkampf kam es zu endlosen Querelen mit anderen sozialistischen Parteien, zu Unterwanderungsversuchen, zu rücksichtslosen Fraktionskämpfen voll Intrigen und Täuschungsmanövern. Muste war nicht bereit, diesen Stil der Auseinandersetzung zu akzeptieren. Sein trotzkistischer Partner James Cannon versuchte, ihm klarzumachen: „Freundschaft ist eine gute Sache für die persönlichen Beziehungen, aber sie muß immer den Prinzipien und den Interessen der Bewegung untergeordnet werden." Vergebens. Resignierend mußte Cannon feststellen: „Muste wollte nicht begreifen. Er hatte zu viel von einem Gentleman."

Paul Goodman, einer der pazifistischen Mitarbeiter Mustes in den späteren Jahren, hat dieses Verhalten damit erklärt, daß Mustes oberstes Gebot politischer Aktion bei allen seinen Experimenten durchgängig immer gewesen sei, einen „persönlichen Kontakt" herzustellen; man könnte mit Martin Luther King auch sagen, „Gemeinschaft zu bilden". Es gab für Muste kein von den Interessen einzelner zu abstrahierendes Interesse einer Bewegung; es gab für ihn nicht einmal den Begriff der Masse. Dies war wohl auch die Erklärung dafür, daß er überall rasch das Vertrauen der Arbeiter gewann und an der Front der amerikanischen Arbeiterbewegung zum großen Mobilmacher werden konnte. Diese Fähigkeit, Menschen zu bewegen, hat Trotzki an Muste immer bewundert. Aber den parteiinternen Intrigen der skrupellosen Apparatschiks war Muste damit nicht gewachsen, und er befand sich bald als Generalsekretär der trotzkistischen Partei in ziemlich isolierter Position. Die Trotzkisten beschlossen, sich einer anderen sozialistischen Partei anzuschließen bzw. diese zu unterwandern. Muste war dagegen, konnte sich jedoch nicht durchsetzen. Trotzki versuchte, ihn durch eine persönliche Unterredung noch in der Partei zu halten.

Für Muste war jedoch das negative Ergebnis dieses Experimentes schon deutlich geworden. Aus der Distanz einer Europa-Reise und in der Konfrontation mit dem Faschismus schrieb er im Jahre 1936: „Die revolutionäre Arbeiterbewegung hat an vielen Plätzen Niederlagen erlitten und ist an anderen in eine Sackgasse geraten und dies weitgehend, weil ihr die ethische und geistige Orientierung fehlte. Der Idealismus und der Elan haben die revolutionäre Bewegung in Europa weitgehend verlassen." Muste führte dies vor allem auf die parteiinternen Auseinandersetzungen und wechselseitigen Diffamierungen zurück.

Auf seiner Europa-Reise entschloß er sich, das suspendierte Experiment mit dem christlichen Pazifismus wieder aufzugreifen und nun die Synthese zu einem Konzept der revolutionären gewaltfreien Aktion zu versuchen. Martin Luther King ist es später gelungen, diese von A. J. Muste gesuchte und auch praktizierte Synthese auf den Begriff zu bringen. In seinem Bericht über den Bus-Boykott in Montgomery schreibt er: „Der dritte Weg, der einem unterdrückten Volk in seinem Befreiungskampf offensteht, ist der des gewaltfreien Aufstandes. Wie in der Synthese der Hegelschen Philosophie muß es das Prinzip der gewaltfreien Aktion sein, die Gegensätze – Ergebung und Gewalt – in Einklang zu bringen, indem sie das Extreme und Unmoralische, das beiden anhaftet, vermeidet.

Der gewaltfreie Akteur ist mit dem, der sich in sein Schicksal ergibt, einer Meinung, daß man nicht tätlich gegen seinen Gegner vorgehen soll. Andererseits ist er aber auch mit dem, der für Gewalt ist, einig, daß man dem Bösen Widerstand leisten muß. Er vermeidet die Widerstandslosigkeit des ersteren und die gewaltsame Aktion des letzteren. Wer zur gewaltfreien, direkten Aktion greift, braucht sich weder als Einzelperson noch als Gruppe irgendwelchem Unrecht zu beugen; er braucht aber auch nicht zur Gewalt zu greifen, um sich Recht zu verschaffen."

Mustes Freunde wurden von dieser Wendung zur revolutionären Gewaltfreiheit völlig überrascht. Hatte er sich nicht in New York am Pier noch mit dem traditionellen revolutionären Gruß der hocherhobenen, geballten Faust verabschiedet – und nun sollte er als Pazifist aus Europa zurückkehren?

Es war jedoch kein come back zum bürgerlichen Pazifismus der frühen Jahre. Vielmehr versuchte er nun die direkte Verweigerung der Beteiligung an den Kriegshandlungen mit der indirekten Beseitigung der Kriegsursachen zu kombinieren. Nach den schlechten Erfahrungen mit den internen Streitigkeiten sozialistischer Parteien baute er von nun an nicht mehr auf solche Funktionärskörperschaften, sondern setzte auf Ein-Punkt-Bewegungen (single-purpose-movements) mit begrenzter Zielsetzung und klaren Formen der direkten Demokratie. Er agierte auf noch breiterer Front als früher. Der amerikanische Zweig des Internationalen Versöhnungsbundes (Fellowship of Reconciliation), ein Zusammenschluß christlicher Pazifisten in Europa und Amerika, wählte ihn sofort nach seiner 

Abwendung vom Trotzkismus in seinen Vorstand und ernannte ihn zum Sekretär für industrielle Konflikte. In dieser Funktion war er weiterhin an Streiks beteiligt und entwickelte vor allem die gewaltfreien Kampftechniken des Aufstellens von Streikposten und des Sit-in am Arbeitsplatz weiter. Später dann als Generalsekretär des Amerikanischen Versöhnungsbundes leistete er den schwarzen Mitgliedern des Bundes Hilfestellung bei der Gründung des Congress of Racial Equality, der Pionierdienste für die Bürgerrechtsbewegung leisten sollte mit den Freiheitsfahrten (Freedom Rides) in rassengetrennten Bussen und Sit-ins in rassengetrennten Restaurants.

Mustes Hauptaugenmerk galt jedoch seit 1936 der Verhinderung von Kriegen bzw. deren Abbruch. Hier sah er die Kirchen und die sozialistischen Gruppen versagen. Von der amerikanischen und der europäischen Arbeiterbewegung waren hier keine entscheidenden Beiträge zu erwarten; eine große studentische Protestbewegung und Vorstellungen über unilaterale gewaltfreie Alternativen zur militärischen Verteidigung gab es noch nicht.

So blieben Mustes Thesen, die er in der Schrift „Nonviolence in an Aggressive World" entwickelte, ohne breite Resonanz. Er hatte darin die Behauptung gewagt, daß trotz des totalitären Charakters der faschistischen Regime der Krieg kein geeignetes Mittel sei, den Faschismus zu besiegen und die ihm Unterworfenen zu befreien. „Der Krieg an und für sich macht alle möglichen Scheußlichkeiten nur eher möglich und schlimmer in der Ausführung." Rückblickend meinte er zum heiklen Thema einer häufig gebrauchten moralischen Rechtfertigung der Kriegsanstrengungen: „Ich glaube nicht, daß Amerikas Kriegseintritt vielen Juden das Leben rettete. In Wirklichkeit machte es der Krieg Hitler einfacher, seine Politik gegenüber den Juden in vollem Umfange durchzuführen. Er konnte für sich ausnutzen, daß die Deutschen den Eindruck hatten, ihr Land sei von allen Seiten belagert." Auch Gandhi hat 1945 im Blick auf den Bombenkrieg und seine Opfer gesagt, die Alliierten hätten Hitler nur überhitlert.

Nach dem Krieg arbeitete Muste in einer Kommission der amerikanischen Quäker mit, die auf Grund der Erfahrungen mit dem zivilen Widerstand gegen die deutsche Besatzungsmacht in Dänemark und Norwegen die Möglichkeiten des gewaltfreien Widerstandes als Mittel der Verteidigungspolitik prüften. Diese Überlegungen sind inzwischen von pazifistischen Soziologen und Politologen zur Konzeption der gewaltfreien Verteidigung bzw. sozialen Verteidigung weiterentwickelt worden.

Während Mustes radikalpazifistische Argumentation vor dem Zweiten Weltkrieg noch nicht zum bewegenden politischen Faktor wurde, fand sein sozialistischer Pazifismus das erhoffte Echo, als die siegreichen USA die von Muste befürchtete Rolle des Weltgendarmen übernahmen und in Südvietnam eine korrupte Oligarchie durch einen gnadenlosen Antiguerilla-Kampf stützten. 1957 hatte das Committee for Nonviolent Action unter dem Vorsitz und noch mehr unter der Mittäterschaft Mustes mit den Demonstrationen und dem zivilen Ungehorsam gegen amerikanische Atombomben-Versuche, dem Protest gegen die Kuba-feindliche Politik und die amerikanischen Interventionskriege begonnen. Wie King die Negerprobleme durch direkte Aktionen dramatisierte, so versuchte Muste durch Go-ins in Militärstützpunkte seinen Standpunkt publik zu machen. Die Ausweitung des Vietnam-Krieges machte Muste dann zu Amerikas Pazifisten Nr. 1. Seine Bekanntschaft oder Mitarbeit in den verschiedenen pazifistischen und sozialistischen Organisationen, seine Starthilfe für einige Bürgerrechts-Organisationen der Neger machte ihn zum idealen Koordinator der Mobilisierung gegen den Vietnam-Krieg.

Muste setzte Pazifismus nicht mit Neutralismus gleich; er suchte bei der Beurteilung kriegerischer Auseinandersetzungen die Schuld nicht gleichmäßig auf alle Parteien zu verteilen. Er zögerte nicht, die amerikanische Regierung und die südvietnamesische Herrenschicht mit der Hauptschuld an dem Krieg zu belasten, sah jedoch auch eine Mitverantwortung für die horrenden Opfer solcher revolutionären Befreiungskriege bei den Organisatoren dieser Kriege und denjenigen, welche passiv das Unrecht dulden. Er glaubte nicht an den Erfolg revolutionärer Befreiungskriege, weil er beobachtete, wie auch die revolutionäre Gewaltanwendung zur Unduldsamkeit gegen Kritik, zu internen Säuberungen und zur emanzipationsfeindlichen Hierarchiebildung führte. Er hielt es mit der These des belgischen Sozialisten und Pazifisten Bart. de Ligt: „Je mehr Gewalt, desto weniger Revolution."

Er zog aus diesen Vermutungen und Erkenntnissen jedoch nicht die Schlußfolgerung, daß es für einen gewaltfreien Revolutionär im Verhältnis zu den gewaltsamen Befreiungsorganisationen nur die Alternative des unkritischen Partei-Ergreifens oder der Distanzierung geben würde. Er sah die Möglichkeit, sich mit den unterdrückten Menschen zu solidarisieren, indem er den gewaltsam Herrschenden eine wirksame Opposition entgegenstellte. Seine Solidarität weniger mit der nordvietnamesischen Regierung oder der FNL als mit den leidenden

Vietnamesen bestand darin, daß er versuchte, den revolutionären Befreiungskrieg unnötig zu machen oder abzukürzen, indem er zum zivilen Ungehorsam gegen die amerikanische Kriegsführung aufrief. Der Aufruf des alten Pazifisten blieb diesmal nicht vergeblich. Viele Amerikaner, welche sich nicht als prinzipielle Pazifisten verstanden, verweigerten sich doch dem Einsatz in Vietnam. Hunderte verbrannten öffentlich ihre Einberufungsbescheide, Tausende und Zehntausende versammelten sich zu Teach-ins, Großkundgebungen und Friedensmärschen. Zum erstenmal in der amerikanischen Geschichte war der Pazifismus zu einem politischen Faktor geworden, der einen Präsidenten zu einem Verzicht auf eine weitere Kandidatur bewegen und seinen militanten Nachfolger zu einem vorsichtigen Taktieren zwingen konnte.

Im Januar 1967 ist A. J. Muste zu seiner letzten Reise aufgebrochen. Sie führte ihn zusammen mit Pastor Martin Niemöller nach Hanoi. Was ihn am meisten erschütterte, war ein Luftschutzstollen mitten im Spielzimmer eines Kindergartens und die dauernde Bedrohung dieser Kinder im Norden und Süden dieses Landes. Er kam nach Vietnam als Vertreter des anderen Amerika, das Napalm verabscheut und die Zusammenhänge zwischen Rüstung, Krieg und Kapitalismus kennt und zum offenen Widerstand gegen den militärisch-industriellen Komplex entschlossen ist.

Als er am 13. Februar 1967 kurz nach seiner Rückkehr aus Nordvietnam an einem Herzschlag starb, hinterließ der Zweiundachtzigjährige in der von ihm und Dave Dellinger herausgegebenen Zeitschrift „Liberation" ein Organ, in welchem der sozialrevolutionäre Pazifismus in Theorie und Praxis seine Experimente und Lernprozesse fortsetzt. Muste hinterließ eine pazifistische Bewegung der gewaltfreien, direkten Aktion, welche den bürgerlichen Pazifismus, den einige jüngere amerikanische und deutsche Sozialisten traditionsgemäß immer weiter attackieren, längst überwunden hat.

## Danilo Dolci

## Walter Dirks

Die Revolutionäre, die der Gewalt mißtrauen oder absagen, können zu dem Volk ihrer Arbeit und Aktion ein ganz verschiedenes Verhältnis haben. Gandhi war ein Anthaios: er schöpfte seine Kraft aus der Überlieferung der Hindu und Buddhisten wie jener Held der griechischen Sage, der machtlos war, wenn er den Boden der Erde nicht berührte. Andere verkörpern ein je anderes Vaterland, den inneren Gegenspieler gegen die Hauptprotagonisten ihres Volkes. Das läßt sich von Carl von Ossietzky sagen, einem ausgeprägt deutschen Typ aus dem anderen, dem nicht typischen, dem nicht militaristischen, nicht autoritären Deutschland. Rosa Luxemburg war eine Außenseiterin sogar in ihren beiden Vaterländern: in Deutschland als Jüdin, im gerade sich bildenden Vaterland aller Werktätigen, dem Bolschewismus, eine Deutsche, die im Akt der proletarischen Befreiung das Moment der Freiheit nicht der taktischen Machtergreifung zu opfern bereit war.

Martin Luther King war beides zugleich: Anthaios in seinem schwarzen unterdrückten Volk, Sprecher aller Minderheiten und des anderen Amerika in der großen amerikanischen Nation, die sich als Einheit verstehen, aber nicht verwirklichen konnte. Einstein war Emigrant, ein Sonderfall. Che Guevara, der allerdings nicht in diese Reihe gehört, weil er die Gewalt bejahte, sogar als Moment der Selbstverwirklichung und Humanisierung, war zum Unterschied von dem aus anderen Gründen zur Gewalt entschlossenen Anthaiostyp Camillo Torres, dem katholischen Kolumbianer, ein Kubaner in Bolivien: auf fremdem Terrain; er scheiterte daran.

Danilo Dolci ist ein Norditaliener, der durch Einwurzelung ein Sizilianer geworden ist. Er verkörpert so ein italienisches Zentralproblem, den nicht aufgehobenen Gegensatz zwischen dem tüchtigen aufgeklärten reichen Norden und dem fast orientalisch verelendeten Süden. Es liegen fast tausend Kilometer Luftlinie zwischen seinem Geburtsort im äußersten Nordosten und Westsizilien, wo er nicht nur arbeitet, sondern lebt, nicht nur wohnt, sondern eingeheiratet, eingelebt, „eingeliebt" ist, im aktiven und passiven Sinn des Wortes. Man wird hinzufügen können, daß seine Mutter eine Slovenin war, einer seiner Großeltern deutscher Abkunft. Am Ende konnten deutsche Tüchtigkeit und slavische Gemütswärme mithelfen, die harte, spröde Realität des sizilianischen Elends aufzubrechen. In seinem Leben gibt es die italienische Mitte nicht, Florenz und Rom. In Triest 1924 geboren, erlebte er einen Teil seiner frühen Jugend in dem armen Dorf Trappeto in Sizilien, wo sein Vater Eisenbahnbeamter war, studierte aber wieder im Norden, lernte Sizilien zum zweiten Mal als ästhetisch und archäologisch interessierter Architekt kennen, verlobte sich standesgemäß im Norden, brach nach der Erschütterung des Krieges, in dem er den Wehrdienst verweigert hatte, zum zweiten Mal nach Sizilien auf, und zwar genau nach jenem Trappeto, blieb, heiratete eine Bäuerin, Witwe mit fünf Kindern, zeugte mit ihr eigene und adoptierte andere dazu, lernte den Dialekt und begann sein Lebenswerk.

Als ich vor 45 Jahren, ein Jahr nach Dolcis Geburt, in Sizilien auf einer langen Fußwanderung mit einfachen Leuten, Analphabeten meist, in längere Gespräche hineingeriet, verblüffte mich ihr Verhältnis zum Staat. Sie stritten darüber, ob die Engländer oder die Deutschen besser imstande seien, Sizilien zu regieren. Keine andere Lösung stand zur Diskussion. Zwei Tatsachen standen fest: die Römer jedenfalls kamen nicht in Frage, und auf die Idee, sich selber zu regieren, waren sie noch nie gekommen. Das ist aus ihrer Geschichte verständlich. Griechen, Römer, Normannen, Araber, Deutsche, Spanier, Franzosen, Neurömer – immer neue Eroberer. Dolci hat ein Buch mit dem Titel „Der Mann, der allein spielt" geschrieben. Er spielt damit auf ein sizilianisches Sprichwort und eine sizilianische Eigenart an: die Verschlossenheit in aller scheinbaren Gesprächigkeit und Kontaktfreudigkeit, das Mißtrauen – das angstgeborene Mißtrauen, ohne das die Mafia sich nicht halten könnte. Übrigens ist sie ursprünglich selbst aus ihm entstanden: als Selbsthilfe. Sizilien ist inzwischen längst autonom, neben dem kleinen französischsprechenden Aostatal und dem zwielichtigen Sonderfall Südtirol die erste der nun in ganz Italien gebildeten oder zu bildenden Regionen. Von regional organisierter Korruption kann allerdings in Sizilien eher die Rede sein als von wirklicher Selbstverwaltung. Wenn etwas auf der Insel zu wirklicher Autonomie gediehen ist, dann eben die Mafia. Danilo Dolci ist ihr Konkurrent, vielleicht auf die Dauer ihr ernsthaftester, aber er hat mit ihr auch einiges gemeinsam: das gut begründete Mißtrauen gegen die da oben, gegen die florentinische Finesse des Geistes und die römische Zentralverwaltung, auch gegen ihr Geld, die Cassa del Mezzogiorno, den Riesenfonds für die Entwicklung des Südens. Dolci hat mit der Mafia sogar gemeinsam, daß er dieses Geld an sich zu ziehen sucht. Für jene versteht es sich von selbst, daß sie davon profitieren wollen; Dolci aber ist kein Anarchist oder Revoluzzer – sein gesundes Mißtrauen hindert ihn nicht an immer neuen Versuchen, jenes bald zu langsam fließende, bald unsachgemäß verschwendete Geld produktiv zu machen. Seine nordische Nüchternheit bestärkt ihn darin, weder russisches Geld zurückzuweisen – den Leninpreis – noch katholisches noch staatliches, wenn er es nur produktiv machen und dabei seine volle Unabhängigkeit wahren kann. Lange nach der Erdbeben-Katastrophe, vor der die Verwaltung und ihr Geld zunächst ebenso versagt haben wie vor dem uralten Elend des Südens, scheint er sogar zur Zeit Anfangserfolge in der Zusammenarbeit mit Rom zu haben. Er war aber auch am Grabe des jungen, von Gendarmen erschossenen Banditen Salvatore Giuliano und verstand die alte, freilich fast ganz verdorrte Wurzel der Mafia: den Kampf gegen die etablierten Reichen. Inzwischen ist sie selbst ein hochorganisiertes Geschäft, viel zynischer als die nicht ohne Zynismus existierende Staats- und Kirchen- und Parteimacht: im Grunde ist sie Dolcis gefährlichster Feind. Fritz Gordian 120 nennt es ein Wunder, „warum ihn die Mafia, die sonst so schnell ihre Konten mit der Maschinenpistole regelt, nicht mundtot gemacht hat". Er kommt ihr ständig in die Quere. In Partinico entriß er einem Mafia-Gewaltigen das Wassermonopol und brachte es fertig, daß die bisher von jenem Mafiosen erpreßten Obstgärtner die Verteilung des Wassers selbst übernahmen.

Das ist typisch: es kommt offenbar in Sizilien darauf an – mehr noch als anderswo –, die Resignation der Armen zu brechen, ihnen Mut zur Selbsthilfe zu geben, sie zu konkreten Lösungen ihrer konkreten Strukturprobleme zu bringen. Das eigentliche Geheimnis Dolcis aber ist die Methode, nein: die Lebensform, durch die er es fertigbringt, das zu tun. Die Sizilianer sind nicht nur resigniert, sondern auch unaufgeklärt und voller Aberglauben. Aber die Autorität, sie zu belehren, kann offenbar auf keine andere Weise gewonnen werden, als indem man mit ihnen lebt.

So hat er in Trappeto angefangen, hineingeschneit als Fremder, mit demselben Mißtrauen angesehen wie alle feinen und fremden Leute; er konnte es nur überwinden, indem er als Armer arm mit den Armen lebte. Dasselbe mutete er seinen kleinen Teams zu, Teams von Agronomen, Soziologen, Lehrern, Ärzten, Helfern, die in den Nebenzentren seiner Arbeit in Westsizilien methodischer wirken, als er selbst in seinen Anfängen wirken konnte. Was die Bauern niemals von einem noch so gescheiten und noch so wohlwollenden Fachmann aus Rom zu lernen bereit sind, nehmen sie Dolci und den Seinen ab.

Der Kampf um das Wasser ist nur ein Einzelfall: es ist der von Dolci geweckte Mut zur freien Solidarität, der dem Interesse der Mafia stracks widerspricht. Aber der Fall ist auch der Sache nach typisch. Sehr oft geht es in Sizilien ums Wasser. Zu dem, was die Bauern dem gescheiten Agronomen aus der Stadt nicht glauben wollten, gehörte auch, daß man die Furchen im Acker nicht senkrecht zum Hang, sondern quer zu ihm zu ziehen habe, damit das spärliche Regenwasser nicht sofort den Berg herunterläuft. Des uralten Brauches, der ebenso irgendwelche magischen Wurzeln hatte wie der kuriose Aberglaube, der Mist müsse verbrannt werden, um die heilige Ackererde nicht zu beschmutzen, wurde nicht die Autorität von oben Herr, sondern das sorgsam wachsende Vertrauen zu dem, der einer der ihren wurde. Der Vorgang wiederholt sich im großen, wenn ein mit erheblichen Kosten von der Cassa del Mezzogiorno erbautes Staubecken nicht genutzt wird, wenn

Bauern, deren Äcker dadurch überflutet werden, darob weinen oder in laute Klagen ausbrechen, statt zu erkennen, welchen Nutzen die Bewässerung allen und damit auch ihnen bringt, wenn das Wasser planmäßig verteilt wird. Aufklärung richtet sich hier gegen einen sizilianischen Grundtatbestand, über den Dolci ein eigenes Buch geschrieben hat: „Verschwendung". In dem eben erzählten Fall war es der Aberglaube, der das Wasser verschwendet. Die Bürokratie verschwendet, die Grundherren verschwenden. Am meisten verschwendet wird der Mensch selbst, sein brachliegendes Können, sein ins Leere gehender guter Wille. Das Wasser jenes großen Stauwerkes wurde schließlich wie jenes geringere Wasser von Partinico durch die Selbsthilfe einer Genossenschaft verwaltet. Übrigens ist der von Mussolini ins calabrische Hinterland verbannte Sozialist Carlo Levi am Ende seines großartigen Buches „Christus kam nur bis Eboli", in dem er das Elend, die Korruption und den Aberglauben dieser Sizilien benachbarten Region beschreibt, durch Beobachtung und Nachdenken zu demselben im zentralistisch-bürokratischen Italien ganz fremd wirkenden Schluß gekommen: Genossenschaft, Föderation allein können dem verwahrlosten Land, das den römischen Staatswillen nie verstanden hat, zum Heil sein. Nur: Dolci hat sich ans Werk gemacht.

Über seine Motive ist nicht lange zu reden. Der christliche Grundzug ist nicht zu übersehen. Ideologische Züge fehlen ganz: Dolci setzt sich spontan und konkret ein, und die Richtung bestimmt er – das ist in dieser Darstellung bisher noch nicht genügend berührt worden – immer mehr durch solide wissenschaftliche Untersuchung. Liebe und wissenschaftliche Vernunft: das ist es.

Seine erste, bereits typisch soziale Aufgabe, aber eben noch nicht die seine, hatte er zusammen mit einem Priester darin gesehen, in einem ehemaligen Konzentrationslager Kriegswaisen zu betreuen; doch bezeichnet er sich nicht als Katholiken. Die Kirche hat ihn bekämpft, sie ist in Sizilien teils unmittelbar, teils durch die Democrazia Cristiana in die Korruption verstrickt. Auch die Kommunisten mißtrauen ihm, die Kirche sieht in ihm dafür natürlich einen verkappten Kommunisten. Steht er einerseits als Einzelkämpfer zwischen der Mafia, den Baronen und der Bürokratie, so andererseits souverän zwischen allen ideologischen Gruppen und allen politischen Parteien. Aber er ist alles andere als Anarchist oder ein Partisan: er lebt mit dem Volk, arbeitet mit Kameraden und sucht die Hilfe des Staates.

Auch die Gewaltlosigkeit ist keine Ideologie, wenn auch sein bewußtes Prinzip. Lebte er in Südamerika: er würde vielleicht sogar näher bei Che und Torres stehen als bei Camara. Er ist ja Praktiker. Wahrscheinlich stände er drüben zwischen Camara, der die Gewalt verneint, aber notfalls dulden würde, und Torres, der sich zu ihr entschieden hatte. In Nordamerika dagegen würde er der Verbündete Martin Luther Kings geworden sein. Einmal ist offenbar in ihm der christliche Impuls wirksam, Gewalt nicht durch Gewalt zu bekämpfen, sondern durch praktische Liebe zu entmächtigen; im übrigen weiß er wohl zu genau, daß Sizilien, so korrupt und vernachlässigt es auch sein mag, zu Italien gehört, das als Ganzes die Chance hat, seine bessere Zukunft auf die Weise eines normalen europäischen Landes zu erarbeiten und zu erkämpfen. Das ist für uns nicht ohne eine doppelte Bedeutung. Einerseits arbeitet Dolci an einem innereuropäischen Entwicklungsprogramm. So unorthodox seine Methoden sind: er weiß, daß in einem hochorganisierten störungsanfälligen Erdteil die große Veränderung nicht von der gewaltsamen Revolution, sondern von einer Kette konkreter radikaler Reformen erwartet werden muß; man wird ein revolutionäres Ziel haben, aber geduldig und zäh die einzelnen Schritte tun, im „langen Marsch", auf dem sich die Veränderung des Bewußtseins und die Änderung der Strukturen ständig durchdringen. Seine Arbeit ist in die sizilianische, die italienische und damit in die europäische Geschichte integrierbar und integriert. Das ist übrigens, wenn man sich auf die lebenden Westeuropäer beschränkt, wohl der einzige Fall in der Reihe der in diesem Buch vorgestellten Frauen und Männer der unblutigen Revolution. Zum zweiten ist sein Modell gleichwohl in vielem, wenn auch nicht in allem, auf das zu übertragen, was wir außereuropäische Entwicklungshilfe nennen. Was in Südamerika, in Afrika und Asien zu tun wäre, könnte in einigen wesentlichen Punkten an jene innereuropäische Erfahrung anknüpfen.

Dolcis Leben ist oft beschrieben worden, und sein ebenso abenteuerlicher wie logischer Ablauf reizt dazu, daß ich es nun einmal anders, nämlich von der Gegenwart zurück bis zum Anfang des eigentlichen Lebens, seiner Ankunft in Trappeto, erzählen möchte, und zwar sozusagen in sieben Kapiteln.

Ich deutete schon an, daß in allerletzter Zeit Hoffnung auf bessere Kooperation mit der römischen Zentrale besteht. Im Notstandsgebiet des Erdbebens von 1968 hat man zunächst durch unglückliche Barackenbauten das Elend eher stabilisiert als behoben und beim Wiederaufbau die beiden Hauptaufgaben vernachlässigt: das Bewässerungsproblem und das der Neusiedlung in größeren Zentren, die untereinander und mit Palermo durch neue Straßen zu verbinden sind. Immerhin ging es bei einigen Staubecken voran. Dolci bemerkt zu einem Fall: „Erst als die Menschen in den sechs Dörfern dieser Gegend sich zu wehren begannen und verlangten, daß etwas geschehe, erst da fing man an zu bauen. So muß es gehen. Wenn das Volk eine Änderung will, können es jene nicht mehr ausbeuten, die daran interessiert sind, daß alles beim alten bleibt." Zum ersten Mal hat sodann aber im Frühling dieses Jahres der zuständige Minister von den Erfahrungen und den Dokumentationen des Studienzentrums Dolcis ernsthaft Kenntnis genommen und sie als richtig anerkannt. Es ist typisch, daß auch dem möglicherweise folgenreichen Besuch des Ministers ein Akt gewaltlosen Widerstandes vorausgehen mußte. Dolci hat im März einen Schwarzsender installiert: Radio Libera, gegen das Gesetz, aber unter Berufung auf den Artikel 21 der italienischen Verfassung: „Alle haben das Recht, ihre eigenen Gedanken in Wort, Schrift und jedem anderen Verbreitungsmittel auszudrücken." Als die Gendarmen den kleinen Sender beschlagnahmten, sagte ihnen Dolci: „Es ist schlimm, daß in diesem fröhlichen Italien die armen Christen, um sich Gehör zu verschaffen, das Rundfunkgesetz verletzen müssen." Aber Dolci hatte schon eine solche moralische Autorität, daß die Staatsmacht diesmal von seiner Verhaftung absah. Der südschweizer Sender Monteceneri übernahm die Sendungen, die Presse und eine Schallplatte machten eine Sensation aus dem Fall. Es war die Resonanz auf diesen illegalen, aber höchst legitimen Akt, der den Minister in Bewegung gesetzt hat. Man ist ermutigt.

Das Kapitel vorher war vom Erdbeben 1968 an durch unermüdliche Einzelarbeit im Katastrophengebiet ausgefüllt. Die Selbsthilfe mußte überall angeregt werden – übrigens auf sehr vielfältige Weise. Adorno würde gewiß entsetzt sein, wenn er noch erfahren hätte, daß unter gewissen Umständen sogar die Blockflöte ein revolutionäres Instrument sein kann. Es gilt ja nicht nur, die heilgebliebenen Häuser in freiwilligen Beschlüssen gleichsam zu sozialisieren, die Bevölkerung zu immer neuen Protesten, aber auch zu ständiger Handarbeit zu ermutigen, sondern auch die Kinder zu unterrichten, ihnen nicht nur Eifer, sondern auch Fröhlichkeit ins Herz zu geben, ihnen und den Erwachsenen. Gerade in den zwei Jahren nach der Katastrophe sind die von Anfang an ernstgenommene

Erwachsenenbildung und der Unterricht überhaupt der Mittelpunkt der Initiativen der westsizilianischen Zentren geworden. „Die Kinder um Dolci", berichtet Otto Bahr, „haben gelernt, wieder Kinder zu sein, zu lachen und fröhlich zu sein; die anderen sind nach wie vor arme halbverhungerte Tiere." Glück als Moment der Revolution, die Blockflöte als eines ihrer vielen Mittel – und das ist alles andere als eine Idylle. Es ist seelische Wirklichkeit, aber eine Wirklichkeit, ohne welche die Zustände nicht zu ändern wären.

Das Erdbeben unterbrach und forcierte – damit kommen wir zum fünften Kapitel – jene systematische Arbeit der sechziger Jahre in kleinen Teams an Ort und Stelle, eine methodische, aber ganz und gar von der je verschiedenen Situation jedes Bereiches geleitete Arbeit, an der sich freiwillige Helfer aus dem Inland und dem Ausland, die meisten wohl aus Nordeuropa, beteiligt haben und beteiligen. Es bedurfte dazu nicht nur der Fachleute, der Ärzte, Erzieher und Agronomen, sondern auch einer systematischen Auswahl und Einteilung des Gebietes in klar umrissene einheitliche Zonen.

Voraussetzung aber war – Kapitel 4 – eine Reihe von Studienkongressen. Der erste, wohl 1958, ein Soziologen-Kongreß in Palermo, war eine Sensation. Man hatte dem als Schwärmer geltenden Praktiker Dolci nicht zugetraut, daß er bereit und imstande zu systematischer wissenschaftlicher Arbeit und ihrer Organisation war. Seitdem heißen seine Zentren „Zentren für Studien und Initiativen". Der Liebes-Realismus Dolcis äußert sich eben in zwei Zweigen: dem aktuellen und konkreten solidarischen Dienst an Ort und Stelle und dem gründlichen Studium der Fakten und der ebenso gründlichen wissenschaftlichen Reflexion über die Chancen der Hilfe. Es ist grotesk, daß ihm gerade ein simples Stück Bestandsaufnahme einen Prozeß wegen Pornographie eingebracht hat: Wie etwas später in seinem Buch „Umfrage in Palermo" hatte er in den „Banditen in Partinico" seine Arbeitslosen, Gelegenheitsarbeiter, Analphabeten, aber auch Gauner, Diebe, Strichjungen und Huren ihr Leben erzählen lassen, ungeschminkt. Das ging an die Nieren, aber das ganze intellektuelle Italien trat für ihn ein, und er wurde diesmal freigesprochen: man erkannte seinen Zusammenstellungen von Selbstaussagen immerhin die wissenschaftliche Absicht zu.

Aber ich bin schon in das dritte Kapitel hineingeraten: Dolcis Scheitern, so muß man wohl sagen, in Palermo. Die langsam reifende Methode, die er in dem Dorf Trappeto, in
 dem Städtchen Partinico entwickelt hatte, die er später syste-

matischer auf seine Zentren in drei Talgebieten Westsiziliens angewandt hat, war der Großstadt Palermo offenbar nicht gewachsen. Hier gelang es ihm nicht, an die Strukturen heranzukommen. Er mußte sich damit begnügen, den Tatbestand aufzunehmen: eine große Leistung trotzdem.

Das zweite Kapitel nach 1954 wird am deutlichsten durch einige dramatische Ereignisse gekennzeichnet. Da ist zum Beispiel der berühmte umgekehrte Streik. Eine Straße, wichtig für das Dorf, war bewilligt und finanziert, wurde aber aus Schlampigkeit oder aus welchen Gründen immer nicht gebaut. Andererseits gab es zugleich viele Arbeitslose. Dolci tat das einzig Vernünftige: er begann mit den Arbeitslosen die Straße zu bauen. Wie später bei der Errichtung des Schwarzsenders berief er sich schon damals auf einen Artikel der italienischen Verfassung, diesmal auf den Artikel 4, der das Recht auf Arbeit garantiert. Aber diese Initiative war nun einmal in mehrfacher Hinsicht illegal. Die Polizei griff ein. Dolci und die Arbeiter, die er vorher angehalten hatte, keine Waffen, auch nicht die traditionellen Messer mitzubringen, mußten durch acht Gendarmen von der Straße fortgetragen werden, ins Gefängnis. Er verlor den Prozeß, nicht den einzigen, aber sein Name wurde bekannt. Schon vorher hatte er durch einen Hungerstreik, ebenfalls nicht den einzigen seines Lebens, die Bürokraten gegen sich aufgebracht, das intellektuelle Italien alarmiert, Hilfe erzwungen, die Dorfgenossen ermutigt. Der Anlaß: er war Zeuge geworden, wie ein kleines Mädchen an Hunger starb. In dieselbe Zeit fällt der Bau der ersten Gemeindehäuser, der Anfang der Bildungsarbeit, noch unsystematisch, aber bereits wirksam – die Gesellenzeit Dolcis, könnte man sagen. Es war die Zeit, da er seinen Bund mit einem sizilianischen Dorf, seinen Bund mit der Not der Insel durch die Heirat mit der Bäuerin besiegelte, von der schon die Rede war. Seitdem steht ihm die einfache tüchtige Frau zur Seite, sie begleitet ihn auf vielen Reisen, und er ehrt sie, wie sie es verdient und wie es sich geziemt. Vielleicht ist hier ein Satz über seinen Typus fällig: Ich habe Danilo Dolci gesehen und gesprochen. Er ist sehr groß, breit und gewichtig. Sein Gesicht ist rund und gut, er ist von größter Einfachheit, direkt und natürlich. Carlo Levi sieht die tiefste Wurzel seines Lebens in der „Liebesfähigkeit seines Herzens". Inzwischen habe ich ihn genauer kennengelernt. Ich entdeckte einen neuen Zug: Kennerschaft im Reich der Musik und eine bewegende Liebe zu ihr. Er war fasziniert von der „Kunst der Fuge", die von nun an nach Sizilien gleichsam importiert werden wird.

Das erste Kapitel will ich nicht selber formulieren, das Kapitel seiner Ankunft 1952 in Trappeto. Als die Fischer ihn fragten, was ihn veranlaßt habe, in ihr Dorf zu kommen, sagte er: „Ich bin nach Trappeto gekommen, um den Willen Gottes zu tun." Was das sei? „Ich will alles tun, um als Bruder unter Brüdern zu leben. Ich bin nach Trappeto gekommen, um mit den Armen zu leben." So einfach war es. Evangelischer kann man es nicht sagen. Das Weitere soll ein Fischer von Trappeto erzählen – ich übernehme die vorliegende Übersetzung:

„Nach einiger Zeit, als er gut gesehen hatte, wie die Sachen in Wirklichkeit standen, sagte er, daß man ein Haus oder zwei bauen müsse, wo man die Bedürftigsten des Ortes, Waisen von Vater und Mutter vor allem, unterbringen und ihnen Kleider und Essen geben könnte. Einige der Fischer, die dort waren, gingen mit ihm in die Umgebung, zu sehen, wo man einen guten Platz finden könnte, um eine Gemeinschaft zu gründen. Er hatte gesagt, er wolle sie hier machen, weil es eine Zone sei mit vielen Banditen und mit vielen Armen. Am folgenden Morgen kam er mit uns und wählte diesen Platz, der Zerro hieß und gut war. Am nächsten Tag gingen wir zum Eigentümer des Landes und fragten, wieviel er wolle für diesen Boden, und wir machten den Preis, der auf 370000 Lire kam. Wir sagten ihm, daß wir kein Geld hätten, und er sagte uns in gutem Glauben, daß wir anfangen könnten zu bauen. Nach drei Tagen verreiste Danilo nach Oberitalien, und als er zurückkam, gab er dem Eigentümer des Bodens 100000 Lire und sagte ihm, wenn Gott seine Vorsehung walten lasse, gebe er ihm den Rest des Geldes. Der Eigentümer des Bodens war mit seinen Worten einverstanden. Da unterschrieb Danilo die Wechsel für 270000 Lire. Als das getan war, ging er und nahm Besitz von der Erde und stellte ein Zelt auf, wo er schlief und wohnte. Nach drei, vier Tagen, nachdem er sich in Trappeto niedergelassen hatte, ging er wiederholt ins Dorf und schaute die Häuser an, wie sie waren, und die Kleinen fragten, wie dieser Mann heiße. Da sagte er ihnen seinen Namen, und die Kleinen lernten ihn sofort, und jedesmal, wenn sie ihn von weitem sahen, riefen sie ‚Danilo Tschau', weil das das Wort war, mit dem er die Kleinen grüßte. Und wenn dieser Mann Kinder mitten auf der Straße sah mit einer schmutzigen Nase, dann nahm er sein Taschentuch, beugte sich nieder, putzte ihnen die Nase und küßte das Kind. Die Leute informierten sich bei ihm, was er machen wolle, und er erzählte ihnen mit großer Geduld, was man machen müsse. Er sagte, der Herr wolle, die Welt sei dazu da, daß man als Brüder darin lebe, was die Welt noch nicht tut. Denn wenn alle Brüder wären, die einen mit den anderen, so geschähen alle die üblen Dinge nicht, Kriege, Leute, die töten, Leute, die stehlen, Arbeitslosigkeit, die zunimmt, Kinder, die sterben vor Hunger, Leute, die Sachen wegwerfen, weil sie nicht wissen, was tun damit. Der Herr will diese üblen Dinge nicht. Darum will er diese Gemeinschaft gründen, um Bruder mit allen zu sein. Die Leute verstanden nicht sehr gut, aber nach und nach fingen sie an, zu begreifen."

Das wäre es. Alles andere ist Vorgeschichte; eine soziale Aktion mit Waisenkindern als Zwischenspiel, vorher Karriere, Verlobung, Studium: der Anfang eines nicht gelebten Lebens. Dolci brach es ab und ließ es hinter sich. Menschenfreunde, die imstande sind, ein Proletarierkind aus der Gasse aufzuheben, machen sich selten die Mühe, Soziologie zu studieren; und noch seltener pflegen die Soziologen, die bei uns auf ihren Kongressen ihre Richtungsstreitigkeiten auskämpfen, elende schmutzige Kinder zu küssen. Das Wichtigste ist weder das eine – das herzliche Sentiment – noch das andere – die aufgeklärte und solide Wissenschaft –, sondern ihre Verbindung in der Präsenz, in gelebter Solidarität.

An jenem ärmsten Fleck seines Vaterlandes setzte Dolci eine unblutige Revolution ins Werk.

# Helder Câmara

Hildegard Lüning

Zwölf Geschwister hatte ihm seine Mutter geboren. Fünf davon starben innerhalb eines Monats. Todesursache: Diphtherie, eine Krankheit, der ein billiges Serum gewachsen ist. Es war der Familie Pessôa Câmara unerreichbar. Einundsechzig Jahre alt ist Dom Helder Câmara heute. Von seiner Familie leben außer ihm nur noch ein Bruder und eine Schwester. Kann etwas anschaulicher die mörderische Brutalität der Unterentwicklung illustrieren als diese Normalstatistik einer nordostbrasilianischen Familie? Dabei zählten die Eltern von Helder Câmara in seinem Geburtsort Fortaleza, der Hafen- und Hauptstadt des nordbrasilianischen Bundestaates Ceará, zum Mittelstand. Sein Vater war Journalist, seine Mutter Volksschullehrerin. Dem Leben der Unterschicht, der Millionen, die Dom Helder heute unumwunden Sklaven nennt, ist seine Kindheit nicht zu vergleichen. Das Schicksal der Landarbeiter in seiner Heimat, kaum verändert seit Jahrhunderten, beschreibt Dom

Helder Câmara: „Sie haben das Recht, auf dem Land ihres Herrn zu sterben. Sie erhalten Hundehütten, um darin mit ihrer Frau und ihren Kindern zu leben . . . Ihr Arbeitgeber fühlt sich wie ein Vater, so großherzig und so gut. In den Hundehütten gibt es fast nie Licht, Wasser oder wenigstens ein Klosett. Der Herr beruhigt sich mit dem Gedanken, daß Gott die Kälte schon der Kleidung anpassen wird . . . Der Herr meint, daß es sein Recht ist, zu zahlen, was er will und wie er will. Er fühlt sich ja unendlich gnädig, wenn er sein Land bereitstellt, Arbeit gibt und sogar die Erlaubnis, einen kleinen Gemüsegarten für sich zu bebauen . . . Wenn der Sklave sich dann undankbar zeigt, wenn er beansprucht, Mensch, Person zu sein, Radio-Schulen besucht, gar von Rechten spricht und Mitglied einer Gewerkschaft wird, dann ist der Gutsherr überzeugt: Das ist der Atem des Umsturzes, und das heißt: des Kommunismus."

Auch wer solche Zustände beim Namen nennt, wie Helder Câmara es tut, ist heute im militärregierten Brasilien ein subversives Element, ein Vaterlandsverräter, ein Umstürzler, ein Kommunist, das heißt: der Verfolgung ausgesetzt. Kommunisten oder das, was man dafür hält, sind Freiwild. So man ihrer habhaft werden kann, machen die Vollstrecker der Militärordnung mit ihnen kurzen Prozeß. Haft, Folter, Tod – die Exzesse des blinden Antikommunismus, der heute in der lateinamerikanischen Schlüsselnation regiert, sind bekannt. Gegen die vermeintliche Gefahr einer kommunistischen Machtübernahme in Brasilien hatte das Militär 1964 geputscht. Angetreten, das christliche Vaterland vor der „Bolschewisierung" zu retten, den „sozialen Frieden" zu wahren gegen „Anarchie" und „Subversion", verstrickte sich das ungeliebte Regime immer stärker in die Logik der Machterhaltung. Es braucht den Erzfeind, um seine Existenz zu rechtfertigen. Entsetzt hatte Dom Helder Câmara, als ihm in seiner Heimat das offene und öffentliche Wort noch nicht verboten war, schon drei Monate nach dem Regierungsantritt des Militärs auf einer Pressekonferenz ausgerufen: „Wie lange wird dieser egoistische Glaube noch dauern, daß alles, was gut ist für das Volk, kommunistisch ist?" Gut für das Volk – darunter versteht Dom Helder Câmara: eine ehrliche Landreform zugunsten der Millionen, die unmenschliches Elend Kakteen ähnlicher macht als Menschen. Gut für das Volk wäre eine Bankenreform, eine Steuerreform, die verhindert, daß die Reichen sich auf Kosten der Armen weiter bereichern können, eine Verwaltungsreform, die der Bürokratenherrschaft ein Ende setzt, durch die das öffentliche Leben unterhöhlt wird. Gut für das Volk, beharrt sein Anwalt Helder

Câmara, wäre eine Volksbildungsbewegung, die den Hoffnungslosen, Entrechteten, Unterdrückten ihre Lage bewußt macht und sie befähigt, aus eigener Kraft und solidarisch Gestalter ihres eigenen Fortschritts zu sein. Gut für das Volk wären Genossenschaften und unabhängige, durchsetzungsfähige Gewerkschaften, wäre Arbeit für alle, eine angemessene Wohnung, ausreichend Nahrung, Kleidung, ärztliche Versorgung.

Das alles sind nun beileibe weder sonderlich originelle Einsichten noch enthalten sie in sich Sprengstoff. Gefährlich in den Augen der Machthaber, das heißt der Nutznießer der gegenwärtigen Gesellschaftsunordnung, werden sie erst durch die Erkenntnis, daß all das, was gut ist für das Volk, sich innerhalb der gegebenen Strukturen nicht verwirklichen läßt. Dom Helder Câmara fordert unumwunden die strukturverändernde Revolution. Wer die Herausforderung, die dieser Mann darstellt, besser verstanden hat, jene Attentäter, die Dom Helders Wohnung beschossen, oder jene Kirchenbünde bis hin zum Lutherischen Weltkongreß, die für den katholischen Erzbischof Câmara den Friedensnobelpreis 1970 erbaten – das scheint mir der Frage wert.

Es gibt wohl kein Prädikat, von dem Helder Câmara in den letzten Jahren verschont geblieben wäre. Man nennt ihn Faschist und Kommunist, Anwalt der Armen, Stimme derer, die nicht sprechen können, den brasilianischen Göbbels, Gaukler, roten Erzbischof, Friedensstifter, Rebell mit dem Krummstab, nützlichen Idioten, Esel in der Soutane, Revolutionshemmer und Revolutionär. Er selber hat für sich nie eine andere Kennzeichnung gelten lassen als diese: „Ich bin ein Mann der Kirche."

Helder Câmara ging seinen Weg zum Priestertum gradlinig. Er lernte in der Vorschule des Kleinen Seminars Gehorsam und Disziplin. Er übte im Priesterseminar, sich gegen den Stolz zu wappnen, den Helder Câmara für die gefährlichste Versuchung hält, und Demütigungen einzusehen als notwendige Übungen in der Demut, die er für die wesentliche Tugend hält. Mit zweiundzwanzig Jahren, am 15. August 1931, wird Helder Câmara zum Priester geweiht. Sein Erzbischof betraut ihn mit der Intellektuellen- und Arbeiter-Seelsorge in Fortaleza. Schon nach wenigen Monaten tritt an den Jungpriester Câmara „eine sehr heftige Versuchung heran, die Versuchung des Faschismus". Den brasilianischen Faschismus, die sogenannte Integralistenbewegung, schneiderten Anfang der dreißiger Jahre Plinio Salgado und Gesinnungsgenossen nach dem Muster des ständestaatlichen Portugal Salazars und nach dem Italien Mussolinis. Helder Câmara wurde von den Integralisten eingeladen, Erziehungssekretär ihrer Partei im Nordoststaat Ceará zu werden. Er fragte seinen Bischof, was er tun solle: „Wenn Sie ja sagen, dann ja. Wenn Sie nein sagen, dann nein." Der Bischof sagte ja, Helder Câmara wurde Integralist. „In der Bewegung redete man von Gott, Vaterland und Familie. Wir meinten es ehrlich damit", sagt er heute. Bis 1934 blieb er Erziehungssekretär der Grünhemden, der brasilianischen Faschisten. Die beiden Jahre sind ihm eine unvergeßliche Lehre geblieben: „Das ist so, als ob mein himmlischer Vater mich gegen die Politik hätte immun machen wollen. Sehr oft höre ich das Volk heute sagen, um dieses Land zu retten, müßte er Präsident der Republik sein. Aber nie, niemals ruft das in mir die geringste Versuchung hervor. Ich erinnere mich dann an meine Jugendsünde."

Dom Helders schärfste Widersacher auf der Rechten freilich können der Versuchung nicht widerstehen, dessen faschistische Vergangenheit auszuschlachten. Je weniger das Schreckgespenst des Kommunismus zieht, um Câmaras Hörergemeinde in der westlichen Welt abspenstig zu machen, um so mehr vertraut man auf die Faschismus-Diffamierung. Deutschlands katholische Bischöfe, Verbände und Übersee-Hilfswerke wurden Mitte August 1970 in einem achtseitigen Memorandum beschworen, sich nicht zu deklassieren durch die Mitverantwortung für die mögliche Verleihung des Friedensnobelpreises „an eine Person mit einer so wenig empfehlenswerten Vergangenheit und einer so fragwürdigen Gegenwart". Absender dieser „Wahrheit über Dom Helder Câmara" ist sein brasilianischer Amtsbruder, der Erzbischof von Diamantina, Dom Geraldo Sigaud. Er erklärt, die Wandlung Câmaras vom „fanatischen Faschisten" zum „kommunistischen Kreuzzügler" sei kein Rätsel, sondern die konsequente Haltung eines ehrgeizigen Politikers. Wörtlich: „Der Sieg Rußlands im Zweiten Weltkrieg zeichnete sich bereits 1943 deutlich ab. Monsignore Câmara beschloß, den im Abstieg begriffenen Nazismus zu verlassen und sich der hochkommenden Bewegung, dem Sozialismus, anzuschließen." Auf derlei gehässige Angriffe eines Mannes, den Helder Câmara ohne Ironie seinen Freund und Bruder im Herrn nennt, reagierte der in der harten Schule der Demut Großgewordene mit einer Bitte. „Haben Sie die Güte", schrieb er an die deutsche Kirche, „Brasiliens Bischöfe, und nicht einmal Dom Sigaud, nicht nach dessen wenig glücklicher Haltung zu beurteilen, die er in diesem Schreiben eingenommen hat. Niemandem gelingt sein Leben hundertprozentig. Wir können alle Fehler machen."

1936 wird Helder Câmara nach Rio de Janeiro als Experte ins dortige Erziehungsministerium berufen. Er arbeitet zunächst in einem Forschungsstab, der beauftragt ist, neue Lehrpläne und Prüfungsordnungen für die öffentlichen Schulen zu erstellen. Später wird er Erziehungsinspektor. Die Kurie überträgt ihm gleichzeitig die Leitung des Katechetischen Amtes. Seine Bitte, ihn aus der Ministerien-Arbeit zurückzuziehen, da die auch von einem Laien wahrgenommen werden könne, wird vom Kardinal von Rio abschlägig beschieden. Dom Helder, der Mann der Kirche, folgt wiederum.

Er wird vom Nuntius, dem Vertreter des Vatikans in Brasilien, als Berater herangezogen, bekommt entscheidenden Einfluß auf die Ernennung neuer Bischöfe und setzt sich in Rom für die Gründung einer Brasilianischen Bischofskonferenz ein. Sie wird 1952 geschaffen. Dom Helder Câmara, im gleichen Jahr zum Weihbischof von Rio de Janeiro ernannt, wird ihr erster Generalsekretär. Zwei Wahlperioden lang, bis zum Frühjahr 1964, hält er sich strikt an die Überzeugung: „Als Generalsekretär der Bischofskonferenz hatte ich kein Recht zu persönlichen Stellungnahmen. Ich mußte die Gesamtheit der Bischöfe repräsentieren." Dom Helder bleibt während dieser Jahre im Hintergrund. Die Früchte seiner Bemühungen, über zweihundert Kirchenführer auf ein Mindestmaß gemeinsamer Pastoralstrategie zu einigen, reifen heute. Ohne Helder Câmaras beharrliche, zwölfjährige Arbeit an der Bewußtseinsbildung der Kirchenleitung über ihre Mitverantwortung an der Entrechtung und Entwürdigung des Menschen im christlichen Brasilien hätte es dort kaum zu dem Zusammenprall zwischen Kirche und Staat kommen können, der im Jahr 1970 zum traurigen Höhepunkt der militärpolizeilichen Schließung des Kirchlichen Entwicklungsinstitutes IBRADES führte. Denn all diese antikirchlichen Maßnahmen – vom Verbot des neuen Katechismus in den staatlichen Schulen bis zur Inhaftierung der gesamten Führung der Christlichen Arbeiterjugend – sind undenkbar, wäre das Stillhalte-Abkommen zwischen Kirche und Macht noch in Kraft. An ihre Stelle ist die Kirche des Volkes getreten. Eine Kirche, die versucht, in der Nachfolge dessen, auf den sie sich beruft, mit den Menschen Mensch zu werden. Unvollkommen noch, zögernd, aber immer wieder provoziert. Von Männern wie Dom Helder Câmara:

„Anstatt zuzulassen, daß das Volk Prozessionen veranstaltet, um in der Trockenheit um Regen zu bitten, und andere

Prozessionen, um bei Überschwemmungen die Zeit der Trockenheit zu erflehen, werden wir lehren, daß Trockenheit und Überschwemmung unser Problem ist, ein Problem für die Intelligenz, die Technik, den Mut, die Organisation, den Willen und die Ehrlichkeit. Anstatt zuzulassen, daß das Volk in schrecklicher innerer Mutlosigkeit wiederholt, daß die einen nun einmal reich geboren werden und mächtig und die anderen arm und ohnmächtig, je nach dem Willen Gottes – und wir wissen, wie derartige Phrasen dazu dienen, die Ausbeutung zu decken –, statt dessen werden wir offen sagen, daß die sozioökonomischen Strukturen ungerecht sind und dringend durch humane und gerechte Strukturen ersetzt werden müssen, damit wir zu Recht behaupten können, in unserem Lande und in unserem Kontinent gebe es keine Sklaven mehr."

Sklaven – das sind für Helder Câmara, einen Mann, der grenzenlosen Mitleidens fähig ist, nicht nur die von den Zentren der Wirtschaftsmacht abhängigen unterentwickelten Länder, nicht nur die Millionen und Abermillionen Kinder Gottes, die das Elend zu Untermenschen macht. Sklaven, das sind auch die Reichen und Mächtigen seines Landes, die reichen und mächtigen Nationen, die „ein Übermaß an Komfort und Egoismus entmenschlicht". Dom Helder kennt sie, die Männer an den Hebeln der Macht. Im Auftrag und als Generalsekretär der Bischofskonferenz hat er mit ihnen das Gespräch gepflegt. Er verstand es, mit Getulio Vargas, dem wiedergewählten Diktator der dreißiger Jahre, die Regierungsunterstützung bei der kostspieligen Vorbereitung des Internationalen Eucharistischen Weltkongresses 1955 in Rio de Janeiro auszuhandeln. Mit dem Stab des Brasilia-Erbauers, Präsident Kubitschek, der seinem Land den Glauben an seine Entwicklungskraft und Schlüsselstellung in Lateinamerika zurückgab und es in eine galoppierende Inflation führte, gelang einer Bischofskommission unter Dom Helders Leitung der Anstoß zur Gründung der Entwicklungsbehörde für das Hungerviereck Nordosten, die SUDENE. Auch zur Nachfolge-Regierung des Janio Quadros hatte der erste Generalsekretär der Brasilianischen Bischofskonferenz guten Kontakt. Quadros hatte sich betont vom traditionellen Verbündeten Brasiliens, den USA, distanziert, offen die junge kubanische Revolution unterstützt, die Aufnahme diplomatischer Beziehungen zur Sowjetunion und den sozialistischen Staaten Osteuropas eingeleitet. In diesem siebenmonatigen Interregnum wurden von Helder Câmara die Verhandlungen über die brasilianische Volksbildungsbewegung MEB (Movimento de Educação de Base) abgeschlossen. Bezuschußt und gefördert von der Regierung Goulart, der als Führer der linken Arbeiterpartei den resignierenden Quadros ablöste, entwickelte sich MEB unter der Schirmherrschaft der Bischofskonferenz zur hoffnungsvollsten, weil bewußtseinsbildenden Alphabetisierungskampagne, die bislang in einem Entwicklungsland erprobt wurde. Gegen Goulart putschten am 1. April 1964 die Generäle. Die Bischofskonferenz gab eine positive Erklärung zur Militärrevolution (so die Selbstdefinition der Regierung) ab, eine Art Dank für die Abwendung der vermeintlichen kommunistischen Gefahr. Dom Helder Câmara, schon nicht mehr Generalsekretär der Bischofskonferenz, blieb mit dem Episkopat solidarisch. „Richtig gesehen", sagte er in einem Interview, „beweist das nur, daß sich die Kirche an keine Regierung bindet. Sie respektiert jede Regierung und bleibt bereit, dem Volk zu dienen, ob der Präsident nun Vargas, Kubitschek, Quadros, Goulart oder Castelo Branco heißt." Und als dann drei Jahre darauf General Castelo Branco von Marschall Costa e Silva abgelöst wurde, plädierte Helder Câmara dafür, den guten Willen des neuen Militärregenten zu ermutigen, ihm eine Toleranz-Zeit der Bewährung zuzubilligen.

Kurzsichtige Interpreten jedweder politischen Farbe sehen in dieser Haltung Helder Câmaras den Beweis, er sei im Grunde nichts anderes als ein intelligenter Opportunist mit einem realen Sinn für politische Machtkonstellationen. Dann bleibt die Gegenfrage, warum der einundsechzigjährige, altgediente Bischof mit dem Holzkreuz an einer Blechkette um den Hals es bei all diesem politischen Fingerspitzengefühl in der kirchlichen Diplomatenkarriere noch nicht weiter gebracht hat als zum Erzbischof einer Elendsdiözese im brasilianischen Nordosten.

Bei der Einführung in dieses Bistum hat Dom Helder Câmara am 12. April 1964 sehr klar gesagt, welche Motive seinem Handeln zugrunde liegen: „Niemand erschrecke, wenn er mich mit Leuten zusammensieht, die als kompromittierend oder gefährlich gelten, mit Leuten der Rechten oder Linken, der Regierungspartei oder der Opposition, mit Reaktionären oder Progressiven, Revolutionären oder Konterrevolutionären, mögen sie ehrlich sein oder nicht. Niemand versuche, mich an eine Gruppe oder Partei zu binden, damit ich seine Freunde als die meinen ansehe und seine Feindschaften teile. Meine Tür und mein Herz werden allen offenstehen, absolut allen. Christus ist für alle gestorben – ich darf niemanden vom brüderlichen Gespräch ausschließen."

„Dieser Maxime ist Dom Helder nie untreu geworden. So entschieden er Partei ergreift für die Armen, die Versklavten, Unterdrückten, so entschieden widersteht er auch der Versuchung, dabei neue Kluften aufzureißen zwischen Menschen, Klassen oder Völkern. Wer das verstehen will, muß ein Stück von Dom Helders Glaubenshorizont zu erfassen suchen, diesem römischen Katholizismus brasilianischer Prägung.

Wir stehen diesem Phänomen ziemlich hilflos gegenüber. Es entzieht sich unseren Kategorien. Es läßt sich vor allem nicht in die Sprache der „Wolfsburg-Menschen" fassen, wie einer der großen Mitbürger Dom Helders, der brasilianische Dichter Joâo Guimarâes Rosa, uns charakterisierte, die wir die „sprachliche Metaphysik verloren haben" und „die Seele zu den Akten legten". Wie seinen Landsleuten ist Helder Câmara eine für unsere Begriffe naivkindliche Frömmigkeit, ein mystisch begabter, visionärer Glauben eigen, den kein Zweifel an einer transzendenten Wirklichkeit anficht, der sie im Gegenteil schon hier zu erleben vermag. Dom Helder bekennt: „Der Übergang vom Natürlichen zum Übernatürlichen, vom Wirklichen zum Geträumten ist für mich fast nicht spürbar." Täglich, in seiner stündlichen „Wache", die um zwei Uhr früh beginnt, taucht Helder Câmara in diese umfassende, die Realität überschreitende Wirklichkeit ein. Er spricht mit Gott, mit Maria, der Gottesmutter, mit den Engeln. Und dann faßt dieser Mann, der die Mächtigen mit seinen harten, nüchternen Analysen der Unterentwicklungsursachen zu schockieren versteht, seine nächtlichen Meditationen in unendlich zarte Gedichte, Verse wie diesen: „Niemand hat geglaubt, das Kind habe die Absicht, den Schmetterling zu umarmen. Niemand außer mir. Ich begreife so gut, daß unsere unbeholfene Hand vernichtet, statt zu liebkosen, verwundet, statt zu beschützen." Oder in Fragen wie diese: „Ist nicht die Stunde gekommen, ihr Engel Gottes, den Menschen wieder zu lehren den Tanz, der Begegnung ist, Vereinigung, Einheit, Gebet?"

Dom Helder nennt, was er in seinen Nachtwachen tut, „die Einheit wiederherzustellen". Seinem Biographen José de Broucker, dem das wohl treffendste Porträt des „Friedensstifters" glückte, das bislang veröffentlicht wurde, versucht Dom Helder das zu beschreiben: „Während des Tages habe ich mich in jeder Hinsicht ausgegeben. Ein Arm wird nach hierhin gezogen, der andere dorthin gestreckt, ein Bein ist in diese Richtung gegangen, das andere in die andere. Ich hole sie alle wieder zusammen. Man muß die Einheit wiederherstellen. Vor allem die Einheit in Christus."

Die Einheit – seine Vision einer universalen, brüderlichen Menschheit – sieht Helder Câmara, ein hellsichtiger Kritiker seiner Kirche, trotz und gegen alle menschlichen Erfahrungswerte in dieser Kirche vorgegeben und grundgelegt. „Menschlich gesehen", sagte er mehrfach, „wäre alles geeignet, mich zu deprimieren. In Recife, im hungernden Nordostbrasilien, in ganz Brasilien, in der Welt – soweit mein Blick reicht – sehe ich die doppelte Versuchung: die institutionelle Kirche zu verlassen als Vorbedingung der Treue zu Christus und zur Gewaltanwendung überzugehen als Forderung des Evangeliums in den heutigen Verhältnissen Lateinamerikas und der ganzen Welt." Aber Dom Helder, der Mann der Kirche, sieht nicht nur menschlich, logisch, rational. Er sieht mit den Augen des Glaubens.

Soweit ich weiß, ist Dom Helder Câmara der einzige katholische Bischof der Welt, der in durchsichtiger Solidarität die oft beschworene Armut der Kirche so konsequent lebt, daß er sich nicht einmal ein Auto gönnt. „Wozu?", meint er, „ich trete auf die Straße, gehe fünf oder zehn Meter, und schon hält ein Taxifahrer, ein Geschäftsmann, ein Straßenkreuzer: Eh, Dom Helder, kann ich Sie mitnehmen?" Und dieser Bischof der Armen sagt nicht, das Schlimmste für ihn wäre, das Vertrauen seines Volkes zu verlieren. Er sagt: „Das Schlimmste für mich wäre, das Vertrauen des Papstes zu verlieren." Ein Paradox? „Hinge es von mir ab", hat Helder Câmara in einem seiner Nachtwachengedichte geschrieben, „ich beseitigte alle Gitter, alle Zäune, alle Mauern." Und in einem anderen: „Ich liebe die nutzlosen Schlüssel zu Schlössern, die nicht existieren ... Mich beunruhigen die nützlichen Schlüssel, die öffnen und schließen, Grenzen bestimmen, Eigentum garantieren, Ausschließungen versinnbildlichen." Dom Helder kann seinem innersten Wesen nach aus tiefster Glaubensüberzeugung nur immer soweit vorangehen in Wort und Tat, soweit er nicht Anlaß zu Parteiungen oder gar Spaltungen in der Kirche wird. Denn für ihn hat die Kirche eine unveräußerbare Mission:

„Der Sohn Gottes, der die Sehnsucht des Menschen versteht, sich, seine Grenzen und Beschränktheiten zu überschreiten und Gott zu werden, wird zum Menschen, um dem Menschen die Verwirklichung seines Traumes, Gott zu werden, zu ermöglichen. Während die Pessimisten bei der Annäherung an das Jahr 2000 vor Schreck zittern und voller Angst die Berechnungen der Bevölkerungsstatistiker wiederholen, lächeln Christen ohne Furcht glücklich, wie Johannes XXIII. 

Statt zu glauben, daß wir uns dem Ende der Welt nähern, sind sie überzeugt, daß wir dem ersten Schöpfungstag beiwohnen."

Nun, da der Mensch mündig wird, sagt Dom Helder Câmara weiter, „hat sich die Kirche um den neuen Menschen zu bemühen, der entsteht... Der neue Mensch darf kein riesiger Produzent-Konsument werden, kein Organ einer zur Maschine gewordenen Gesellschaft, selbst wenn er dafür die Herrschaft über die ganze Natur erreicht. Er soll ein freies und bewußtes Wesen werden, in einer fortschreitenden Befreiung von tausenderlei Versklavungen, damit seine grundlegende Freiheit wachsen kann: frei zu sein, bis er, von sich selbst befreit, sich den anderen schenken kann."

Dom Helder Câmara hat schon als Weihbischof in Rio de Janeiro Sozialwerke geschaffen, die aus aufgeklärter Sicht als unsinnige Wohltätigkeit erscheinen müssen. Sein erstes, heute geradezu ein Dokument mißratener Sozialhilfe, ist die Cruzada de São Sebastiano, zehn triste Wohnblöcke mit mehr als tausend Familien, erbaut aus bei Reichen erbettelten Geldern für Slumbewohner. In keinem Elendsquartier begegnet einem eine so unverhohlene Feindseligkeit wie in den Dom-Helder-Blocks von Rio. Nirgendwo ist die Verproletarisierung so offenkundig, die fehlgeplante Hilfe für Menschen, die keine Chance haben, am Aufbau ihrer neuen Heimat mitzuwirken, so drastisch zu erleben wie in diesen sozialen Wohnbauten. Eine andere Jugendsünde des Dom Helder Câmara? Oder die Kehrseite der Barmherzigkeit, die er nach wie vor praktiziert? „Armer Bischof", sagt Dom Helder Câmara wohl im Blick auf brasilianische Amtsbrüder, die heute in der unzweideutigen Option für den Befreiungskampf ihre Mission sehen, „armer Bischof, der den Eindruck macht, vom Evangelium nichts anderes behalten zu haben als die Szene, in der Jesus die Händler aus dem Tempel vertrieb, und der Dutzende anderer Szenen einer reinen und unendlichen Barmherzigkeit vergißt."

Auch die „Bank der Vorsehung", die Dom Helder Câmara in Rio gründete und deren Kapital aus einem jährlichen „Markt der Vorsehung" einkommt, den alle Botschaften mit gestifteten Produkten beschicken, hat ihrem Initiator die Kritik eingebracht, paternalistische Caritas zu betreiben. Dom Helder leugnet nicht, daß Gelder der „Bank der Vorsehung" vor allem jenen Menschen helfen, die keine Chance zu einem echten menschlichen Aufstieg haben, oder besser: „deren Aufstieg man nicht abwarten kann". Niemand brauche zu fürchten, erwiderte Câmara Kritikern seiner Werke der Barmherzigkeit, „daß ich, wenn ich mich ein wenig neige, um die Verwundeten dieses Krieges zu pflegen, schließlich den Krieg vergessen werde".

In der Tat, wo immer Dom Helder Câmara die Gewissen wachzurütteln versucht, läßt er keinen Zweifel daran, daß in der Welt ein unerklärter, aber sehr realer Krieg wütet: der Kampf zwischen der armen und der reichen Welt, zwischen den beherrschenden Zentren der wirtschaftlichen Macht und ihren Verbündeten in den abhängigen Staaten der Dritten Welt und deren Massen der machtlosen, ausgebeuteten Mehrheit.

Helder Câmaras beständige Aufforderung zur weltweiten sozialen Revolution geht weit über die Forderung nach einer grundlegenden Umwälzung der Herrschafts- und Besitzverhältnisse in seinem Land, über die Umverteilung der Weltmacht aus der einseitigen Handhabung durch die wirtschaftlich reichen Nationen hinaus. Obwohl sie auch das einschließt. Er war einer der ersten Kirchenführer in Lateinamerika, der den Zustand der Bevölkerungsmehrheit ohne Umschweife ein Produkt „etablierter Gewalt" nannte. Gewalt, bewußt oder unbewußt ausgeübt durch die schmale Schicht der Privilegierten in den lateinamerikanischen Ländern selbst; Gewalt, praktiziert von den reichen Industrieländern, deren Entwicklung sich auf den offenen Kolonialismus, die Eroberung und Ausbeutung der versklavten Rohstoff-Lieferanten, gründet und der durch ihr Diktat der Weltwirtschafts- und Welthandelsstruktur nun subtiler, indirekter fortgesetzt wird.

Helder Câmara war sich als einer der ersten bewußt, in welch erschreckendem Maß gerade das Christentum für die Teilung der Welt in Herren und Knechte verantwortlich ist. „Jene 20 Prozent der Menschheit, die über 80 Prozent der Weltproduktion verfügen, sind christlich oder christlicher Herkunft. Das macht uns zittern. Denn Lateinamerika, das in seinem Unterentwicklungszustand der Dritten Welt zugehört, ist wegen seiner christlichen Herkunft zugleich geistig mit den Ländern des Überflusses verbunden. Es ist bedrückend, daß unsere Brüder in Afrika und Asien glauben müssen, das Christentum sei die Religion der Unterdrücker, derer, die gestern klar herrschten und fast immer ausbeuteten und sich bis heute noch nicht zu mehr entschlossen haben als zur Hilfe in Form von Brosamen; die Religion derer, die sich der Illusion hingeben, durch ein Wettrüsten Freiheit und Menschenwürde verteidigen zu können, das jedes wirksame Entwicklungshilfe-Programm zunichte macht; die Religion derer, die den Entwicklungsländern schändliche Preise aufzwingen und auf diese Weise weiterhin viel mehr aus ihnen herauspressen, als sie ihnen an Hilfe leisten.

Lateinamerika ist der christliche Teil der unterentwickelten Welt. So tragen wir eine doppelte Verantwortung: Gegenüber unseren christlichen Brüdern aus den Ländern des Überflusses stellt uns die Nächstenliebe die Aufgabe, sie dem Egoismus zu entreißen, dem praktischen Materialismus, der Gefahr, unseren nichtchristlichen Brüdern Ärgernis zu sein, ihnen eine völlig falsche Vorstellung von Christus und seiner Lehre zu geben. Und hier in Lateinamerika fällt uns die Aufgabe zu, eine neue Dimension menschlicher Entwicklung zu erproben, einen Weg, uns aus dem untermenschlichen Elend zu befreien, ohne in die Unmenschlichkeit des Superkomforts und des Superluxus zu verfallen. Wir müssen lernen und lehren, daß die Fülle des Guten nicht gleichbedeutend ist mit Überfluß an Gütern."

Helder Câmara versteht die revolutionäre Gegengewalt, die Reaktion der Unterdrückten auf die ursprüngliche, die herrschende Gewalt. Er respektiert jeden, der aus ehrlicher Überzeugung und unter Einsatz seines Lebens die Befreiung seines Volkes mit der Waffe zu erkämpfen sucht. Aber er glaubt nicht an den revolutionären Erfolg des bewaffneten Aufstandes. „Wenn die Unterdrückten die Waffen der Unterdrücker benutzen", sagt Helder Câmara, „sind sie nicht mehr als eine Maus in den Pfoten der Katze." Er weist darauf hin, daß in allen lateinamerikanischen Ländern die Armee von nordamerikanischen Lehrern recht effektiv im Antiguerillero-Kampf geschult worden ist. „Ich muß zusehen, wie junge Männer und Mädchen ihr Leben riskieren, um Banken und Kasernen zu überfallen, sich mit erbeuteten Waffen einer gutgedrillten Armee entgegenzustellen. Ich will sie nicht davon abhalten, vor allem, wenn ich sehe, mit welchem Heldenmut sie kämpfen, und wenn sie dann noch solche Erfolge erzielen wie die Entführung von Botschaftern. Aber was kommt danach? Einige inhaftierte Kampfgenossen werden freigelassen. Hunderte andere werden ins Gefängnis gesteckt, gefoltert. Man bringt sie dazu, Namen von Kameraden preiszugeben – alles war letztlich vergebens."

Eine merkwürdige Argumentation aus dem Munde eines Mannes, der zu Recht unter die großen Pazifisten dieses Jahrhunderts eingereiht wird. Sollte Helder Câmara, der persönlich „tausendmal vorzieht, getötet zu werden als zu töten", revolutionäre Gewaltanwendung letzten Endes nur nach dem Kriterium ihrer Effektivität beurteilen? Hat er nicht verschiedentlich erklärt, ihm scheine das Andenken von Che Guevara und von dem kolumbianischen Priesterguerillero Camilo Torres der gleichen Achtung wert wie das von Martin Luther King? Und hat er nicht auf die Frage, warum er mit der Gründung seiner moralischen Pressionsbewegung „Gerechtigkeit und Frieden" auf die aktive Gewaltlosigkeit der Machtlosen vertraut, zuerst und rein pragmatisch geantwortet: „Weil ich überzeugt bin, daß in einem Befreiungskrieg die Leute sofort zermalmt werden"? Zermalmt von den Imperialismen, die Dom Helder Câmara stets im Plural zitiert. Weil er nachzuweisen vermag, daß die USA in ihrer Einflußsphäre kein zweites Kuba zulassen werden und die Sowjetunion sich kein zweites Kuba in Lateinamerika leisten wird.

Ich glaube, diese vermeintlichen Widersprüche im Denken des Helder Câmara, der die Gewaltlosigkeit nicht zum Dogma erhebt und nicht müde wird, vor der „Spirale der Gewalt" zu warnen, die sich für ihn zwangsläufig ergibt, sobald bestehende Gewaltzustände mit revolutionärer Gewalt beantwortet werden, – diese vermeintlichen Widersprüche eines Christen, der zutiefst überzeugt ist, daß vom Evangelium keinerlei Gewaltanwendung abgedeckt wird, entspringen Helder Câmaras uneingeschränkter Bereitschaft zum Dialog. Er glaubt an die Kraft der Ideen. Zu überzeugen aber vermag nur, wer von der Argumentations- und Verständnisebene seines Partners ausgeht. Darum, scheint mir, steht in Helder Câmaras Reden keine biblische oder gar theologische Argumentation im Vordergrund, sondern eine pragmatisch politische. Aber seine Faszination macht wohl weniger aus, was er sagt, sondern wie er es sagen kann: mit der seltenen Integrität eines „Mannes der Kirche", der nichts sein möchte „als der glückliche Esel, auf dem Jesus triumphierend in Jerusalem einzieht".

# Cesar Chavez

Volker Hornung

Als Martin Luther King ermordet worden war, konnte man hören, daß mit seinem Tod auch die Gewaltlosigkeit als Instrument für sozialen Wandel gestorben sei. Und doch war zur Zeit von Kings Ermordung bereits eine Bewegung in vollem Gange, die heute als Beweis dafür herangezogen wird, daß mit den gewaltfreien Techniken immer noch erfolgreich gearbeitet werden kann. Es handelt sich um den großen Traubenstreik der vorwiegend mexiko-amerikanischen Landarbeiter in Kalifornien. Organisiert wurde dieser Streik von Cesar Chavez, einem Mann, der seit 1965 zum anerkannten Sprecher und geistigen Führer der Landarbeiter geworden ist.

Seine Gegner werfen ihm vor, er strebe mit seiner Gewerkschaft eine „soziale Revolution" an. Man nennt ihn einen „Sozialisten" oder einen von Fidel Castro bezahlten „Agitator". Rechtsstehende Politiker wie der kalifornische Gouverneur Ronald Reagan, der amerikanische Vizepräsident Spiro Agnew und Präsident Nixon selbst haben kaum eine Gelegenheit ausgelassen, um gegen den gewerkschaftlichen Kampf des Cesar Chavez zu polemisieren.

Begonnen hatte es im Herbst 1965 in dem kleinen kalifornischen Ort Delano, als sich die auf den Weinplantagen arbeitenden Traubenpflücker zum Streik entschlossen. Damals war noch nicht abzusehen, daß die Streikbewegung fünf Jahre andauern würde, daß der größte und erste wirklich erfolgreiche Landarbeiterstreik in der amerikanischen Geschichte begonnen hatte. Zu mächtig schienen die Gegner der Landarbeiter, zu schwach die Arbeiter selbst.

In Kalifornien, wo fast die Hälfte des in den USA verkauften Obstes und Gemüses erzeugt wird, gilt die Landwirtschaft als reichster Wirtschaftszweig des Staates. Hier dominiert eine kapitalstarke Agrarindustrie, das sogenannte „Agrobusiness". Landwirtschaftliche Großunternehmen, die mit Industrie- und Handelskonzernen eng verflochten sind, beherrschen das Bild. Sechs Prozent der landwirtschaftlichen Betriebe verfügen über 75 Prozent der landwirtschaftlich genutzten Bodenfläche, sieben Prozent der Unternehmen beschäftigen allein 75 Prozent der Arbeitskräfte.

Diese Agrarkonzerne haben es stets verstanden, sich billige Arbeitskräfte zu sichern. Sie rekrutierten ihre Arbeiter unter ethnischen Minderheitsgruppen, die schutzloser und weniger organisationsfähig als die einheimischen Arbeiter waren. Im Bedarfsfall konnte man die fremdrassigen Arbeiter überdies ohne große Schwierigkeiten abschieben und durch neu „importierte" Streikbrecher ersetzen. Mexiko-Amerikaner und in geringerem Maße Filipinos stellen heute die Masse dieser Arbeitskräfte. In einem nahezu feudalistischen System haben sie kaum eine Alternative zur saisonabhängigen Landarbeit und gehören anerkanntermaßen zur „am meisten benachteiligten Gruppe in Amerika". Im Durchschnitt kommen sie auf eine jährliche Arbeitszeit von nicht mehr als 134 Tagen. Das Jahreseinkommen von 84 Prozent dieser unfreiwilligen Saisonarbeiter liegt folglich weit unterhalb der Armutsgrenze. Entsprechend trostlos ist es um die Lebensbedingungen dieser Arbeitergruppe bestellt. Die Lebenserwartung beträgt statt der allgemeinen von 70 Jahren nur 49 Jahre. Die Säuglingssterblichkeit liegt um 125 Prozent über den amerikanischen Durchschnittswerten. Die Wohnverhältnisse entsprechen nur bei einem Fünftel der Saisonarbeiter den Mindestanforderungen. Für die Landarbeiter gibt es weder Alters- und Krankenversicherungen noch Mindestlohn- und Urlaubsregelungen. Von der für Industriearbeiter gültigen Arbeitsgesetzgebung sind die Landarbeiter ausgeschlossen; das Recht, kollektive Arbeitsverträge zu schließen, ist ihnen vorenthalten. Die minimalen Bildungsmöglichkeiten, die die Kinder der Saisonarbeiter haben, schließen den Kreis.

Angesichts der grenzenlosen Fähigkeit der amerikanischen Gesellschaft, „Menschen durch den Wolf zu drehen, denen es an der nötigen Macht fehlt, ihre Sache zu verteidigen" (Newsweek), ist ein Grund für die schlechte Lage der Landarbeiter in der Tatsache zu suchen, daß es ihnen nie gelungen ist, sich erfolgreich gewerkschaftlich zu organisieren und ihre Ansprüche machtvoll zur Geltung zu bringen. Jeder Organisationsversuch wurde entscheidend gehemmt, weil die mit der Saisonarbeit verbundene ständige Fluktuation keine festen Beschäftigungsverhältnisse zustande kommen ließ. Erschwerend kam hinzu, daß die diskriminierten Gruppen unsicher gegenüber ihren Möglichkeiten und – aus Erfahrung – mißtrauisch gegenüber anglo-amerikanischen Gewerkschaftsorganisatoren waren, denen es zu selten wirklich um die Interessen der Landarbeiter gegangen war.

In dieser Situation ist Cesar Chavez zur Schlüsselfigur für die Bemühungen geworden, die soziale Lage der Landarbeiter grundlegend zu bessern. Nachdem derartige Bemühungen dreißig Jahre lang immer wieder fehlgeschlagen waren, schuf Chavez die Grundlagen für die erste lebensfähige Landarbeitergewerkschaft in den Vereinigten Staaten.

Chavez kennt die Lebensbedingungen der „Migrants", der Wanderarbeiter, seit seinem zehnten Lebensjahr. Er ist einer von ihnen. Während der großen Depression hatte seine Familie eine kleine Farm in Arizona aufgeben müssen und war in den Strom der arbeitsuchenden Landarbeiter geraten. Am eigenen Leibe erfuhr Chavez Diskriminierung und Ausbeutung. Und seine Schulbildung entsprach der der meisten „Migrants": nachdem er über dreißigmal die Schule gewechselt hatte, verließ er sie vorzeitig nach der siebenten Klasse, weil er den Eltern beim Geldverdienen helfen mußte.

Als er 1952 fünfundzwanzig Jahre alt geworden war, kam Cesar Chavez mit einer Organisation in Berührung, welche die Lebensbedingungen der in städtischen Slums lebenden Mexiko-Amerikaner durch direkte Aktionen zu bessern suchte. Man wollte die Apathie und das Gefühl der Machtlosigkeit, die das Leben der Unterprivilegierten bestimmten, überwinden, indem man Möglichkeiten des Engagements zeigte. Die Unterprivilegierten sollten den Kampf für ihre

Sache selbst in die Hand nehmen und sich organisieren. Chavez arbeitete zehn Jahre lang mit dieser „Community Service Organization" und lernte, die Menschen „von unten", von der Basis her zu mobilisieren. Er lernte auch, daß man nur dann erfolgreich mit den Armen zusammenarbeiten konnte, wenn man sich von den etablierten Gruppen und sogenannten führenden Persönlichkeiten fernhielt. Chavez wurde der erfolgreichste Organisator dieser Organisation. Aber als seine Vorschläge, endlich auch die Landarbeiter zu organisieren, regelmäßig abgelehnt wurden, als die „Community Service Organization" überdies die Tendenz erkennen ließ, sich selbst zu etablieren, trennte er sich 1962 von ihr. In Delano wollte er auf eigene Faust seine Vorstellungen von einer „sozialen" Gewerkschaft der Landarbeiter verwirklichen. Die Gewerkschaft, die ihm vorschwebte, sollte nicht die strukturellen Schwächen der traditionellen Industriegewerkschaften übernehmen, die sich damit bescheiden, Lohnerhöhungen und bessere Arbeitsbedingungen auszuhandeln. Sie sollte die soziale Situation der Landarbeiter von der Basis einer autonomen genossenschaftlich strukturierten Organisation her grundlegend ändern.

Bevor die Traubenpflücker von Delano im September 1965 ihren Streik beginnen konnten, schuf Cesar Chavez in dreijähriger intensiver und entbehrungsreicher Aufbauarbeit die organisatorischen Voraussetzungen. Als er begann, rechnete er damit, daß mindestens fünf Jahre nötig seien, um die schlagkräftige Gewerkschaft zu formen, die er sich vorstellte. Mit diesem Organisationsansatz vermied er die Fehler, die bei früheren Mobilisierungsversuchen begangen wurden. Stets hatten fremde Organisatoren alles auf einmal zu erreichen gesucht. Zur gleichen Zeit wollten sie sowohl organisieren als auch streiken und scheiterten schließlich, weil sie die Kräfte überforderten. „Wenn man nicht über eine zuverlässige Organisation verfügt, dann wird der Streik gebrochen, darüber darf man sich keinen Täuschungen hingeben", so lautete die Grundannahme von Chavez. Deutlich unterschied er sich von den bisherigen gewerkschaftsoffiziellen Bemühungen, weil er davon ausging, daß nur durch die direkte Beteiligung der Arbeiter selbst die Gewerkschaft zu echter Stärke finden könnte. Aus diesen Erwägungen heraus weigerte sich Chavez auch, für den Aufbau der angestrebten autonomen Gewerkschaft fremdes Geld anzunehmen. Die Arbeiter sollten feststellen, daß sie *ihre* Gewerkschaft aus eigener Kraft schaffen und durch ihre Beiträge und ihr Engagement erhalten konnten.

Zu Beginn seiner Aufbauarbeit in Delano verfügte Chavez außer 1200 ersparten Dollars über keine weiteren Mittel. Ein halbes Jahr lang erkundete er die Organisationsbereitschaft der Landarbeiter und propagierte den Gewerkschaftsgedanken. Überall dort, wo Interesse zu erkennen war, suchte er den persönlichen Kontakt; überall da, wo ein Landarbeiter in Not geraten war, schaltete Chavez sich ein, um zu helfen. So gewann er die ersten Mitglieder für seine Landarbeiter-Vereinigung, die „National Farm Workers Association", und knüpfte ein Netz direkter persönlicher Beziehungen. Er selbst stand sich dabei nicht besser als diejenigen, welche er zu organisieren suchte. Als seine Ersparnisse aufgebraucht waren, blieb seine Familie auf das Geld angewiesen, das seine Frau mit ihrer Arbeit auf den Weinplantagen verdiente. Noch während des ersten Jahres kam es soweit, daß Chavez bei Landsleuten um Nahrungsmittel bitten mußte. Gerade dadurch wurde er aber noch mehr als bisher zu einem der Ihren und gewann auf diesem Wege einige der tüchtigsten Gewerkschaftsmitglieder.

So brachte Chavez die Organisation Schritt um Schritt voran, bis genossenschaftliche Formen der Zusammenarbeit eingeführt werden konnten. 1965 hatten die Traubenpflücker nicht nur ihren eigenen genossenschaftlichen Lebensmittelladen, sondern auch eine eigene Drogerie, eine Tankstelle, eine kleine Krankenstation und einen Kreditverein mit zunächst 600 Mitgliedern. Auf diese Weise lösten sich die Landarbeiter um Chavez bis zu einem gewissen Grad aus dem wirtschaftlichen System, in dem sie ausgebeutet wurden. Durch die selbstverwalteten Alternativinstitutionen sicherten sie ihre soziale Bewegung vor der Gefahr ab, im Konfliktfall wirtschaftlich abhängig zu sein. Vielmehr konnte dank der autonomen Selbsthilfe-Einrichtungen die kommunal verankerte repressive Machtstruktur unterlaufen werden.

Als Anfang September 1965 philippinische Landarbeiter, die sich von einem gewerkschaftsoffiziellen Organisationskomitee, dem „Agricultural Workers Organizing Committee", vertreten ließen, einen Streik gegen Lohndiskriminierungen begannen, wollten die bestreikten Weinpflanzer mexiko-amerikanische Traubenpflücker aus Delano anwerben, um den Streik zu brechen. Chavez und seine Leute wurden zu einer vorzeitigen Entscheidung gezwungen, ob sie als Streikbrecher agieren und die Kluft zwischen den Landarbeitern verschiedener Rassen aufreißen oder aber sich dem Streik anschließen und vielleicht einen Fehlschlag riskieren wollten. Während einer öffentlichen Versammlung entschieden sich die Mitglieder der

Landarbeiter-Vereinigung einmütig für den Streik. Nach diesem Zusammengehen von Filipinos und Mexikanern wurde Chavez zusehends zum anerkannten Führer aller Streikenden und prägte den Charakter des Kampfes durch zwei Grundsätze: zum einen achtete er darauf, daß mit der Entscheidung für den Streik ausdrücklich der gewaltfreie Charakter dieser Auseinandersetzung beschlossen wurde; zum anderen machte er es zum Prinzip, daß alle Entscheidungen von den Streikenden selbst zu fällen waren. Von dieser Grundhaltung her entwickelte sich der Streik zur „Graswurzel-Bewegung", in der Macht von unten sich formierte, um nicht allein gerechte Löhne zu erkämpfen, sondern um „die hierarchische Sozialstruktur zu ändern, welche die ländlichen Regionen Kaliforniens beherrscht" (The New York Times).

Zu der Zeit, als in Delano der Traubenstreik begann, war das in der Bürgerrechtsbewegung bestehende Bündnis der reformwilligen Kräfte des Landes im Begriff, sich aufzulösen. Gewaltfordernde Untertöne des Rufes nach „Black Power" hatten reformbereite weiße Liberale abgeschreckt, die Rassenunruhen in den Städten hatten die Position der Reaktion gestärkt, der Krieg in Vietnam schließlich hatte Kräfte gebunden, die dem Kampf für sozialen Wandel im Inneren, dem Kampf gegen Armut und Diskriminierung entzogen wurden.

In dieser Situation sah Chavez, daß die Landarbeiter – allein auf sich gestellt – gegen die wirtschaftliche Übermacht ihrer Gegner sich nicht würden durchsetzen können. Gleich nach dem Streikbeschluß warb er deshalb um freiwillige Helfer, die bereits am Bürgerrechtskampf aktiv beteiligt gewesen waren und jetzt zur Unterstützung der Streikpostenaktionen eingesetzt werden sollten. Denn gerade bei der direkten Konfrontation konnten sie den Traubenpflückern helfen, die tiefverwurzelte Unsicherheit gegenüber Pflanzern und Polizisten zu überwinden. Indem Chavez an das nationale soziale Gewissen appellierte, indem er den Kampf der Landarbeiter nicht nur als einen normalen Lohnkampf, sondern vornehmlich als einen Kampf um Menschenwürde und soziale Gerechtigkeit darzustellen vermochte, wurde der Streik zu einer moralischen Auseinandersetzung stilisiert und ein Bündnis mit den Reformkräften ermöglicht. Von kirchlichen Kreisen über die Arbeiterbewegung, Gruppen der Bürgerrechtsbewegung bis hin zur Studentenbewegung und der Neuen Linken fand man sich zur Unterstützung des Traubenstreiks zusammen.

So wurde vermieden, daß „La Huelga" – der Traubenstreik – ein Ereignis von nur lokaler Bedeutung blieb. Die ausgesprochen gewaltfreie Position, die die Landarbeiter um Chavez eingenommen und trotz aller Provokationen behauptet hatten, wirkte integrierend und wurde zum wesentlichen Faktor für die moralische Stärke und Anziehungskraft der Streikbewegung. Infolgedessen konnten Drohungen und gewaltsames Vorgehen von seiten der Pflanzer oder ihrer Angestellten ebenso wie repressive Polizeimaßnahmen die Sache der Landarbeiter nicht schwächen. Sie verhalfen Chavez und seinen Leuten bei der liberalen Öffentlichkeit vielmehr zu zusätzlicher Sympathie.

Bei alledem behielt Chavez im Auge, daß der auf sozialen Wandel gerichtete Druck der Streikenden und einer sympathisierenden Öffentlichkeit in politische Aktivität umgesetzt werden mußte, um die dem Status quo verhafteten Interessen zu überwinden. Hier findet sich wohl eines der Motive dafür, daß die Streikenden bei den kalifornischen Vorwahlen die Präsidentschaftskandidatur Robert F. Kennedys intensiv unterstützt hatten. Denn dieser hatte versprochen, eine Gesetzgebung zugunsten der Landarbeiter zu unterstützen. Trotz dieses persönlichen Paktes hielt Chavez entschiedene Distanz zu den Parteiapparaten, und er machte gegenüber allen Bündnispartnern deutlich, daß die Landarbeiter nur für ihre eigenen Ziele kämpfen konnten.

Es zeigte sich recht bald, daß die Pflanzer allein durch den Streik weder an den Verhandlungstisch noch zur Anerkennung der inzwischen vereinigten Landarbeiter-Gewerkschaften zu zwingen waren. Sie wichen dem ökonomischen Druck des Streiks aus, indem sie aus weiter entfernten Gebieten – sogar aus Mexiko – Streikbrecher anwarben. Chavez und die Traubenpflücker antworteten darauf mit dem „einzigen verbleibenden gewaltfreien und wirtschaftlich angemessenen Mittel", mit einem Verbraucher-Boykott gegen kalifornische Weintrauben. Den Verbrauchern mußte man klarmachen, so drückte es Chavez aus, „daß diejenigen, welche die von Streikbrechern geernteten Weintrauben verkaufen, Armut und Ungerechtigkeit unterstützen".

Der Boykott richtete sich im Frühjahr 1966 zunächst gegen zwei Unternehmen, deren weiterverarbeitete Produkte national verbreitet und unter ihrem Markennamen leicht ausfindig zu machen waren. Die nötige Publizität gewann der Boykott, als 150 der Streikenden von Delano aus zu einem „Pilgermarsch" in die 300 Meilen entfernte Staatshauptstadt Sacramento aufbrachen. Zu Ostern wurden sie dort nach 25 Marschtagen von einer zehntausendköpfigen Menge vor dem Regierungssitz erwartet und in der Forderung nach einer neuen sozialen Ordnung für die Landarbeiter unterstützt. Und schon während des Marsches hatten die Teilnehmer in allen Orten, durch die sie kamen, über Streik und Boykott informieren können. Später räumten führende Vertreter der betroffenen Firmen ein, wie entscheidend die Boykottpropaganda gewesen war. Der Streik hätte die Unternehmen nicht berührt. Aber die ungünstige Publizität und der Boykott drohten die Geschäfte auf nationaler Ebene ernsthaft zu schädigen. Noch bevor der Marsch nach Sacramento beendet war, lenkte daher einer der Konzerne ein und erklärte sich bereit, mit der Landarbeitergewerkschaft offiziell zu verhandeln. Das war der erste Durchbruch durch die Front des Agrobusiness, der die Wirksamkeit des Boykotts ebenso wie den Nutzen des Bündnisses erwies und die Zuversicht der Streikenden stärkte.

Nachdem mit den meisten weiterverarbeitenden Unternehmen Arbeitsverträge abgeschlossen waren, begann Chavez den Boykott gegen die Erzeuger von Tafelweintrauben. Die große Beweglichkeit ebenso wie der Elan der Streikenden wurden während dieses Boykotts nicht nur sichtbar, sondern auch zu einer wichtigen Voraussetzung des späteren Erfolges. Kleine Gruppen von drei bis vier Streikenden wurden jeweils in die Städte geschickt, um dort die Unterstützung der Gewerkschaften, der Bürgerrechtsgruppen und der anderen Reformkräfte zu gewinnen und den Boykott zu organisieren. Diese selbständig, äußerst beweglich und phantasievoll operierenden Gruppen waren es, die die Streikenden zu „gewaltfreien Guerillas“ werden ließen. Junge Streikende verfolgten Lastzüge mit Weintrauben über Hunderte von Kilometern, sie schmuggelten sich auf Güterzüge, in denen Trauben befördert wurden, fuhren mit quer durch die USA und kamen beispielsweise in New Jersey an. So waren sie an den Bestimmungsorten zur Stelle, um den Boykott einzuleiten. In San Franzisko blockierten sie acht Tage lang einen Lastzug, der Streikbrecher-Weintrauben geladen hatte. Als dann die Blockade durch Gerichtsbeschluß aufgehoben wurde, formierten sie sich binnen einer halben Stunde auf dem nächsten Markt zum Picketing gegen den Verkauf von Weintrauben . . . Da war es gar nicht so verwunderlich, daß von den überall auftauchenden Streikenden bald als vom „Vietcong“ gesprochen wurde.

Schließlich arbeiteten 200 der Traubenstreiker in mehr als 30 Städten bis hin nach Kanada daran, den größten Boykott in der Geschichte der amerikanischen Arbeiterbewegung in Gang zu halten. Im Sommer 1968, als etwa in New York so gut wie keine Weintrauben mehr verkauft wurden, erreichte die Kampagne einen ersten Höhepunkt. Und 1969 wirkte sich der Boykott sogar bis nach Europa aus, als sich englische, schwedische und finnische Hafenarbeiter weigerten, Schiffe mit kalifornischen Weintrauben zu entladen.

Der wirtschaftliche Druck, den der Boykott auf die Pflanzer ausübte, äußerte sich nicht nur darin, daß der Verkauf von Weintrauben seit Streikbeginn um insgesamt 30 Prozent zurückgegangen war. Darüber hinaus waren auch die *Preise* für Weintrauben beträchtlich gefallen. Wie sehr die Pflanzer getroffen wurden, zeigte ihr Versuch, Landarbeiter und sympathisierende Gewerkschaften auf Schadenersatz in Höhe von 25 Millionen Dollar zu verklagen. Ernstlich ins Wanken geriet aber die Front des Agrobusiness, als im Sommer 1969 zehn größere Unternehmen aus dem Coachella-Tal sich zu Verhandlungen mit der Landarbeiter-Gewerkschaft bereiterklärten. Offensichtlich war damit der schon vier Jahre andauernde Arbeitskampf in seine letzte Phase getreten. Doch erst ein Jahr später, im August 1970, konnte der Sieg konstatiert werden, als Chavez mit 26 weiteren Pflanzern einen Vertrag abschloß und als damit 75 Prozent der kalifornischen Traubenanbauer die Gewerkschaftsorganisation der Landarbeiter anerkannt hatten.

Man hat Cesar Chavez zuweilen einen zweiten Martin Luther King genannt. Chavez hat das entsprechende Charisma, ebenso eine religiöse Grundhaltung. Trotzdem unterscheidet er sich erheblich von King. Während King dem Mittelstand entstammte, kam Chavez direkt von den „Graswurzeln". Chavez sprach die Sprache der Unterprivilegierten, wohingegen Kings Rhetorik die jungen Militanten insbesondere in den Gettos kaum noch erreichte. Chavez fand auch die Unterstützung der Leute, die Kings gewaltfreie Konzeption mißachtet hatten. So vereinigten sich unter Chavez Gruppen der „Neuen Linken", der Arbeiterbewegung, der liberalen Mittelklasse und der unterprivilegierten Minderheiten bis hin zu den „Black Panthers", um den Traubenstreik zu unterstützen.

Trotz der vielen Verbündeten blieb die Bewegung von Delano auf die Interessen der Landarbeiter konzentriert, weil es Chavez – anders als Martin Luther Kings „Southern Christian Leadership Conference" – vermied, seine Kräfte zu zersplittern. Durch die erfolgreiche Verbindung von Militanz, Gewaltfreiheit und Basisorganisation konnte Chavez die Prinzipien gewaltfreier Strategie zu einer Zeit behaupten, da anderswo im Lande Gewaltanwendung als ultima ratio im Emanzipationskampf der Unterprivilegierten propagiert wurde. Von Anfang an führten die Landarbeiter von Delano den Streik ausdrücklich als gewaltfreie Kampagne. Menschenleben, hatte Chavez erklärt, seien wichtiger als rasche Erfolge. „Keine Gewerkschaftsbewegung ist es wert, daß man ihr das Leben eines Landarbeiters oder eines Grundbesitzers oder das eines ihrer Kinder opfert." Entschieden wies Chavez die Ansicht zurück, daß die Militanz einer Gruppe an der Zahl der vorhandenen Gewehre zu messen sei. Die Zuflucht zur Gewaltanwendung sei gleichbedeutend mit Resignation und zeige lediglich an, daß man nicht hart genug arbeite, daß man nicht genügend schöpferisch und einfallsreich sei, um andere Wege ausfindig zu machen.

Chavez fand solche Wege. Der 300-Meilen-Marsch nach Sacramento vermochte den moralischen Anspruch der Traubenpflücker auf soziale Gerechtigkeit öffentlich zu demonstrieren. Mit einem anderen demonstrativen Marsch nach Calexico an der mexikanischen Grenze appellierte man an die Solidarität potentieller Streikbrecher.

Als die Bewegung während des dritten Streikjahres in eine kritische Phase geraten war und in Reaktion auf gewaltsame Übergriffe der Pflanzer oder ihrer Bediensteten innerhalb der Gewerkschaft verschiedentlich Gewaltanwendung befürwortet wurde, begann Chavez im Februar 1968 eine unbefristete Fastenaktion, um in einem dramatischen Appell an die Streikenden und an die Öffentlichkeit den gewaltfreien Charakter des Streiks zu bekräftigen.

Entscheidend aber wurde der Konsumentenboykott gegen die von Streikbrechern geernteten Weintrauben. Die Landarbeiter organisierten ihn als eine Art von Sympathieboykott. Und erst diese Form der gewaltfreien Aktion entwickelte den nötigen Druck, um die Vertreter des Agrobusiness an den Verhandlungstisch zu zwingen. Nur mit Hilfe des von Chavez geschaffenen breiten Bündnisses wurde dieser Traubenboykott wirksam. Es zahlte sich aus, daß Chavez jegliche rassistischen Untertöne sorgsam vermieden hatte. „Zu einer Zeit, da weiße Liberale aus der Bürgerrechtsbewegung vertrieben wurden, hat er (= Chavez, d. Verf.) nicht nur ihren guten Willen anerkannt, sondern ihnen auch eine konkrete Aufgabe gegeben" (Steven V. Roberts), sei es bei der Unterstützung des Boykotts oder bei der direkten Hilfe in Delano. Gleichwohl achtete Chavez darauf, daß der Streik in den Händen der Landarbeiter blieb. Die Freiwilligen waren der Gewerkschaft willkommen, es wurde ihnen aber klargemacht, daß es nicht ihre Sache war, die Leitung zu übernehmen und Entscheidungen zu beeinflussen.

Konsequent wie bisher wohl kaum ein anderer hat Cesar Chavez in Delano die Konzeption verfolgt, daß eine gewaltfreie Bewegung ihre Macht nur „von den Graswurzeln her" entfalten kann. Ganz bewußt hatte er zunächst auf spektakuläre Aktionen verzichtet und widmete sich – entsprechend dem Grundsatz, daß gewaltfreies Handeln stetige und hartnäckige Organisationsarbeit voraussetzt – intensiv der Aufgabe, die unterprivilegierten Landarbeiter in einer genossenschaftlich strukturierten Gewerkschaft zu organisieren. Die Arbeiter lernten, gemeinsam für das, was sie als ihre Interessen erkannt hatten, einzustehen und das Gewicht ihrer Zahl zur Geltung zu bringen. Direkte Beteiligung aller Mitglieder an den Entscheidungen und disziplinierte Organisation waren die Elemente, auf die sich die Schlagkraft der gewaltfreien Bewegung von Delano gründete. Chavez hatte seine Leute nicht für Demonstrationen, für einmalige Ereignisse, organisiert, sondern für die tägliche Auseinandersetzung – so, daß „der älteste und der jüngste Streiker weiß, was zu tun ist, wenn sich der Gegner eine Blöße gibt". Chavez hatte – das ist das Entscheidende – die Menschen gewandelt, hatte sie gelehrt, selbsttätig zu handeln. Und nur auf einer derartigen Grundlage war es möglich, den langen Kampf von Delano durchzustehen.

# Kenneth David Kaunda

Rolf Niemann

In einem Leitartikel der nigerianischen Zeitschrift „African Statesman" wird Kenneth Kaunda von Zambia emphatisch als Beispiel eines afrikanischen Staatsmannes dargestellt, der die heutige Generation hoffen läßt, den ganzen Kontinent Afrika von der Tyrannei befreien zu können – von der weißen wie auch von der schwarzen.

Vor wenigen Wochen war Kaunda an der Spitze einer Delegation der Organisation für afrikanische Einheit auch in Bonn. Auf der Konferenz der blockfreien Staaten, die im September 1970 in Lusaka, der Hauptstadt Zambias, stattgefunden hat, war diese Delegation beauftragt worden, die westlichen Regierungen, die Portugal, Südafrika und Rhodesien Hilfe gewähren, auf die Gefahren für die Einheit Afrikas und auf mögliche militärische Auseinandersetzungen hinzuweisen. Präsident Kaunda hat der Bundesregierung die Beschlüsse des Gipfeltreffens der Blockfreien vorgetragen. Bei seinen Verhandlungen in Bonn legte Kaunda besonderes Gewicht auf die Forderung nach Einstellung von Waffenlieferungen und Militärhilfe an Portugal und an die Republik Südafrika. Ein weiterer wichtiger Verhandlungspunkt war die westdeutsche Unterstützung am Staudammprojekt Cabora Bassa in Mozambique, das nicht der Befreiung und Selbstbestimmung der einheimischen Schwarzen zugute kommt, sondern dem Wiedererstarken des Kolonialismus im südlichen Afrika dient. Kenneth Kaunda argumentierte, daß der geplante Staudamm den Zustrom weißer Siedler fördere und damit die Erlangung der Unabhängigkeit Mozambiques weiter erschwere. In den Verhandlungen versuchte Kaunda die Bundesregierung zu bewegen, ihre Bürgschaft für die westdeutschen Lieferfirmen in Höhe von 400 Millionen Mark zurückzuziehen.

Diese Aussagen über Kenneth Kaunda als Staatsmann und als diplomatischen Vermittler haben ihre Basis in der humanistischen Grundhaltung seiner Persönlichkeit. Der Ausgangspunkt seines politischen Handelns entspringt seiner tiefen Überzeugung, daß gesellschaftliche Konflikte mit gewaltfreien Methoden auszutragen sind. Diese Haltung läßt sich aus dem persönlichen Werdegang und den ersten politischen Erfahrungen Kaundas herleiten:

Kenneth Kaunda wurde 1924 in einer Missionsniederlassung der Kirche von Schottland in der Nähe von Chinsali in der Nordprovinz des damaligen Nord-Rhodesien geboren. Er war das achte Kind des Geistlichen David Kaunda und seiner Ehefrau Helen, eine der ersten afrikanischen Lehrerinnen des Landes. Beide wirkten unermüdlich, um Schulausbildung und Christentum in diesen abgelegenen Teil Afrikas zu bringen. Auf der Missionsschule entwickelte sich für die ganze Umgebung ein reges Zentrum des Lernens. Kenneth Kaunda wuchs auf in einem Haus voller Bücher – wobei die Bibel eine hervorragende Rolle spielte. Oft wurde im Familienkreise vorgelesen, und es wurden geistliche Lieder gesungen. Die Musik und das Christentum haben Kaunda in jungen Jahren entscheidend geprägt. Nach dem frühen Tod seines Vaters war es insbesondere seine Mutter, die mit ihrer Frömmigkeit großen Einfluß auf ihn ausübte. Er lebte auf der Missionsstation in einer Gemeinschaft, die sich auf Liebe, Freundschaft und Herzlichkeit gründete. So bedeutete es für Kaunda einen Schock, als er nach dem Besuch der Grundschule sein Zuhause als Vierzehnjähriger verließ und sich mit den harten Realitäten des Lebens in Nord-Rhodesien konfrontiert sah.

Für einen jungen Afrikaner, der die Möglichkeit gehabt hatte, eine sechsjährige Schulausbildung zu erhalten, war es eine fast selbstverständliche Folgerung, selber Lehrer zu werden und dazu beizutragen, Wissen und Bildung seinen eigenen Landsleuten zu vermitteln. Im Jahre 1941 war Kenneth Kaunda einer der ersten, der die Chance erhielt, das neugegründete Lehrerbildungsseminar in Munali, nahe der Hauptstadt Lusaka, zu besuchen.

Zu dieser Zeit hatte er noch die Vorstellung, in die Fußstapfen seines Vaters zu treten und Geistlicher zu werden. Der übliche Weg, sich auf ein geistliches Amt vorzubereiten, war die Lehrerausbildung, weil die Erziehung einen hervorragenden Platz unter den Aufgaben der Kirche im zentralen Afrika einnahm. Die Zeit am Lehrerbildungsseminar war für die persönliche Entwicklung Kaundas entscheidend: Er überwand seine Hemmungen, die nicht zuletzt auch von seinem Sprachfehler herrührten, und wurde ein selbstbewußter junger Mann, was man schon in der Auswahl seiner Kleidung sah. Er wurde ein beliebter Folklore-Sänger und organisierte eine Tournee der Gesangsgruppe seines Seminars; außerdem spielte er im Football-Team mit.

Während seines letzten Jahres am Lehrerseminar war er Vertrauensschüler. Sein Interesse an politischen Dingen zeigte sich daran, daß sein Lieblingsfach die Staatsbürgerkunde war. Den entscheidenden Einfluß dieser Zeit übte ein aus Südafrika stammender Dozent aus. Er erzählte Kaunda vom Leben unter dem wachsenden Druck der Apartheid und warnte seinen Schüler eindringlich: „Wir haben unsere Chance in Südafrika verpaßt. Es ist eure Aufgabe, zu verhindern, daß Nord-Rhodesien auf die gleiche Art beherrscht wird."

Noch vor seinem Abschlußexamen wurde Kaunda dringend an seine alte Missionsschule zurückgerufen und wurde dort selber Lehrer und 1944 auch Schulleiter. Als Lehrer fühlte er sich jedoch nicht ausgelastet, und so engagierte er sich als Leiter einer Pfadfindergruppe und trat der örtlichen Afrikanischen Wohlfahrtsvereinigung bei. Wohlfahrtsvereinigungen waren ein sehr frühes Merkmal von politischer Organisation der afrikanischen Bevölkerung, die ihre gebildeten und bewußtesten Vertreter umfaßte. Im Rahmen ihrer Bemühungen interessierte Kaunda sich insbesondere für die soziale Seite dieser Aktivitäten.

Im Jahre 1947 kündigte er seine Stellung als Leiter der Missionsschule und wollte sich einmal woanders umsehen. Zuerst ging er zusammen mit zwei engen Freunden nach

Tanganyika und später allein nach Süd-Rhodesien. Doch für ihn persönlich war diese Jagd nach einer Stellung, die ihn voll befriedigte, nicht erfolgreich. Was seine menschlichen Erfahrungen und die Erweiterung seines Weltbildes anging, so waren diese „Wanderjahre" durchaus eine Bereicherung für ihn.

Schließlich trat er dann doch wieder eine Lehrerstelle in der Gegend des Copperbelt an, in dem Industriezentrum, das auf Kupfer gebettet ist. Inzwischen hatte er auch geheiratet. Seine Frau, die nach traditionellem Brauch von seiner Mutter ausgewählt wurde, war auch als Lehrerin ausgebildet. Kaunda blieb nicht lange dort; doch er nahm viele neue Kontakte inmitten der zum Bewußtsein erwachenden afrikanischen Gesellschaft auf. Die Bergarbeiter begannen sich gewerkschaftlich zu organisieren, und überall wurde von der neuen politischen Bewegung gesprochen: dem Afrikanischen National-Kongreß ANC.

An seiner dortigen Schule hatte Kaunda einen „Club zur Selbsthilfe" gegründet, der durch den Verkauf gebrauchter Kleidung und den Erlös eines Gemüsegartens die Schulgelder für Schüler, denen ein Schulbesuch aus Geldmangel nicht möglich gewesen wäre, aufbrachte. Gleichzeitig wirkte KK – wie ihn seine Freunde nannten – aktiv in kommunalen afrikanischen Komitees und städtischen Beratungsgremien mit und gewann dort seine ersten politischen Erfahrungen. Dadurch verlor er vorübergehend seine Stellung als Lehrer und arbeitete deshalb einige Zeit als Fürsorger in einer Kupfermine.

Im Jahre 1949 kehrte Kaunda mit seiner Familie zu seiner alten Schule zurück und baute eine Genossenschaftsfarm auf dem Landbesitz seiner Mutter auf. Während er sich selber mit der Landwirtschaft beschäftigte und moderne Anbaumethoden anwendete, während er an der Schule lehrte und während er mit Freunden und Bekannten geistliche und folkloristische Lieder sang, die in einheimische Sprachen übersetzt waren – bei allen diesen Gelegenheiten trug er mit dazu bei, daß sich ein afrikanisches Bewußtsein bildete. Die Organisierung der Bauern im Distrikt Chinsali war eine wesentliche Voraussetzung für die Entwicklung dieses Gebiets. Die dort gesammelten Erfahrungen haben später Eingang in Kaundas Politik für das gesamte Land gefunden: Präsident Kaunda hat als sein politisches Nahziel verkündet, jedem Bewohner Zambias einen Krug Milch und ein Ei auf den Frühstückstisch und ein Paar Schuhe an seine Füße geben zu können.

Indem Kaunda die Bauern seines Distrikts organisierte und damit den ersten Anstoß gab, daß diese Bauern ihre augenblickliche Notlage überwinden konnten, hat er sich noch innerhalb des bestehenden sozialen Systems bewegt. Doch dieses reformistische Element war gleichzeitig geeignet, zur politischen Bewußtwerdung beizutragen, und wirkte somit systemändernd. Die politische Organisierung der afrikanischen Bauern setze bei ihren persönlichen Problemen an. Ihre intellektuellen und moralischen Fähigkeiten wurden allseitig geweckt und auf die Probe gestellt. Die Organisierung bedeutete, daß die Bauern im Kollektiv als Individuen handelten und in der Aktion ihre soziale Lage zu begreifen lernten.

Die politische und wirtschaftliche Macht in Nord-Rhodesien lag zu der Zeit noch ausschließlich in den Händen der weißen Einwanderer. Eine Bewegung zur Emanzipation der vierzigmal so zahlreichen schwarzen Bevölkerung entwickelte sich aus den Freiräumen afrikanischer gesellschaftlicher Betätigung und war langfristig auf einen radikalen sozialen Wandel angelegt.

Damit war auch die Frage der politischen Macht gestellt. Kaunda nahm Ende 1949 Kontakt zum Generalsekretär des nordrhodesischen Afrikanischen Kongresses – dem ANC – auf und erhielt die Erlaubnis, im Distrikt Chinsali eine Unterabteilung des ANC zu gründen. Diese neue und wagemutige Unternehmung wurde eingeführt durch die afrikanische Wohlfahrtsvereinigung, in welcher Kaunda einige Jahre vorher ein führendes Mitglied war. Jetzt wurde Kaunda als Sekretär des Afrikanischen Kongresses im Distrikt Chinsali gewählt; dies war sein erstes politisches Amt.

Monatelang fuhr Kaunda auf seinem Fahrrad durch die Dörfer und brachte seinen Landsleuten die aufrüttelnde Botschaft, daß Afrikaner nicht minderwertig, sondern ebenso gute – oder auch schlechte – Menschen wie alle anderen sind. In seiner einfachen Sprache, oft unterstützt durch seine Guitarre, zu der er auch sang, berichtete Kaunda von der Selbstorganisierung der unterdrückten Afrikaner in ihrem eigenen Land. Seine Erfolge im Werben und Organisieren von neuen Parteimitgliedern begründeten eine steile Parteikarriere: 1952 wurde er hauptamtlicher Organisationssekretär des Afrikanischen National-Kongresses in der Nordprovinz, und ein Jahr später war er Generalsekretär des ANC und damit rechte Hand des Parteivorsitzenden Harry Nkumbula.

Am Vorabend der Konstituierung der zentralafrikanischen Föderation beider Rhodesien und Nyassalands konzentrierte sich die afrikanische Opposition gegen die Bildung dieser Föderation, weil sie den Weg zur Selbstverwaltung und Unabhängigkeit eines afrikanischen Nord-Rhodesien hemmte. Im Kampf gegen die Föderation – wie zum Beispiel der „Tag der Trauer", an dem viele afrikanische Büroangestellte ihre Arbeit niederlegten – entwickelte sich ein Bewußtsein der Solidarität und der Stärke unter der afrikanischen Bevölkerung. Für die Partei ergab das eine Welle neuer Mitglieder.

Nachdem die Föderation Rhodesien und Nyassaland nun doch gegründet war, lenkten die Parteiführer Nkumbula und Kaunda die Aktivitäten ihrer Gefolgsleute auf weiter bestehende soziale Probleme, wie die rassische Diskriminierung in Poststellen und in Läden der Weißen. Sie organisierten eine Reihe von Boykotts dagegen und waren bemerkenswert erfolgreich. Gegen den Inhaber einer Ladenkette lag eine Menge Beschwerden von schlecht behandelten afrikanischen Kunden vor. Der ANC rief zum gezielten Boykott auf, der so wirksam war, daß der Besitzer verkaufen mußte. Mit seinem Nachfolger hatte man sich schnell geeinigt, und es gab daraufhin keine Diskriminierungen mehr. Hier war deutlich gemacht worden, daß sich der Boykott nicht gegen die Person eines Weißen richtete, sondern gegen seine Praktiken der Rassendiskriminierungen. Dem neuen Besitzer war zugleich klargemacht worden, daß sich diese Verweigerungsaktion nicht gegen die Ladenkette, sondern gegen ein unsoziales Verhalten zu Schwarzen richtete. Diese Verhaltensweise ist eine wesentliche Voraussetzung gewaltfreien Handelns.

Bei diesem Ansatzpunkt wird das politische Glaubensbekenntnis Kaundas deutlich: sein Vertrauen auf den einfachen Mann und sein Glaube an die gewaltfreie Aktion, begründet in seiner intensiven Beschäftigung mit Gandhi und einem Besuch in Indien, wo er Gespräche mit Nehru führte. Kaunda war sehr eingenommen vom Leben und Wirken Abraham Lincolns, und ganz allgemein gab es im Unabhängigkeitskampf den Einfluß angelsächsischer liberaler Ideen: das Recht auf staatsbürgerlichen Ungehorsam, wenn eine Regierung ihre Legitimation nicht aus der Zustimmung der Beherrschten herleiten kann.

Zur Organisierung des Widerstandes gehörte für Kenneth Kaunda auch die Verhaftung, die Verbannung und der Gefängnisaufenthalt. Diese Zeit trug dazu bei, daß er seine persönlichen Lebensumstände noch spartanischer gestaltete: Während er schon vorher Nichtraucher und Nichttrinker gewesen war, wurde er jetzt auch Vegetarier und gab Tee und

Kaffee auf. Er trug nur noch einfache indische Gewänder als Zeichen seiner Zugehörigkeit zu Gandhis Prinzipien. Diese Zeit der Inhaftierung nutzte Kaunda, jede Phase des Widerstandskampfes zu überdenken, und er machte sich auch schon Gedanken über die Zeit nach der Erlangung der staatlichen Unabhängigkeit seines Landes. Kaundas gewaltfreie Strategie bedeutete keineswegs, daß er nachgiebig oder schwach war; wenn er auch häufig zu Kompromissen neigte, so lag die Qualität solcher Übereinkünfte immer darin, daß sie einen Schritt zur vollständigen Befreiung des Landes darstellten.

Als sein Mitstreiter Harry Nkumbula bereit war, im Rahmen von diskriminierenden Verfassungsvorschlägen der britischen Regierung mitzuarbeiten, kam es zum Bruch. Kaunda und seine energischen jungen Gefolgsleute gründeten den Zambia Afrikanischen Kongreß, der zum Boykott der 1959 angesetzten Scheinwahl aufrief. Die Führung dieser neuen Bewegung wurde bald verhaftet und ihre Partei verboten. Als Kaunda nach neun Monaten Haftstrafe Anfang Januar 1960 entlassen wurde, definierte er seinen Gefolgsleuten in der neugegründeten Vereinigten Nationalen Unabhängigkeits-Partei UNIP seine politische Methode für den nationalen Befreiungskampf folgendermaßen:

„Wir von der UNIP wissen, was wir wollen, sofortige Selbstregierung, und wir wissen auch, wie wir sie erreichen, durch gewaltfreie Mittel plus wirksamer Aktion . . . Heute, in einer Situation wie der unsrigen, wo der Unterdrücker bis zu den Zähnen bewaffnet ist, hatten die Unterdrückten – bevor man die vergleichsweise neue Methode des zivilen Widerstandes entdeckte – sich entweder zu unterwerfen oder offen zur revoltieren. Sich der Unterdrückung zu unterwerfen ist würdelos; eine offene Revolte führt häufig zum Tod zahlloser Menschen, gerade der Menschen, die wir zu befreien suchen. So ergreifen wir die dritte Methode – die Methode des zivilen Widerstandes oder der gewaltfreien Aktion. Das bedeutet feste Überzeugung, intensives Training und verlangt mehr Disziplin als eine offene Revolte. Wir haben nicht die Absicht, unsere Leute zu Kanonenfutter für kolonialistische Gewehre werden zu lassen."

Kenneth Kaunda kann für sich in Anspruch nehmen, daß seine gewaltfreie Methode während der Kampagne für soziale Gerechtigkeit in Nord-Rhodesien in den Jahren 1953 bis 1957 – die Kampagne gegen diskriminierende Praktiken gegenüber Schwarzen – erfolgreich war. Er bezog sich auf sein Vorbild Gandhi, wenn er die gewaltfreie Aktion als ein großes

Experiment beschrieb, das der Selbstverwirklichung des Menschen diene. Bei einer öffentlichen Diskussion erklärte er mit Nachdruck: „Ganz entschieden lehne ich die Gewalt in jeder Form ab. Sie bringt uns der Lösung unserer Probleme nicht näher." Als die Unruhe seiner Leute gegen die rückschrittlichen Verfassungsvorschläge der britischen Regierung von 1961 sich vereinzelt in empörten Gewaltakten entlud und eine weiße Frau gesteinigt worden war, verurteilte Kaunda die Täter und betonte, daß „der Kampf nicht anti-weiß, sondern gegen das Unrecht gerichtet ist. Wir können nicht den Rassismus bekämpfen und selber rassistisch sein". Bei Unruhen in der Nordprovinz hatten weiße Truppen keine Schwierigkeit, acht Afrikaner zu töten.

Die Verfassungsvorschläge von Anfang 1961 waren der Versuch, eine Kompromißlösung zwischen den Forderungen der weißen Beherrscher der Föderation und der britischen Verantwortlichkeit gegenüber der afrikanischen Bevölkerung zu finden. Das Ergebnis war eine komplizierte Wahlordnung, nach der weiße und schwarze Kandidaten nur mit einer vorgeschriebenen Mindestunterstützung der jeweils anderen Rasse gewählt werden konnten. Wenn dieser Kompromiß auch bei allen wesentlichen Parteien keine Gegenliebe fand, so erwies er sich doch als erster notwendiger Schritt zu einer afrikanischen Mehrheitsregierung. Bei den Ende 1962 durchgeführten Wahlen erhielt Kaundas UNIP 14 Mandate, Nkumbulas ANC, der ein Bündnis mit den weißen Herrschern der Föderation eingegangen war, 7 Mandate und schließlich die vorwiegend von Weißen getragene Vereinigte Föderations-Partei 16 Mandate.

Es ist ein bedeutsames Beispiel für Kaundas politische Überzeugungskraft und sein pragmatisches Kalkül, daß es ihm gelang, eine Koalitionsregierung mit seinen Widersachern im ANC zustande zu bringen. Unter europäischer Kontrolle gab es erstmals in diesem Jahrhundert gewählte Afrikaner, die innere Selbstverwaltung in diesem Land ausüben konnten. Kaunda wurde Minister für Ortsverwaltung und Wohlfahrt. Als die Praxis der Regierung allerdings erwies, daß der ANC alle wichtigen Entscheidungen hinsichtlich der Entwicklung des Landes blockierte, und nachdem im Juli 1963 die Konferenz an den Victoria-Fällen das Recht eines jeden Mitgliedes der Föderation anerkannt hatte, diese als selbständiger Staat zu verlassen, schritten Ende Januar 1964 fast eineinhalb Millionen Erwachsene aller Rassen in Nord-Rhodesien zur Wahl.

Mit 55 Mandaten für die Vereinigte Nationale Unabhängigkeits-Partei UNIP erfocht Kenneth Kaunda einen überwältigenden Sieg und bildete, vom Gouverneur der britischen Krone beauftragt, das Kabinett des Staates, der am 24. Oktober 1964 als Zambia unter seiner Führung unabhängig wurde. Die Opposition bildete Harry Nkumbulas Afrikanischer National-Kongreß ANC und John Roberts Partei der weißen Siedler.

So hat Präsident Kaundas gewaltfreie Methode zuerst die Auflösung der weiß-beherrschten Föderation erreicht und schließlich die Unabhängigkeit der Republik Zambia erkämpft. In der Innenpolitik seines Landes ist es Kaundas Bestreben, nationale Verfügung über die Resourcen des Landes zu erhalten, um damit die Entwicklung Zambias vorwärts zu bringen. Die Verstaatlichung von 20 ausländischen Gesellschaften und die Übernahme von 51 Prozent des Aktienkapitals der bedeutenden Kupferindustrie dienen diesem Bemühen. Die Demokratisierung der Gesellschaft ist ihm das entscheidende innenpolitische Ziel; Kaunda ist die treibende Kraft für die Umgestaltung der Beziehungen zwischen Arbeitgebern und Arbeitnehmern, wobei das westdeutsche Montanmitbestimmungsgesetz Modell gewesen ist.

In der Außenpolitik hat er sich als Anwalt der Interessen der Entwicklungsländer hervorgetan, wie zum Beispiel vor der Vollversammlung des Weltkirchenrates in Uppsala, wo er eine Analyse über die reichen und die armen Nationen vortrug. Seit den Gipfelkonferenzen von Addis Abeba und Lusaka läßt sich feststellen, daß Kaunda zum Sprecher in internationalen Angelegenheiten der bündnisfreien Staatenwelt geworden ist. Jetzt ist er im Gespräch als künftiger Generalsekretär der Vereinten Nationen. Kenneth Kaunda hat sich nicht nach internationaler Macht gedrängt; sein hauptsächliches Bestreben war die Wohlfahrt der Bürger seines Landes. Er hat richtig gesehen, daß die nationale Entwicklung entscheidend von internationalen Faktoren abhängig ist.

Sechs Jahre nach Erlangung der Unabhängigkeit Zambias hat sich die Gewalttätigkeit in der Welt verstärkt. Das hatte auch Auswirkungen auf die innenpolitische Szene des Landes. Heute macht Kaunda die afrikanische Oppositionspartei ANC für die politischen Gewalttätigkeiten im Lande verantwortlich und droht dem ANC mit dem Verbot. Kaunda erklärt dazu, daß er kein Geld dafür vergeuden wolle, die Polizeikräfte wegen politischer Gewalttätigkeit zu verstärken. Seine erste Aufgabe sei es, die Sicherheit und Wohlfahrt der Bevölkerung zu gewährleisten.

Als Kenneth Kaunda noch vor der Unabhängigkeit Zambias gefragt wurde, warum er sich den algerischen Befreiungskrieg nicht zum Vorbild nehme, erklärte er: „Wenn wir gewaltsam kämpfen würden und in ein oder zwei Jahren das durchsetzten, was wir wünschten, so hätten wir den Samen des Zweifels in unser Land gesät. Diejenigen welche nicht mit uns übereinstimmten, hätten ein Vorbild politischen Verhaltens. Sie würden versuchen, einen Umsturz zu organisieren. Die Geschichte zeigt zu mehreren Malen, daß die Methode, die einer anwendet, um ein Ziel zu erreichen, oft genau die Methode ist, mit der andere Leute versuchen, ihm die Macht zu entreißen."

# Dubček, Šik, Vakulík

Wolfgang Sternstein

In der Nacht vom 20. auf den 21. August 1968 tagte das Präsidium der Kommunistischen Partei der Tschechoslowakei unter Leitung seines Ersten Sekretärs Alexander Dubček im Sekretariatsgebäude der KPČ. Um 22.30 Uhr trifft die Nachricht vom Einmarsch der Armeen der fünf Warschauerpaktstaaten ein. Dubček erklärt erschüttert: „Das tun sie mir an – mir, der sein ganzes Leben der Zusammenarbeit mit der Sowjetunion gewidmet hat! Das ist für mich die Tragödie meines Lebens."

So endete ein gesellschaftspolitisches Experiment, das von den fortschrittlichen Kräften in West und Ost mit atemloser Spannung verfolgt worden war. Mit militärischer Gewalt zerschlugen die „sozialistischen Bruderländer" den Versuch einer Synthese von westlicher Demokratie und östlichem Sozialismus, den Versuch, das Positive dieser beiden Gesellschaftsordnungen zu vereinigen und zugleich ihre negativen

Seiten zu überwinden. Der „demokratische Sozialismus" sollte nach dem Willen seiner Begründer ein humaner, ein menschenwürdiger Sozialismus sein, mit den Worten Alexander Dubčeks: ein „Sozialismus mit menschlichem Antlitz". Er sollte die Vorzüge der bürgerlichen Demokratie – Menschen- und Bürgerrechte, Rechtsstaatlichkeit, Gewaltenteilung, freie Wahlen – mit den Errungenschaften des Sozialismus – Vergesellschaftung der Produktionsmittel, soziale Sicherheit, Überwindung der Klassengegensätze – vereinigen.

Der Politiker Alexander Dubček, der Wirtschaftswissenschaftler Ota Šik und der Schriftsteller Ludvik Vaculík hatten an der Entwicklung und Verwirklichung der Konzeption des demokratischen Sozialismus wesentlichen Anteil. Ihre Rolle darf aber auch wieder nicht überschätzt werden. Es gab zahlreiche Politiker, Wissenschaftler und Künstler, deren Verdienste um die Reform kaum geringer zu veranschlagen sind. Die Reform war eine Massenbewegung, die in allen Schichten der Bevölkerung einen starken Rückhalt besaß. Die Namen Dubček, Šik und Vaculík stehen deshalb für die drei Hauptkräfte der tschechoslowakischen Reform: die Reformpolitiker, die Wirtschaftsreformer und die sogenannten Kulturschaffenden – Künstler, Schriftsteller, Wissenschaftler, Redakteure und Journalisten.

Die tschechoslowakischen Reformer waren keine Pazifisten. Sie waren überzeugte Marxisten und sind es – trotz des 21. August und seiner Folgen – bis heute geblieben. Ihr Verhältnis zur Gewalt als Mittel des politischen Kampfes ist durchaus pragmatisch. Sie bejahen sie, wo sie unumgänglich scheint, um bestimmte Ziele zu erreichen, und sie lehnen sie ab, wo sie glauben, mit anderen Mitteln zum Ziel gelangen zu können. Wenn sie trotzdem neben Gandhi und Martin Luther King in dieser Reihe einen Platz einnehmen, so deshalb, weil der „Prager Frühling" mehr war, als er nach dem bescheidenen Selbstverständnis seiner Initiatoren sein sollte – er war nicht nur eine Reform, er war eine Revolution, eine Revolution ohne Gewalt.

Es gibt Stimmen, die behaupten, eine unblutige, eine gewaltlose Revolution könne es nicht geben, Revolution sei ihrer Definition nach mit Gewalt verbunden. So sagt beispielsweise Mao Tse-tung: „Die Revolution ist ein Aufstand, ein Gewaltakt, durch den eine Klasse eine andere Klasse stürzt." Doch spricht ein anderer Klassiker des Sozialismus, Friedrich Engels, wiederholt von der industriellen Revolution und meint damit die tiefgreifenden Veränderungen in Wirtschaft, Gesellschaft, Politik und Kultur im England des 18. und 19. Jahrhunderts. Legen wir dieses Revolutionsverständnis zugrunde, dann darf der Prager Frühling mit Recht als eine Revolution gelten; denn er bedeutete eine radikale Veränderung der bestehenden Verhältnisse in der Tschechoslowakei.

In einem Punkt freilich unterscheidet sich die tschechoslowakische Revolution grundlegend von der französischen und der russischen, die unser Revolutionsverständnis nachhaltig beeinflußt haben. Sie war nicht nur in ihrer Zielsetzung – der Verwirklichung eines demokratischen und humanen Sozialismus – gewaltlos, sie war es auch in den *Methoden*, mit denen sie dieses Ziel zu erreichen suchte. Die bitteren Erfahrungen mit dem Stalinismus hatten in den tschechoslowakischen Reformern die Erkenntnis reifen lassen, daß die Ziele sich nicht gleichgültig verhalten zu den Mitteln, die zu ihrer Verwirklichung angewandt werden, oder wie einer der Wirtschaftsreformer, Radoslav Selucky, es ausdrückte: „Das menschliche Glück kann man nicht anordnen, man kann es den Menschen nicht aufzwingen. Eine gerechtere Gesellschaftsordnung kann man nicht mit ungerechten Mitteln erreichen. Der Zweck kann solche Mittel nicht heiligen."

An dieser Stelle muß denn auch das Neue und Zukunftsweisende der tschechoslowakischen Revolution gesehen werden. An hohen Idealen hat es bekanntlich keiner revolutionären Bewegung gefehlt. Im Namen von Freiheit, Gleichheit, Brüderlichkeit oder im Namen von Frieden, Demokratie und sozialer Gerechtigkeit sind Tausende guillotiniert oder exekutiert worden, und in Verteidigung der revolutionären Ideale oder auch in Verteidigung von Ehre, Volk und Vaterland sind Millionen auf den Schlachtfeldern der Erde verblutet. Die Folge von all dem ist, daß Frieden und Freiheit heute bedrohter sind als je zuvor, mehr noch: daß die Existenz der Menschheit selbst bedroht ist. Wenn es einen Ausweg aus dieser hoffnungslos scheinenden Situation gibt, dann wohl nur in der Erkenntnis, daß Gewalt nicht durch Gewalt, Unrecht nicht durch Unrecht und Unterdrückung nicht durch Unterdrückung überwunden werden kann. Mit anderen Worten: Mittel und Ziel müssen einander entsprechen, wenn das Ziel erreicht werden soll.

Die Tschechoslowakei war, im Unterschied zu den übrigen Staaten Osteuropas, schon vor dem Zweiten Weltkrieg ein hochindustrialisiertes Land mit demokratischer Tradition und westlicher Orientierung. Zugleich war sie ein Land mit einer starken und einflußreichen Kommunistischen Partei, zu deren 

Zielen sich die bedeutendsten Schriftsteller und Dichter des Landes und die überwiegende Mehrheit der Kulturschaffenden bekannten. Es schien geradezu, als sei die Tschechoslowakei dazu berufen, den Weg eines friedlichen Übergangs zum Sozialismus zu beschreiten. Aber es kam ganz anders.

Nachdem die KP im Februar 1948 die Alleinherrschaft übernommen hatte, geriet sie mehr und mehr in Abhängigkeit zur Kommunistischen Partei der Sowjetunion. Der Einfluß der KPdSU auf die wirtschaftliche und politische Entwicklung des Landes erwies sich in der Folge als verhängnisvoll. Die KPČ errichtete – im Widerspruch zu ihren ursprünglich demokratischen Herrschaftsvorstellungen – eine totalitäre Diktatur nach sowjetischem Muster, die tschechoslowakische Volkswirtschaft wurde reorganisiert, das bürokratisch-zentralistische System der Planung und Leitung eingeführt, der stalinistische Terror beherrschte das Land. Im Laufe der Jahre geriet das Land immer tiefer in eine allgemeine Krise. Die Wirtschaftsentwicklung stagnierte, das gesellschaftliche Leben erstarrte, das politische Leben wurde korrupt, in der Bevölkerung breiteten sich Resignation, Passivität, Unbehagen und Unzufriedenheit mit den bestehenden Verhältnissen aus. Das planwirtschaftliche System, das ein zwar barbarisches aber wirksames Mittel gewesen war, die wirtschaftliche Rückständigkeit der Sowjetunion zu überwinden, erwies sich, auf die entwickelte tschechoslowakische Volkswirtschaft angewandt, als Fehlschlag. Alle Versuche, das bestehende System auf der Grundlage der geltenden Prinzipien zu reformieren, scheiterten. Selbst die konservativen Kräfte in der Partei sahen allmählich ein, daß es so nicht weitergehen konnte. Das alte Regime unter Antonín Novotný hatte im wahrsten Sinne des Wortes abgewirtschaftet. Es stand vor dem Bankrott. Die Zeit war reif für einen Umbruch. Irgend etwas mußte geschehen.

Bei den fortschrittlichen Kräften in Partei und Gesellschaft hatte sich nach und nach die Erkenntnis durchgesetzt, daß die Ursache der allgemeinen Misere nicht in den Fehlern einzelner Personen, auch nicht in den Mängeln einzelner Teile des Systems, sondern im System selbst gesehen werden mußte. Folglich mußte das System als Ganzes geändert werden. Das bedeutete nicht weniger als die Preisgabe der drei Prinzipien des orthodoxen Marxismus-Leninismus: des demokratischen Zentralismus – in Wirklichkeit des bürokratischen Zentralismus, der Führungsrolle der kommunistischen Partei – in Wirklichkeit der Diktatur einer Machtclique über die Partei und der Diktatur der Partei über alle Bereiche des gesellschaftlichen Lebens, und schließlich des proletarischen Internationalismus – in Wirklichkeit der Unterwerfung der kommunistischen Parteien unter die Autorität Moskaus.

Es gab aber auch noch andere Faktoren, die die unblutige Revolution des Jahres 1968 begünstigten. Die Reformer waren zwar Gegner des Stalinismus, nicht aber Gegner des Sozialismus. Als überzeugten Marxisten konnte ihnen niemand vorwerfen, antisozialistisch eingestellt zu sein. Selbst ihre erbittertsten Gegner brachten es nicht fertig, ihre persönliche Integrität und ihre ehrlichen Absichten in Zweifel zu ziehen. Ihr Ziel war nicht, das bestehende System zu zerschlagen, sondern es von seinen Verzerrungen durch den Stalinismus und Bürokratismus zu befreien. Ihr Ziel war die Rückkehr zu einem authentischen und humanen Marxismus. Dieser Umstand erleichterte es ihren Gegnern, sich – widerwillig zwar und voller Bitterkeit – mit ihrer Entmachtung abzufinden, zumal sie für ihre Person nichts zu befürchten hatten. Die Reformer hatten nämlich von Anfang an keinen Zweifel daran gelassen, daß sie nicht daran dachten, Gleiches mit Gleichem zu vergelten und die Führung für ihre Fehler in der Vergangenheit zur Rechenschaft zu ziehen.

Ein weiterer Grund für den gewaltlosen Verlauf der Revolution war, daß die Reformer eine *konstruktive Alternative* zum bestehenden System entwickelt hatten. Dieses konstruktive Programm, das seinen Niederschlag im Aktionsprogramm der KPČ vom April 1968 fand, kann in seiner Bedeutung für den unblutigen Charakter der Revolution gar nicht hoch genug eingeschätzt werden. Es stellt gewissermaßen die Magna Charta des demokratischen Sozialismus dar. Seine begeisterte Aufnahme durch die Bevölkerung sicherte den Reformern von vornherein eine breite demokratische Basis und ließ den Gedanken an eine gewaltsame Durchsetzung ihrer Pläne gar nicht erst aufkommen.

Hinzu kam, daß nahezu die gesamte Intelligenz des Landes auf seiten der Reform stand. Die Reformer hatten in einem mühsamen und langwierigen „Marsch durch die Institutionen" zahlreiche Machtpositionen innerhalb des bestehenden Systems mit ihren eigenen Leuten besetzt. In Wirtschaft, Wissenschaft, Rundfunk und Pressewesen, in Regierung und Verwaltung, selbst in der Armee und nicht zuletzt in der Partei hatten sie wichtige Stellungen erobert. Selbst ins innerste Machtzentrum des sozialistischen Staates, ins Präsidium der Kommunistischen Partei, waren sie vorgedrungen. Die Entmachtung Novotnýs und die Wahl Alexander Dubčeks zum Parteiführer am 5. Januar 1968 brachten den Stein ins Rollen. Das politische Leben des Landes erwachte wie aus einem Dornröschenschlaf.

Dubček hatte durchaus nicht von Anfang an zu den Vorkämpfern der Reform gehört. Er galt als gemäßigt reformfreudig. Diesem Ruf verdankte er letztlich seine Wahl zum Parteiführer, denn in der entscheidenden Sitzung des Zentralkomitees am 5. Januar war er der einzige, der sowohl für die Konservativen als auch für die Reformer – genauer: die Anti-Novotný-Koalition – annehmbar war. So kam es, daß das Zentralkomitee ihn einstimmig zu seinem Ersten Sekretär wählte.

1921 geboren, war Dubček zur Zeit des Prager Frühlings 47 Jahre alt. Sein Vater, ein Tischler, gehörte zu den ersten Mitgliedern der slowakischen KP. Die Familie lebte von 1925 bis 1938 im sowjetischen Frunse, wo der Vater an der Gründung einer Genossenschaft von Tschechen und Slowaken zur Unterstützung des Sowjetstaates beteiligt war. In der Sowjetunion ging Dubček zur Schule. Nach der Rückkehr in die Slowakei arbeitete er als Maschinenschlosser in den Skoda-Werken. 1939 trat er der Kommunistischen Partei bei und wirkte als illegaler Agitator. Er nahm am slowakischen Aufstand teil und wurde verschiedentlich verwundet. Nach dem Krieg begann sein Aufstieg in der Partei. Er wurde Kreisparteisekretär in Trenčin, dann Mitglied des slowakischen Zentralkomitees und Abgeordneter der Nationalversammlung. Er absolvierte ein Jurafernstudium und besuchte von 1955 bis 1958 die Parteihochschule in Moskau. Nach einer Reihe weiterer Stationen in der Parteihierarchie wurde er schließlich Mitglied des Parteipräsidiums der KPČ und Erster Sekretär der slowakischen Kommunistischen Partei.

In der denkwürdigen Sitzung des Zentralkomitees am 5. Januar 1968, die mit seiner Wahl zum Parteiführer endete, soll er sich zunächst geweigert haben, das Amt anzunehmen, mit der Begründung, er sei „weder der erfahrenste noch der intelligenteste" unter den Kandidaten. Erst als man ihm vorhielt, seine Weigerung bedeute angesichts der Mehrheitsverhältnisse im Präsidium eine irreparable Spaltung der Partei, habe er angenommen, nachdem er einerseits um Unterstützung und andererseits darum gebeten habe, niemals zu vergessen, daß er das Amt nur unter Druck und gegen seinen Willen angenommen habe.

Dubčeks bedeutendste Leistung bestand zweifellos darin, sich nach seiner Wahl zum Parteiführer voll und ganz auf die Seite der Reformer gestellt und damit den Weg für eine umfassende Reform des gesamten Systems freigegeben zu haben. Auf den Konferenzen von Čierna und Preßburg hat er seine Entscheidung mit bemerkenswertem Geschick und großem persönlichem Mut gegen den massiven politischen Druck der Sowjetunion und ihrer Verbündeten verteidigt. Wenige Stunden nach dem Einmarsch der Armeen am 21. August wurde er zusammen mit Smrkovský, Kriegl und Spaček verhaftet und nach Moskau transportiert. Dem gewaltlosen Widerstand der Bevölkerung gegen die Besetzung und dem unerschrockenen Auftreten des Präsidenten der Republik, des Generals und „Helden der Sowjetunion" Ludvik Svoboda, verdankt er vermutlich seine Rettung. Die Besatzungsmächte waren gezwungen, ihn als den einzig legitimen Vertreter des tschechoslowakischen Volkes anzuerkennen, nachdem alle Versuche, ein Regime von Kollaborateuren einzusetzen, gescheitert waren.

Es ist bis heute nicht genau bekannt, welche Haltung Dubček in Moskau eingenommen hat. Wir wissen nur, daß er den Moskauer Vertrag unterschrieben und daß er nach seiner Rückkehr der Bevölkerung in einer bewegenden Rundfunkansprache erläutert hat, weshalb er glaubte, ihn unterschreiben zu müssen. Nichtsdestoweniger war das das Ende seiner politischen Karriere. Wenige Monate nach dem Einmarsch wurde er entmachtet und als Botschafter in die Türkei abgeschoben. Er hat sich bis heute geweigert, Selbstkritik zu üben und die Existenz einer Konterrevolution in der ČSSR zuzugeben, was eine nachträgliche Rechtfertigung der Intervention bedeutet hätte. Am 27. Juni 1970 wurde er aus der Partei ausgeschlossen und aller Ämter entkleidet.

Anders als Dubček war Ota Šik von Anfang an einer der profiliertesten Reformer. 1919 in Pilsen geboren, war er zur Zeit des Prager Frühlings 49 Jahre alt, zwei Jahre älter als Dubček. Von 1940 bis 1945 war er als Kommunist im KZ Mauthausen inhaftiert. Nach dem Krieg machte er in der Partei Karriere. Als Mitglied des ZK der KPČ, als Direktor des nationalökonomischen Instituts der tschechoslowakischen Akademie der Wissenschaften, als Mitglied der Wirtschaftskommission und schließlich als stellvertretender Ministerpräsident im Kabinett des Reformpremiers Oldrich Černik verfügte er über die besten Voraussetzungen, die Vorstellungen der Wirtschaftsreformer, deren Sprecher er war, in den dafür zuständigen Gremien durchzusetzen.

Die Dauerkrise der tschechoslowakischen Wirtschaft in den sechziger Jahren hatte schon mehrmals Reformanstrengungen erzwungen, die aber alle an dem Widerspruch gescheitert waren, die Auswirkungen eines Systems zu beseitigen, dessen Grundlagen nicht angetastet werden durften. Die Wirtschaftsreformer hatten, zunächst von rein wirtschaftlichen Überlegungen ausgehend, ein Alternativmodell zur bestehenden bürokratisch-zentralistischen Planwirtschaft entworfen – das Modell einer *sozialistischen Marktwirtschaft*.

Grundgedanke dieses Modells ist die Einführung des Wettbewerbs- und Leistungsprinzips auf der Basis des Gemeineigentums an Produktionsmitteln. Seine wichtigste Institution bildet das *sozialistische Unternehmen*, das im Rahmen der staatlichen Gesetzgebung vom Management und einem gewählten Organ der Arbeiter, dem „Rat der Werktätigen", selbständig und selbstverantwortlich geführt werden soll. In dieser unter dem Namen Arbeiterselbstverwaltung bekannt gewordenen Konzeption übernimmt der Rat der Werktätigen gleichsam die Aufgaben einer Legislative, die Unternehmensleitung die einer Exekutive. Dem Rat der Werktätigen stehen nach den Vorstellungen der Reformer erhebliche Rechte zu: er wählt den Direktor, kontrolliert und berät die Unternehmensleitung und entscheidet bei wichtigen Fragen, die das Unternehmen als Ganzes betreffen, mit. Das sozialistische Unternehmen erhält innerhalb der durch die staatliche Wirtschaftspolitik gezogenen Grenzen volle Bewegungsfreiheit. Es entscheidet weitgehend selbständig über die Höhe der Löhne und Gehälter, über Art und Umfang der Produktion und Investition und tritt selbständig auf den Inlands- und Auslandsmärkten auf. Da sich die Höhe der Löhne nach dem Gewinn richtet, den das Unternehmen erwirtschaftet, wird ein materieller Anreiz für die individuelle Leistungssteigerung geschaffen. Das Unternehmen muß sich im Wettbewerb mit einheimischen und ausländischen Betrieben behaupten. Es ist gezwungen, sich nach der Nachfrage auf dem Markt zu richten, neue Produkte zu entwickeln und ständig nach rationelleren Produktionsmethoden Ausschau zu halten.

Obgleich die Wirtschaftsreformer von rein ökonomischen Überlegungen ausgegangen waren, sahen sie sich zu radikalen gesellschaftlichen und politischen Schlußfolgerungen gezwungen. Das neue System konnte nur funktionieren, wenn das Wettbewerbs- und Leistungsprinzip, auf dem es beruhte, auf alle gesellschaftlichen Bereiche, den Wettbewerb verschiedener politischer Parteien um die Macht nicht ausgenommen, ausgedehnt wurde. Gegen die Gefahr eines Rückfalls in eine kapitalistische Gesellschaftsordnung glaubten sie die sozialistische Marktwirtschaft durch ein in der Verfassung zu verankerndes Gemeineigentum an Produktionsmitteln sowie ein hohes Maß an Mitbestimmung und Mitverantwortung der Arbeitnehmer an der Unternehmenspolitik hinlänglich gesichert. Der Wirtschaftswissenschaftler Radoslav Selucký schreibt in seiner Darstellung des tschechoslowakischen Reformmodells: „Zusammengefaßt waren die Hauptziele der Reformen von Gesellschaft und Wirtschaft ... die positive, humanistische sozialistische Überwindung des Kapitalismus, wobei die Deformationen der kapitalistischen Gesellschaft vermieden werden sollten. Es konnte nicht der Sinn der Reformen sein, die krassen sozialen Unterschiede, wie sie in kapitalistischen und auch in manchen sozialistischen Ländern existieren, zu erneuern. Selbstverständlich mußte die soziale Stabilität aller Bevölkerungsschichten bewahrt bleiben ...; gleichzeitig suchten die Reformer der Öffentlichkeit bewußt zu machen, daß der Sinn des Lebens nicht der Konsum, sondern das Leben selber ist, daß Konsum also – genau wie Arbeit – nur ein Mittel der Selbstverwirklichung des Einzelnen ist, der sein *unwiederholbares* Leben unter befriedigenden Arbeits-, Konsum-, Kultur-, politischen und sozialen Bedingungen verbringen will, der weder vom Markt noch von der Bürokratie manipuliert, sondern durch neue demokratische und sozialistische Beziehungen dazu geführt werden soll, sein Leben zu bereichern, sich zu bilden, schöpferisch zu arbeiten, höhere Bedürfnisse und Interessen zu entwickeln und zu befriedigen. Zum ersten Mal in der Geschichte sollte im sozialistischen Modell der ČSSR aus Humanismus tägliche Wirklichkeit werden, beschränkt weder durch Klassengegensätze noch durch die Diktatur der Bürokratie."

Das Schicksal Ota Šiks nach der Invasion gleicht dem Alexander Dubčeks. Er wurde aller Ämter enthoben. 1969 folgte der Ausschluß aus der Partei. Ein Jahr später wurde ihm sogar die tschechoslowakische Staatsbürgerschaft aberkannt. Nach Dubček war er der von den Russen wohl meistgehaßte Reformer. Šik hat die Tschechoslowakei verlassen und lehrt heute an den Universitäten Basel und Sankt Gallen.

Die aktivste und mutigste Gruppe unter den Reformern bildeten die Schriftsteller. Unter ihnen wiederum war Ludvik Vaculík – geboren 1926, Sohn des Mitbegründers der KPČ und ehemaliger Arbeiter in den Bata-Schuhwerken – einer der aktivsten und mutigsten.

Der Kampf der Intellektuellen um das Recht der freien Meinungsäußerung reicht zurück bis in das Jahr 1956, das

Jahr des 20. Parteitags der KPdSU und des Ungarnaufstands. Seitdem war es ihnen gelungen, Stück für Stück vom Boden der geistigen Freiheit zu erobern. Es wurde immer deutlicher, daß die Parteiapparatschiks der Auseinandersetzung intellektuell einfach nicht gewachsen waren.

Eine besonders schwere Niederlage brachten die Schriftsteller dem bestehenden Regime auf dem 4. Kongreß ihres Verbandes im Juni 1967 bei. Zur Überraschung vieler Teilnehmer entwickelte sich der Kongreß zu einem Tribunal, das die Mißstände in Partei, Staat, Wirtschaft und Gesellschaft offen beim Namen nannte und verurteilte. Er wurde damit zum letzten Anstoß für die Auseinandersetzungen im Zentralkomitee und im Parteipräsidium, die schließlich zum Rücktritt Novotnýs als Parteichef führten. Vaculík hatte auf dem Kongreß eines der aufrührerischsten Referate gehalten. Seine Rede, die den korrumpierenden Einfluß unkontrollierter Macht anprangerte, schloß mit den Worten: „Zum Schluß möchte ich ausdrücklich erklären – vielleicht überflüssigerweise –, was sicher aus meiner ganzen Rede hervorgeht: mit meiner Kritik an der Macht in diesem Staat will ich nicht den Sozialismus vor den Kopf stoßen, weil ich nicht überzeugt bin, daß eine solche Entwicklung bei uns notwendig war und weil ich diese Macht nicht mit dem Begriff Sozialismus identifiziere, wie sich diese selbst damit identifizieren will. Auch ihr Schicksal braucht nicht identisch zu sein. Und wenn die Leute, die diese Macht ausüben . . . kämen und uns allen die Frage vorlegten, ob dieser Traum realisierbar sei, müßten sie es als eine Äußerung unseres guten Willens und zugleich höchster staatsbürgerlicher Loyalität ansehen, wenn die Antwort lautete: ich weiß es nicht."

Von besonderer und – wie sich später herausstellen sollte – verhängnisvoller Bedeutung für das Reformexperiment erwies sich das Manifest der 2000 Worte, mit dem Vaculík eine Rückkehr zur konservativen Linie der Vor-Januar-Politik, wie sie sich unter dem Druck ausländischer Mächte nach dem Maiplenum des ZK abzuzeichnen schien, zu verhindern suchte. In diesem von vielen bekannten Persönlichkeiten unterzeichneten Manifest forderte Vaculík die Bevölkerung auf, die Reform nicht ausschließlich dem guten Willen der Parteiführung zu überlassen, sondern sie, falls nötig, in die eigenen Hände zu nehmen und sie notfalls mit gewaltlosen Mitteln gegen die konservativen Kräfte in der Partei zu verteidigen. Er schrieb: „Wenn zur Zeit von den gegenwärtigen zentralen politischen Organen nichts mehr zu erwarten ist, gilt es, mehr in den Bezirken und Gemeinden zu erreichen. Fordern wir den Abgang der Leute, die ihre Macht mißbraucht, das öffentliche Eigentum geschädigt, ehrlos oder grausam gehandelt haben. Man muß Methoden ausfindig machen, um sie zum Abgang zu veranlassen. Zum Beispiel: öffentliche Kritik, Resolutionen, Demonstrationen, demonstrative Arbeitsbrigaden, Spendensammlung für ihren Abgang in den Ruhestand, Streik, Boykott ihrer Türen. Abzulehnen sind jedoch ungesetzliche, unanständige und grobe Methoden, da sie diese zur Beeinflussung Alexander Dubčeks ausnutzen würden."

Die entschiedene Ablehnung des Manifests der 2000 Worte durch Zentralkomitee, Nationalversammlung und Regierung konnte nicht verhindern, daß der Kreml es zum Gegenstand einer heftigen Pressekampagne gegen die Reformer machte. Das Manifest und eine Rede des Parteisekretärs Čestmir Cisar, in der er den Leninismus als Monopolinterpretation des Marxismus ablehnte, boten den Sowjets und ihren Verbündeten den willkommenen Anlaß für ihre Intervention.

Die Erfahrungen der unblutigen tschechoslowakischen Revolution lassen sich nicht verallgemeinern, weder im positiven noch im negativen Sinne. Es wäre verfehlt, sie den revolutionären Bewegungen in der Dritten Welt als Vorbild zu empfehlen oder gar zu fordern, jede Revolution müsse nach diesem Schema ablaufen. Nicht weniger verfehlt wäre es aber auch, wenn sich radikaldemokratische revolutionäre Gruppen in den hochindustrialisierten Ländern die Befreiungsbewegungen in der Dritten Welt zum Vorbild nähmen. Der unblutige Verlauf der tschechoslowakischen Revolution war an ganz bestimmte Voraussetzungen gebunden, die in den Ländern der Dritten Welt nicht bestehen. Der Sieg der revolutionären Befreiungsbewegungen in der Dritten Welt beruht wiederum auf Voraussetzungen, die in den hochindustrialisierten Ländern nicht vorhanden sind.

Ein Argument jedoch, das von Marxisten häufig zur Erklärung des gewaltlosen Charakters der tschechoslowakischen Revolution vorgebracht wird, scheint mir nicht stichhaltig. Sie behaupten nämlich, mit der revolutionären Beseitigung der tschechoslowakischen Kapitalistenklasse im Jahre 1948 sei das Hauptproblem des Übergangs zu einem demokratischen Sozialismus bereits gelöst worden. Es habe sich beim Prager Frühling lediglich darum gehandelt, durch eine Revolution im „Überbau", eine Kulturrevolution, die Entartung des Sozialismus zu beseitigen, da die ökonomische Basis durch die Abschaffung des Privateigentums an Produktionsmitteln bereits sozialistisch gewesen sei. Deshalb habe sie auch gewaltlos durchgeführt werden können, was bei einer Revolution im Bereich der ökonomischen Basis naturgemäß nicht möglich sei. Dieser These liegt die Vorstellung zugrunde, der Klassencharakter der osteuropäischen Gesellschaft sei durch die Oktoberrevolution und die sogenannten Revolutionen in den übrigen osteuropäischen Ländern überwunden worden. Diese Vorstellung halte ich für falsch, zumindest für sehr fragwürdig. Auch die osteuropäischen Gesellschaften sind Klassengesellschaften, nur mit dem Unterschied, daß das Kriterium der Klassenzugehörigkeit bei ihnen nicht das *Privateigentum an Produktionsmitteln*, sondern die *Verfügungsgewalt über Produktionsmittel* ist. Nebenbei bemerkt, auch in der kapitalistischen Gesellschaft wird das Kriterium des Privateigentums mehr und mehr durch das Kriterium der Verfügungsgewalt über Produktionsmittel verdrängt.

Unter diesem Aspekt betrachtet erscheinen der kurze Prager Frühling und der lange Prager Winter, der ihm folgte, geradezu als Bestandteil eines nationalen und internationalen Klassenkampfes in den Ländern Osteuropas. In diesem Kampf verteidigt die Klasse der Funktionäre und doktrinären Bürokraten ihre Machtpositionen gegen die aufstrebende Klasse der technischen, wissenschaftlichen und künstlerischen Intelligenz. Den Prager Reformern war es gelungen, in einer unblutigen Revolution, wie sie in der Geschichte nur eine Parallele hat – die „Glorious Revolution" von 1688 in England –, die herrschende Klasse zu entmachten. Aber auch hier geschah, was nach der Französischen Revolution und nach der Oktoberrevolution geschehen war: die herrschende Klasse der umliegenden Länder intervenierte zugunsten der entmachteten Schwester. Der Schlag gegen die Reformer in der ČSSR war zugleich ein Schlag gegen die Reformer im eigenen Land. Die herrschende Klasse der sozialistischen Länder verteidigte ihre Herrschaft nicht anders als ihre Vorgängerinnen – mit Unterdrückung und brutaler Gewalt. Sie sollte sich deshalb nicht wundern, wenn sie in Zukunft selbst zum Angriffsziel des gewaltsamen Aufstandes der Unterdrückten wird. Mit der Militäraktion vom 21. August hat sie nicht nur ein kühnes Experiment zerschlagen, sie hat zugleich die Voraussetzungen für seine Wiederholung, die Voraussetzungen einer gewaltlosen Revolution, zerstört. Ich fürchte, die nächste wird blutig sein.

Trotzdem bin ich heute mehr denn je davon überzeugt, daß der Weg, den die Tschechoslowaken zur Überwindung der Klassengesellschaft eingeschlagen haben, richtig war. „Eine gerechtere Gesellschaftsordnung kann man nicht mit ungerechten Mitteln erreichen. Der Zweck kann solche Mittel nicht heiligen." Nach dieser Maxime haben die Reformer gehandelt. Sie haben mit Erfolg eine gewaltlose Revolution in ihrem Lande durchgeführt, und sie haben nach dem Einmarsch der verbündeten Armeen instinktiv nach den Methoden gegriffen, mit denen die Errungenschaften der Revolution allein sich verteidigen ließen – den Methoden des gewaltlosen Widerstandes und der gewaltfreien Aktion. Unvorbereitet und ungeübt, wie sie waren, ohne ausgearbeitete Strategie und Taktik und ohne zureichendes Verständnis für die Prinzipien der gewaltfreien Aktion sind sie in diesem Kampf unterlegen. Doch ungeachtet seines Ausgangs bleibt der improvisierte gewaltlose Widerstand der tschechoslowakischen Bevölkerung ein epochales Ereignis. Er hat deutlicher als je zuvor die Möglichkeiten jener konstruktiven Alternative zur bestehenden militärischen Sicherheitspolitik aufgezeigt, die unter dem Namen „Soziale Verteidigung" Gegenstand wissenschaftlicher Forschung ist.

Nach den bitteren und leidvollen Erfahrungen der osteuropäischen Völker sehen wir uns gezwungen, die Frage zu stellen, ob die revolutionäre Gewalt überhaupt ein geeignetes Mittel zur Überwindung der Klassengesellschaft darstellt. Sie ist zweifellos ein wirksames, wenn auch brutales Instrument zur Industrialisierung eines unterentwickelten Landes; sie führt aber im Verlauf dieses Prozesses zwangsläufig zur Entstehung einer neuen Klassengesellschaft. So scheint es denn, als gebe es nur *einen* Weg zur Überwindung der Klassengesellschaft – die gewaltlose Revolution.

Das tschechoslowakische Experiment ist gescheitert. Geblieben ist die Vision eines demokratischen Sozialismus, eines Sozialismus mit menschlichem Antlitz.

# Schalom in Holland

Hans Eckehard Bahr

Am Samstag, dem 1. Juli 1967, gaben ein paar hundert Holländer im Rahmen einer Demonstration ihrem Finanzministerium einige gewichtige Geldpäckchen zurück. Es war für jeden genau die Summe, die, dank einer Steuersenkung, damals den holländischen Löhnen zugeschlagen wurde. Diese Steuersenkung, erklärten die Demonstranten, sei jedoch schlecht gerechtfertigt, wenn die Niederlande zur gleichen Zeit vorgäben, für Entwicklungshilfe keine weiteren Gelder frei machen zu können. Weiter erklärten die Demonstranten, diese Steuerregelung sei zwar parlamentarisch zustande gekommen. Das „Weltgesetz menschlichen Lebensrechts" sei jedoch heute wichtiger als die partikulare Gesetzgebung einer einzigen Nation. Die Empörung des Staatssekretärs im Finanzministerium, bei dieser Aktion ginge es um „eine Agitation gegen das, was hierzulande Recht und Ordnung ist", war verständlich, denkt man primär in Kategorien nationaler Souveränität. Wie sehr

Kategorien dieser Art aber nur den eigenen moralischen Provinzialismus verhüllen, zeigte die rhetorische Frage des Staatssekretärs, ob die Demonstranten „mit ihrer Forderung der ‚Ungültigkeitserklärung eines nationalen Gesetzes aufgrund des Weltgesetzes moralischer Existenz' nicht gerade die Unordnung in die Welt" brächten, die sie bekämpfen wollten. Allerdings, genau dort, wo „Recht und Ordnung hierzulande" Gleichheitsrecht und Ordnung in der Welt blockieren, setzen die holländischen Demonstranten den Hebel an. Deren Kern, gut dreißig Menschen, nennt sich Schalom-Gruppe. Ihre Berufe? Arzt, Physiker, Journalist, Hausfrau, Theologe, Verwaltungsbeamter, Setzer, Lehrer. Ihre Organisation? Denkbar locker. Es gibt keine Satzung, keine Geschäftsordnung, keine Mitgliederliste, wohl aber eine funktionelle Verteilung der Aufgaben, je nach Begabung. Die Aktivsten, zehn Familien und die drei „hauptamtlichen" Mitarbeiter Piet Reckman, Henk Biersteker und Dolf Coppes, sind in Odijk, einem kleinen Dorf bei Utrecht, an der Europastraße 36 zusammengezogen. Hier wird die Arbeit koordiniert, genauer: in zwei Zimmern hält man die wöchentlichen Besprechungen ab, entwirft Broschüren, Flugblätter, Plakate, sortiert die eingehenden Briefberge, verschickt Material – ohne bürokratische Vollkommenheit. Auch die jährlichen Arbeitstagungen mit 500 bis 700 Teilnehmern sind keine Routine-Versammlungen. Sie finden nur statt, wenn eine praktische Initiative vorbereitet werden muß.

Und wie kam man auf das alte biblische Wort Friede, Schalom? Weil die Aktionen der Schalom-Gruppe ähnlich weitgreifend sind wie die hebräische Zielvorstellung „Friede". Mit den Worten der Holländer: „Schalom bedeutet in der Bibel, daß eine Person oder eine Sache ganz ist, ungebrochen, daß man in Ordnung lebt und Erfolg hat. Daß Menschen in Wohlstand leben und Zufriedenheit kennen . . . in Seele und Leib, innen und außen, und zwar Freund und Feind. Die Übersetzung ‚Friede' ist also zu wenig für ‚Schalom'."

Freundliche Harmlosigkeiten? Dem Idealismus-Vorwurf kommen die Holländer zuvor mit praktischen Exegesen ihrer Schalom-Vorstellung. Wer, so heißt es in ihrem Aufruf „An die Arbeiter der elften Stunde", sich tatsächlich für einen kosmopolitischen Frieden einsetzen will, der gehört zu einer neuen politischen Kommunität, die „die Obrigkeit zur Rede stellt, wenn sie Ungerechtigkeit vermutet . . . die die Gemeindeabende mit Politik füllt und das Abendmahl feiert, um . . . das Teilen zu lernen". Er gehört zu einer Art „Verschwörung" gegen die Mächte und für menschliche Bruderschaft.

Eine Option mithin für die große Ökumene, die politische Weltgesellschaft, nicht nur für die kleine Ökumene, die interkonfessionelle Kirchengesellschaft. Eine Option auch für eine praktische Ökumene, die mehr will als Schreibtischcourage, die sich entschließt, notfalls auch den Ast abzusägen, auf dem sie sicher sitzt, nämlich die wirtschaftlichen Vorteile aufzugeben, die sie im Westen immer noch reaktiv an das liberalistische System bindet. Diejenigen also, die immer die Worte Ökumene und Ökonomie verwechseln, haben durchaus recht, meint die Schalom-Gruppe. Die Zentren aber, in denen die ökonomischen Bedürfnisse von zwei Dritteln der Erde festgelegt werden, sind die nationalen Parlamente der reichen Länder. Praktische Ökumene hieße dann: „Wir müssen uns selbst ins Visier nehmen: die Strukturen in unserem reichen Norden; die kleine, mächtige Gruppe, die hier wie überall ihre Pläne durchsetzt. Wir müssen uns selbst kritisch betrachten als Konsumenten, die den ‚neuen Monarchen' die denkbar besten Motive liefern: Arbeitsplätze, Broterwerb, mehr Komfort, größere Geschwindigkeit, mehr Vergnügen. Die neuen Monarchen, die Despoten – sie wohnen hier. Ausgerechnet auf dem kleinen Fleckchen der Erde, wo das Spiel der Demokratie gespielt wird. Was immer (aber) diesem Spiel auch fehlt, es bietet doch Spielraum, der notfalls mit Hilfe der Ellenbogen erweitert werden muß, so daß Modelle . . . durchgeführt werden können, Modelle für Aktionen, die gleichermaßen auf Veränderung unserer Strukturen wie unserer Mentalität gerichtet sind." Modelle für Aktionen – damit verweisen die Holländer auf ihre eigenen Versuche, mittels Straßentheater, symbolischer Steuer, Warenboykott, politischem Soziodrama oder Fernseh-Dokumentation langsam, Schritt für Schritt eine Veränderung der Mentalität anzubahnen. Frieden bedeutet für sie dabei insbesondere die immer stärkere Partizipation aller Bürger an den öffentlichen Entscheidungsprozessen, an Entscheidungen über eine neue, nichtimperialistische Weltinnenpolitik, folglich an der grundlegenden Veränderung des jetzigen Umgangs der reichen Wirtschaftsnationen mit den unterentwickelt gehaltenen Ländern der Dritten Welt. Aber wie dergleichen der Masse aller Bürger verständlich machen? Dazu gehört der Mut, komplizierte Zahlen und Datenreihen zu elementarisieren, sie umzusetzen in Bilder, Gleichnisszenen. Denn „zunächst ist alles, was geschrieben . . . wird, zu scharfsinnig, zu intellektuell, zu ‚inzüchtig', das heißt zwar verständlich für die, die es entworfen haben, aber nicht für die, die es ansprechen soll". Man kann, wenn man das Nord-Süd-Gefälle illustrieren will, mit abgekühlten

Chiffren hantieren, von Kapitaltransfer sprechen, Terms of Trade und Zuwachsraten. Man kann den Sachverhalt aber auch anders erläutern. So etwa: „Drei Menschen zusammen beim Essen. Ein Niederländer, ein Kolumbianer, ein Äthiopier. Ein Reicher und zwei Arme. Vor ihnen ein Teller mit 12 Schnitten Brot. ‚Guten Appetit' wünschen sie sich. Unser Landsmann packt sich als erster seelenruhig 10 Schnitten auf den Teller. Der Rest für die beiden Gäste, jeder eine Schnitte. Unser Landsmann erhebt seine Stimme. Er spricht von Humanität und Entwicklungshilfe, von Freiheit und Demokratie . . ."

Diesen Zerrspiegel, eine symbolische Karikatur, hält die Schalom-Gruppe den Bürgern in Flugblättern vor. Die Wirtschaftsprobleme sind komplizierter als in diesem schlichten Bild? Diesen Einwand sind die Holländer gewohnt. Sie begegnen ihm mit harten Fakten, aber wiederum ohne Fachjargon: „Jedes Jahr", heißt es in einer Broschüre der Schalom-Gruppe weiter, „wächst das Pro-Kopf-Einkommen in den reichen Ländern um 225 DM, während in den armen Ländern nur 11 DM dazu kommen. Die Kluft erweitert sich. Jedes Jahr ist das Wachstum des Einkommens aller reichen Länder gleich dem gesamten Einkommen – also nicht dem Wachstum – aller Länder Südostasiens, einschließlich Indiens mit seinen 550 Millionen Einwohnern. Die Entwicklungshilfe richtet nur sehr wenig aus. Wenn wir alles zusammenzählen, gibt jeder Reiche nur 12,50 DM pro Jahr an zwei Arme. Außerdem wollen wir davon die Hälfte wieder haben, denn die Hälfte der Entwicklungshilfe ist Anleihe. Die armen Länder stehen denn auch von Jahr zu Jahr mehr bei uns in der Kreide . . . Die Einkommensquellen der Entwicklungsländer sind: Kaffee, Zucker, Baumwolle, Zinn, Kopra, Kautschuk, Holz, Felle. Die Mehrzahl dieser Rohstoffe verliert jährlich an Wert. Dagegen werden unsere Industrieprodukte immer teurer. Das verschlimmert die Lage der armen Länder beständig. Vor 15 Jahres noch konnte ein Kolumbianer für 13 Ballen Kaffee einen Jeep von den Vereinigten Staaten kaufen, heute jedoch muß er für dieses „Entwicklungsgut" nicht weniger als 40 Ballen Kaffee bezahlen. Vor 10 Jahren kauften die Zentralafrikaner für 100 Kilo Baumwolle noch 3 Bettdecken und 7 Meter Stoff von unserer Textilindustrie. Heute kriegen sie nur noch eine Decke und 3 Meter Stoff.

Ihre „Terms of Trade" verschlechtern sich immer mehr, so sagen es die Ökonomen. Und wenn dann die armen Länder versuchen, selbst ihre Rohstoffe in Fabriken zu verarbeiten, dann laufen sie beim Verkauf der Fertigprodukte auf die Mauern auf, die wir Reichen rund um unsere Länder aufgerichtet haben: Einfuhrzoll und andere Schranken. . . Wenn wir diese Tatsachen nicht tiefgreifend ändern, werden im Jahre 2000 vier von fünf Menschen in den armen Ländern wohnen. Nur jeder fünfte lebt dann auf der kleinen Insel des Überflusses. . . . Es kann unmöglich Frieden geben in einer Welt, in der alles so ungerecht verteilt ist . . ."

Soweit die Tatsachen, von den Holländern in großen, klaren Strichen an die Wand gemalt. Tatsachen, die bestürzen, eine desinteressierte Bevölkerung aufschrecken, zum Einschreiten bringen sollten gegen die Politik der Großmächte. Aber ohne Effekt. Die holländischen Frauen und Männer, die sich zu einer aktiven Anstrengung für den Weltfrieden zusammenfanden, stießen zu Beginn ihrer Versuche schon auf eine psychische Sperre bei der Masse der Bürger. Wie die studentische Protestbewegung hat auch die kleine Schalom-Gruppe zunächst erfahren müssen, wie wenig das Bewußtsein von der Absurdität unserer jetzigen Situation vorausgesetzt werden kann. Allerdings, dazu könnte es erst kommen, wenn die Mehrzahl der Menschen vom Druck sozialer Ängste befreit wäre, von der Erfahrung gesellschaftlicher Ohnmacht, der Arbeitsplatzunsicherheit, vom dumpfen Gefühl, doch nichts ändern zu können. Denn Ohnmachtserfahrungen dieser Art, nicht nur moralische Trägheit, sind es, die jeden moralischen Appell für Weltfrieden in den liberalistischen Demokratien zunächst „abprallen" lassen. Wer, wie die Holländer, nicht mutlos aufgibt, steht deshalb vor folgender Situation:

Eine Befreiung der Bürger von ihren sozialen Ängsten, von der Skepsis, doch nichts für den Weltfrieden tun zu können, beginnt unter den gegebenen Umständen nicht global, nicht als apokalyptischer Umschlag, sondern als neue Initiative von unten, mit kleinen Aktionen und – in angemessener Skepsis. Von immer größerer Bedeutung wird daher die Selbsthilfe der Bürger aller Alters- und Berufsgruppen bei kommunalen Aktionen, also eine Politisierung des Alltags. Ich spreche nicht von *der* Revolution, sondern von banalen Selbsthilfeaktionen, von Aktionen gegen den Autoverkehr, von Mieteraktionen, Neusiedleraktionen, Verbraucheraktionen. Dergleichen ist gerade der entpolitisierten Majorität der Bevölkerung unmittelbar plausibel, teils, weil sie sieht, daß hier tatsächlich ihre eigenen Belange wahrgenommen werden, teils, weil sie wähnt, jene kommunalen Aktionen hätten wenig mit der risikonahen Sphäre von „Politik" zu tun, die den Bürger unvorhersehbar zwingt, sich als einzelner zu exponieren. Direkte Konflikte mit den Autoritäten sind bei solchen Selbsthilfe-Aktionen also nicht zu befürchten, und so findet man sich furchtsam, aber wohlwollend vor im schützenden Strom der Demonstranten.

Ganz anders jedoch, wenn die transkommunalen Belange der südlichen Erdhalbkugel auftauchen. Dann geht es zudem um transpersonale Gefüge, feudale und hierarchische, um Ordnungen, tief eingefleischt bei Knechten und Herren, um Strukturen, ökonomische und psychische, welche die punktuelle Caritas, die bloße Pflege der Opfer von vornherein als Gesten der Hilfslosigkeit und Feigheit erscheinen lassen. Die Schalom-Leute haben recht: „Viele Menschen haben Mühe, das zu verstehen. Sie begreifen so lange, wie sie sich beteiligen an einer Kollekte, einer Anti-Hunger-Kampagne, wie sie eine Überweisung ausstellen an ‚Misereor' oder ‚Brot für die Welt'. Aber sie verlieren den Zusammenhang, sobald sie auf ihre Verantwortung für *Strukturen* angesprochen werden." Beispielhaft lehrt aber die Rohrzuckeraktion der Schalom-Gruppe, wie weit solche globalen, der Vorstellbarkeit fast entrückten Makro-Probleme „übersetzt" werden können in faßbar lokale Probleme.

Schon vor Jahren hatten holländische Wirtschaftsexperten wie Professor Tinbergen gefordert: Wir müssen die protektionistischen Zölle, den künstlichen Schutz der europäischen Rübenzuckerkultur abbauen, um den armen Ländern die Chance zu eröffnen, durch Export ihres ungleich billigeren Rohrzuckers ihr Einkommen endlich zu erhöhen. Die Analysen der Universitätsexperten hätten jedoch, da nur in Fachblättern gedruckt, zu keiner Störung der rabiaten Zollpolitik der europäischen Länder gegenüber der Dritten Welt geführt, wären sie nicht von der Schalom-Gruppe in eine bildhafte Sprache übersetzt worden, die jeder versteht. Auf den Flugblättern der Schalom-Gruppe lasen die holländischen Frauen: „Nicht nur die armen Länder werden durch diese Politik ausgenommen, sondern auch der Konsument in den reichen Ländern: er bezahlt viel zuviel für seinen Zucker. Wir könnten den armen Ländern viel helfen, wenn wir einen Teil unseres Zuckerbedarfs von ihnen beziehen würden. Obendrein könnten wir ihnen viel mehr bezahlen als die 15 cent, die im Augenblick auf dem Weltmarkt gelten, und schließlich den Rohrzucker viel billiger einkaufen als unseren eigenen Rübenzucker. Sie und wir als Konsumenten sollten damit anfangen. Wir sollten dann zusammen eine Kasse einrichten, aus der wir den Schaden decken, den die Landwirte haben würden, die jetzt ihr Geld mit Rübenanbau verdienen. Eigentlich gut, daß Gerechtigkeit auch noch

Vorteile bringen kann, wenn Sie versuchen, weiter zu sehen als bis zu Ihrer eigenen Nasenspitze."

Es begann das Einwechseln von Rüben- gegen Rohrzucker, der Verkauf von Haus zu Haus; es begannen Debatten vor Kaufhäusern, in Schulklassen, im Fernsehen, in Familien. Piet Reckman zu dieser Strategie: „Rohrzuckerverkauf in Vereinen, auf der Straße, von Haus zu Haus hat nur Bedeutung als Bearbeitung der Öffentlichkeit und des Bewußtseins – um das Klima zu schaffen, in dem Lebensmittelhändler dazu gebracht werden können, diese Aufgabe zu übernehmen . . . Wir müssen nicht alle zu dem einen Geschäft gehen, das schon Rohrzucker verkauft. Wenn wir regelmäßig Kunden sind bei einem bestimmten Lebensmittelhändler, wird dieser in 99 Prozent der Fälle bereit sein, künftig Rohrzucker zu verkaufen, wenn wir regelmäßigen Kunden darum bitten. Dann ist wieder eine Verkaufsstelle geschaffen. Wieder mehr Kunden werden mit der Auswahl in den Regalen konfrontiert: Rübenzucker/Rohrzucker . . . In letzter Instanz ist (also) die Aktion erst gelungen, wenn sie sich durch die normalen kommerziellen Kanäle auswirkt . . ."

Worin liegt der Modellwert dieses Verfahrens? Nicht nur Experten, sondern holländische Hausfrauen begriffen plötzlich, daß auch sie durch die Zollpolitik der reichen Länder geschädigt werden, nicht nur die Armen der Dritten Welt. Sie, die man „König Kunde" nennt, entdecken, daß sie in Wahrheit mehr ein „Untertan Kunde" sind, betrogen von der politischen Ökonomie des eigenen Systems. Eine Solidarität der Betrogenen also stellte sich heraus. Das Bewußtsein erwachte, daß der jetzige, am Gewinn orientierte Wirtschaftskreislauf nur die negative Form einer möglichen Nord-Süd-Arbeitsteilung ist.

Und noch eins gibt der Aktion Modellwert: Die Holländer hatten die Bevölkerung über die bedrückenden *Strukturen* jener liberalistischen Ökonomie aufgeklärt. So konnten sie auf die sonst übliche karitative Methode verzichten, mit abstrakten Appellen die idealistische Moral des einzelnen zu bemühen, wo doch dessen Verstand gefordert ist.

Modellwert hat die Rohrzucker-Aktion nicht zuletzt schon deshalb, weil die Schalom-Gruppe demonstriert, daß wissenschaftliche Einsichten der Friedens- und Entwicklungsländerforschung heute buchstäblich dramatisch inszeniert werden müssen, sollen sie überhaupt ins öffentliche Bewußtsein dringen. Ja es ist diese „konzertierte Aktion" zwischen kritischer Universität und demokratisch genutzter Publizität, die der Aktion überhaupt erst zur politischen Wirkung verhalf:

Allein vom Herbst bis zum 31. Dezember 1968 stieg der Rohrzuckerverbrauch in Holland um 300 Prozent. Seit Juni 1969 wurden über 70000 Rohrzuckerpäckchen allein durch die in die Hunderte gehenden örtlichen Schalom-Gruppen in ganz Holland verkauft. Von einer völligen Änderung der Konsumgewohnheiten kann dabei jedoch nicht die Rede sein. Die Aktivität der kleinen Initiativ-Gruppe aus Odijk reichte aber aus, Bauernverbände und Zuckerindustrie zu alarmieren. Mit einer Gegenbroschüre, in einer Auflage von 130000 Stück gratis im Lande verteilt, suchte man den Verbraucher zu beschwichtigen. Den Schalom-Engagierten bescheinigte die Industriebroschüre hohen Idealismus, aber – natürlich – Naivität im Blick auf die so komplexen Wirtschaftsgesetze. Nun, wären die Schalom-Aktionen tatsächlich so naiv vorpolitisch gewesen, wie die Zuckerindustrie in ihrer Broschüre vorgibt, hätten deren Vertreter die Schalom-Aktiven kaum so angestrengt um sogenannte vertrauliche Gespräche gebeten. Und wäre die Aktion so dilettantisch, wie ihre Gegner erklären, hätte das holländische Parlament – aufgrund der außerparlamentarischen Opposition jener wenigen – wohl kaum seine Empfehlung an die EWG-Behörden beschlossen, die Produktion von Rübenzucker nicht weiter auszubauen. Alles in allem ein kleiner, aber wirksamer Schritt – noch ist die Aktion nicht abgeschlossen –, dem braunen Zucker der armen Länder eine Chance auf dem europäischen Markt zu geben, ein erster, kleiner Schritt zu einer neuen, nicht-mehr-imperialistischen Form von Entwicklungshilfe.

Warum werden diese Initiativen für ein Friedensengagement, indirekt zumindest, so wichtig? Deshalb, weil sie die Beteiligten nötigen, ihre fatalistische Moralität zu revidieren, sobald sie im Prozeß der Aktionen ansatzweise die gegenteilige Erfahrung machen, daß nämlich soziale Phantasie, die von den Ängsten der anderen ausgeht, und Zivilcourage die Verhältnisse im kleinen – wo sonst? – tatsächlich zu verändern vermögen. Die Erfahrung der Bürgerrechtsbewegung in den USA war jedenfalls: In solchen Aktionen spontaner Solidarität verschiedenster Gruppen kommt es wenigstens einmal zu Erfahrungen politischer Beteiligung und damit zu einer zeitweisen Durchbrechung der Ohnmacht. Wo die Betroffenen lernen, ihre bislang schicksalhaft hingenommenen Verhältnisse an einer einzigen Stelle selber einzurichten, ist der Bann möglicherweise ein für allemal gebrochen. Wichtiger aber noch: Die Bitterkeit und das Gefühl, betrogen zu werden, eben die Anzeichen sozialer Ohnmacht, könnten vielleicht einer neuen

Sensibilität für das Leid der anderen weichen. Man hält es plötzlich nicht mehr aus, andere Menschen leiden zu sehen. Solche Fragen nach dem Leid der anderen entstünden demnach erst in dem Maße, wie die im alltäglichen Betrieb erlittenen Beschädigungen und Rückschläge nicht mehr nur umgelenkt werden aufs Wochenende, auf den Urlaub, auf neue Zweierverhältnisse, als Ersatz für die im Betrieb versagte Partizipation. Erst dann, wenn die im Betrieb aufkommende Bitterkeit nicht mehr weitergegeben werden muß, nach unten, gegenüber dem Untergebenen, gegenüber den Kindern, gegenüber der Frau, weil man gegenüber den Autoritäten schweigen muß, erst dann könnte man nach dem Leid der anderen fragen.

Wer also in unseren Ländern Bürger aktivieren will, muß jene Frigidität im Moralisch-Politischen kennen, unsere Frigidität gegenüber dem Töten drüben in Vietnam und auf der Autobahn nebenan, und er muß wissen: Die Unempfindlichkeit gegenüber dem Leiden der anderen ist nicht primär moralisches Versagen, sondern eher der unbewußte Totstellreflex von Enttäuschten, die zwar privatim nicht wenig akkumulierten, im Blick aufs weltpolitische Ganze aber die schlechte Kontinuität der Gewaltpolitik in vermeintlicher Ohnmacht erleben und nur allzu geneigt sind, auch innenpolitische Reformen und kommunale Strukturrevisionen als Verwaltungsakte „von oben" zu erwarten, ohne sie „von unten" selbst zu initiieren.

Probleme dieser Größe wird keine noch so aktive Gruppe derzeit lösen können. Ihre Aktionen aber muß man an dieser objektiven Dynamik der Verhältnisse messen, will man nicht vorschnell Erfolgsgeschrei anstimmen. Es könnte ja eine Bürger-Initiative, von nahem gesehen, unerhört couragiert erscheinen, im Blick auf die tatsächlichen Entscheidungsprozesse im großen aber sich als uneffektiv herausstellen.

Was können, am Maßstab objektiver Veränderungen von Mentalität und Verhältnissen geprüft, Gruppen einzelner Bürger zur Erneuerung der Gesellschaft tun? Sie haben, scheint mir, derzeit vor allem eine Dramatisierungsfunktion. Unterscheiden lassen sich in den westlichen Demokratien im wesentlichen zwei Formen solcher Dramatisierungsgruppen, die weniger in der Aktionsform differieren als vielmehr im angestrebten Ziel: Zunächst jene Gruppen-Aktionen, die unterprivilegierten Minderheiten in der Gesellschaft deren formaljuristisch längst zustehende, faktisch jedoch noch immer vorenthaltene Rechte in dramatischen Demonstrationen einklagen wollen. Aktionen wie die Bürgerrechtsbewegung unter Martin

Luther King gehören dazu oder die Selbsthilfeaktionen in westeuropäischen Städten wie Neusiedler-, Verbraucher- und andere Selbstschutz-Demonstrationen. Aktionen dieser Art zielen auf Gleichheit für alle, bleiben jedoch ausdrücklich in den Grenzen des liberalistischen Demokratie-Systems.

Daneben sehen wir heute aber einen zweiten Typ von Gruppen-Initiativen, meist in Form symbolischer Aktionen, die nicht nur für die Zukurzgekommenen das de jure längst Zustehende theatralisch-dramatisch „eintreiben", sondern die darüber hinaus auf *neue* Rechte für alle abzielen, Rechte, deren Realisierung im jetzigen politischen System des Westens keineswegs vorgesehen ist. Die Besetzung leerstehender Häuser durch Wohnungsuchende in Italien, Holland und Städten der Bundesrepublik gehört hierher, denn sie attackiert prinzipiell die gesamte Form der Eigentumsverteilung in unserer Gesellschaft. Vor allem die Waren-Boykott-Aktionen der holländischen Schalom-Gruppe gehören zu diesem zweiten Typ. Ja sie sind das bisher phantasievollste Beispiel dafür, wie Ohnmächtige in unserer Gesellschaft aktiviert werden können für das Gemeinwohl. Hier werden in symbolischen Gleichnishandlungen nicht nur Notstände dramatisiert, sondern neue, systemtranszendierende Lebensformen *antizipiert.* Schon jetzt das – in einer kleinen Gruppe wenigstens – in praxi zu antizipieren, was morgen allen zukommen sollte, zeigt auch eine neue, nicht nur konservierende Methode, den gesellschaftlichen Frieden zu halten. Antizipation, Vorwegnahme menschenfreundlicherer Organisationsformen des öffentlichen und privaten Lebens im eigenen Tun, überzeugt vielleicht auch stärker als die Reflexion neuer Gesellschaftschancen. Noch immer gilt ja die alte Erfahrung: Verba docent, exempla trahunt. Frei übersetzt: Worte, theoretische Aufklärung informieren zwar; zum Mitmachen aber motiviert letztlich das vorgelebte Beispiel allein.

„Immer mehr Menschen erkennen, daß es heute stärker als je zuvor darauf ankommt, politische Verantwortung möglichst breit zu streuen und daß Information eine Grundvoraussetzung für verantwortliche politische Entscheidungen ist. Das vorliegende Werk bietet nicht ‚Politik aus erster Hand' . . ., sondern aus zweiter, aus der Hand von Wissenschaftlern, die politischen Akteuren wie politischen Bewegungen gegenüber kritisch eingestellt sind. ‚Politik für Nichtpolitiker' beweist, daß eben darum die zweite Hand verläßlicher ist als die erste."

*So urteilt die Zeitschrift „Stimme der Arbeit" über das Werk*

POLITIK FÜR NICHTPOLITIKER
Ein ABC zur aktuellen Diskussion

Herausgegeben von Hans Jürgen Schultz

Band 1: 344 Seiten, kt. glanzfolienkaschiert DM 17,50
Band 2: 327 Seiten, kt. glanzfolienkaschiert DM 17,50
Kreuz-Verlag Stuttgart · Berlin

*Der Kölner Stadtanzeiger äußert sich zum gleichen Werk:*

„Wenn engagierte politische Wissenschaftler, Journalisten, Theologen, Pädagogen . . . und viele andere wendige Köpfe die verschiedensten Positionen unserer Existenz widerspiegeln, so ist das Bild ebenso vielfarbig wie einzigartig in der Konsequenz. . . . Dabei geht es nicht darum, das Gleichgewicht der Meinungen rasch wieder einzupendeln, sondern den Prozeß des Weiterdenkens anzustoßen."

*Norddeutscher Rundfunk:*

„Das Buch ist keine neue APO-Postille, sondern vielmehr ein Kompendium der wichtigsten politischen Theorien und Praktiken. Wer heute politisch mitreden will, muß wohl vieles wissen, was auf diesen insgesamt 671 Seiten steht. Damit er kein Idiot mehr ist, sondern ein Engagierter werden kann."

Als weitere Lektüre zum Thema des vorliegenden Buches empfehlen wir Ihnen den siebten Band der Reihe „Kontexte" (herausgegeben von Hans Jürgen Schultz, ca. 128 Seiten, kt. ca. DM 8,50, Kreuz-Verlag Stuttgart · Berlin), der

PROBLEME DER GEWALT UND DER GEWALTLOSIGKEIT

behandelt. Folgende Beiträge sind vorgesehen:

Ossip K. Flechtheim: *Macht – Herrschaft – Gewalt* Dieter Senghaas: *Gewalt – sichtbar und unsichtbar* Robert Spaemann: *Autonomie, Mündigkeit, Emanzipation* Tobias Brocher: *Angst und Gewalt* Ernst Simon: *Friedenserziehung in Kriegszeiten* Fritz Paepcke: *Gewalt in der Sprache* Horst Rumpf: *Gewalttätigkeit im Fernsehen* Harald Scherf: *Zur gängigen Berufung auf Marx* Winfried Steffani: *Beschreibung und Kritik der Guerilla-Theorie* Theodor Ebert: *Konzept einer sozialen Verteidigung* Wolfgang Sternstein: *Strategien gewaltfreier Aktion* Hans-Dieter Bastian: *Militärseelsorge als Friedensdienst?* Walter Molt: *Politik als Pädagogik* Hans Mayer: *Ein fiktives Gespräch zwischen Hesse und Brecht* *Kann Gewaltfreiheit vernünftige Chancen haben?* Diskussion mit August Nitschke, Peter Conradi, Waldemar Besson, Theodor Ebert u. a.

„Die ‚Kontexte' sind in vielerlei Hinsicht eine Novität. Als neue Zeitschrift, die manche Züge des Buchcharakters beibehalten hat, bietet sie in der Auswahl der Themen und Zusammenstellung Neues, in der Absicht, die Zukunft in Gestalt und Wesen zu erkennen. Das Vorhaben gewinnt die notwendigen konkreten Bezüge, wenn man verdeutlicht, daß in dieser Buch-Zeitschrift die Denkergebnisse und Glaubenserfahrungen vieler Jahre, mutige Wagnisse und geglückte Experimente von Theologie, Publizistik und Wirklichkeitserfassung, wie in einem Schatzhaus zusammengetragen werden. Die ‚Kontexte' sollen keine geschlossenen Themenkreise abhandeln, wenn sie auch gelegentlich einem Thema gewidmet sind – wie zum Beispiel der Band über die Zeit Jesu." *Sender Freies Berlin*